Franz Kafkas „Brief an den Vater" wurde von Hermann Kafka nie beantwortet. Denn Kafka gab dem Vater diesen Brief nicht.

17 Männer antworten heute als Väter: zornig, ironisch, verständnisvoll und schuldbewusst. Sie erklären, rechtfertigen sich, versuchen zu helfen. Mit ihren eigenen Vater- und Sohnerfahrungen stellen sie sich der delikaten Aufgabe: die Schriftsteller Richard Anders, Alois Brandstetter, Dieter Meier-Lenz, Markus Michel und Heinrich Ost; der Germanist Yves Gilli; die Psychoanalytiker Günther Bittner und Wolfgang Schmidbauer; der Publizist Harry Pross; der Entwicklungspsychologe Dieter Baacke; der Übersetzer Jörg Trobitius und die Erziehungswissenschaftler Johannes Gruntz-Stoll, Hartmut von Hentig, Dietmar Larcher, Jürgen Oelkers, Bernhard Rathmayr und Christoph Wulf. Der Textband enthält neben den vielfältigen Antwortbriefen auch Franz Kafkas Brief sowie Porträtfotos von Vater und Sohn.

Helmwart Hierdeis unterrichtet Erziehungswissenschaften an der Universität Innsbruck und ist Gründungsmitglied der „Gesellschaft für Psychoanalyse" an der Universität Innsbruck.

„LIEBER FRANZ! MEIN LIEBER SOHN!"
PASSAGEN LITERATUR

Helmwart Hierdeis (Hg.)
„Lieber Franz!
Mein lieber Sohn!"

Antworten auf Franz Kafkas
„Brief an den Vater"

Passagen Verlag

Deutsche Erstausgabe

Die Deutsche Nationalbibliothek verzeichnet diese
Publikation in der Deutschen Nationalbibliografie;
detaillierte bibliografische Daten sind im Internet
über http://dnb.de abrufbar.

Alle Rechte vorbehalten
3., durchgesehene Auflage 2012
ISBN 978-3-7092-0017-9
© 1997 by Passagen Verlag Ges. m. b. H., Wien
www.passagen.at
Grafisches Konzept: Ecke Bonk
Satz: Passagen Verlag
Druck: Ferdinand Berger & Söhne GmbH, Horn

Inhalt

Vorwort des Herausgebers	11
Einleitung	17
Briefe an Franz Kafka	
Alois Brandstetter	27
Harry Pross	35
Dietmar Larcher	43
Markus Michel	55
Bernhard Rathmayr	71
Johannes Gruntz-Stoll	91
Christoph Wulf	111
Heinrich Ost	121
Hartmut von Hentig	127
Jörg Trobitius	151
Wolfgang Schmidbauer	163
Dieter P. Meier-Lenz	175
Yves Gilli	183
Richard Anders	187
Dieter Baacke	191
Exkurse	
Jürgen Oelkers, Vater? Vater!	205
Günther Bittner, Warum eine Antwort auf Kafkas „Brief an den Vater" nicht gegeben werden kann. Vier Thesen nebst Begründungen dazu	217
Literatur	233
Autoren	237
Franz Kafka, Brief an den Vater	241

Abbildungsverzeichnis

Abbildung Seite 15:
Portraitfoto von Hermann Kafka

Abbildung Seite 16:
Portraitfoto von Franz Kafka

Abbildung Seite 243:
Faksimile der ersten Seite von Franz Kafkas
„Brief an den Vater"

Vorwort

Franz Kafka schrieb seinen „Brief an den Vater" zum größten Teil zwischen dem 10. und 20. November 1919 während eines Erholungsaufenthalts in Schelesen bei Prag. Geschwächt durch die immer heftiger sich bemerkbar machende Tuberkulose, die fünf Jahre später zu seinem Tode führte, und verzweifelt, weil er sich sowohl als freischaffender Schriftsteller wie auch in seinen Beziehungen zu Frauen scheitern sah, hatte er sich an den kleinen Ort an der Elbe zurückgezogen. Die Pension, in der er wohnte, war ihm schon von früheren Aufenthalten her vertraut. Hier wollte er sich über sein Verhältnis zum Vater klar werden, zu jenem Menschen, der ihn, allein durch die Art wie er lebte und wie er dem Sohn zu erkennen gab, was er von ihm hielt, sein Leben lang wie ein furchterregender Schatten begleitet hatte.

Innerhalb von zehn Tagen schrieb Kafka den etwa hundertseitigen Brief mit der Hand nieder, den Schluß möglicherweise erst nach seiner Rückkehr nach Prag. Zu Beginn noch von der Absicht erfüllt, dem Vater die schonungslose Einschätzung seiner Person und ihrer gemeinsamen Geschichte selbst zu übergeben oder sie ihm wenigstens aushändigen zu lassen, wurde er immer unsicherer, je deutlicher er bei der Abrechnung mit dem Vater die Zwiespältigkeit seiner eigenen Rolle entdecken mußte. Jedenfalls bekam der Vater den Brief nie in die Hand. Ob Franz Kafka sich um die angegriffene Gesundheit des damals Siebenundsechzigjährigen Sorgen machte, ob er von seiner jüngsten Schwester Ottla, die ihn ursprünglich zu diesem Brief ermutigt hatte, abgehalten wurde, und welche Rolle seine Mutter dabei spielte - das alles bleibt im Dunkel. Seinem Freund Max Brod hatte Kafka von seinem Briefvorhaben erzählt. Nach seinem Tod fand Brod im übrigen Nachlaß eine unvollständige maschinenschriftliche Fassung, die er für das Original hielt. Die Handschrift wurde erst in den achtziger Jahren gefunden.

Die Antwort von Kafkas Vater blieb also notwendigerweise aus. Aber alle, die den Brief seither gelesen haben, mußten sich, über Bewunderung, Ergriffenheit oder Mitleid hinaus, auch die Frage stellen, ob und unter welchen Umständen sie selber eine solche Anklage hätten vorbringen können. Damit hatten sie bereits, ohne es zu merken, die Position des Vaters mit einbezogen und mit seiner Antwort an den Sohn begonnen. Sie konnten dabei aus einem Vorrat an Erfahrungen und Reflexionen schöpfen - als Väter, als Kinder von Vätern oder einfach als Menschen, die in einer Gesellschaft aufgewachsen sind und leben, in der ihnen der Vater in tausendfacher Gestalt entgegentritt.

Was die Autoren dieses Bandes von den meisten anderen Lesern des Briefes unterscheidet, ist im Grunde nur, daß sie sich auf eine Antwort festlegen. Das war aus verschiedenen Gründen keine leichte Aufgabe, und ich bin ihnen sehr dankbar dafür, daß sie das Wagnis auf sich genommen haben. Denn einige der von mir Angesprochenen wollten sich nicht mit Kafka messen (wie sie es verstanden) oder an ihm messen lassen und lehnten deshalb ab. Andere beteuerten mir, das „Fortschreiben von Literatur" sei, unabhängig vom Rang einer Vorlage, in historischer, inhaltlicher und stilistischer Hinsicht ein höchst zweifelhaftes Unternehmen. (Es gehe im übrigen, so ein Verlagslektor, das Gerücht um, jemand wolle Kafkas „Schloß" vollenden. Ob ich davon wüßte oder damit zu tun hätte?)

Beide Bedenken gehen an der Sache vorbei. Ich hatte die Autoren nur gebeten, Kafkas „Brief an den Vater" so zu lesen, als ob sie selber gemeint wären, und sich zu überlegen, ob und wie sie darauf antworten könnten. Die vorliegenden Texte zeigen, welche Gefühle und Überlegungen der Brief immer noch auslösen kann - vorausgesetzt, man läßt sich ansprechen. Vielleicht helfen sie den Leserinnen und Lesern - über das Vergnügen hinaus, das Fiktionen dieser Art auch bereiten können - bei der Formulierung ihrer Antworten auf Fragen, die ihnen das Thema „Vater" stellt.

Franz Kafkas „Brief an den Vater" ist diesem Band beigegeben, und zwar in jener Fassung, die mit der Handschrift übereinstimmt, d.h. mit allen Korrekturen und Einschüben von Kafkas Hand. Ich danke dem Verlag S. Fischer für die Genehmigung hierzu. Desgleichen danke ich Herrn Klaus Wagenbach, Berlin, für die Erlaubnis, die Portraitfotos von Franz und Hermann Kafka mit aufzunehmen, sowie dem Verlag Hoffmann und Campe für das Faksimile der ersten Briefseite. Besonderer Dank gilt meinen beiden Mitarbeitern Herbert Bickel und Heinrich Ost. Ohne ihre Hilfe wären die Antworten auf Franz Kafkas „Brief an den Vater" noch lange ausgeblieben.

Ein Hinweis: Seitenangaben zu Franz Kafkas „Brief an den Vater" beziehen sich auf die Transkription im Schlußteil dieses Buches.

Der Herausgeber

Einleitung

Sehr geehrter, lieber Franz Kafka,

aus der Anrede mögen Sie ersehen, daß sich jemand an Sie wendet, dem es schwerfällt, sein Verhältnis zu Ihnen zu bestimmen. Als Person konnte ich Sie nicht kennenlernen; schließlich liegen unsere Geburtsjahre zwei Generationenspannen auseinander. Und als Dichter haben zahllose Exegeten Sie mit einer derartigen Aura umgeben, daß vielen (mich nicht ausgenommen) schon das unbefangene Lesen Ihrer Werke und Briefe schwerfällt - ganz zu schweigen von einer Annäherung an den Menschen, die nicht aus wissenschaftlicher Neugier stammt und über methodisches Verstehen hinausgeht.

Meine Adresse richtet sich also an einen Unbekannten und mir fremd Gemachten. Verstehen Sie daher den distanzierten Beginn meiner Anrede. Wenn Sie mit „lieber" fortfährt, so möchte sie ein Gefühl der Nähe ausdrücken, das mich dennoch mit Ihnen verbindet. Woher es rührt, kann ich noch nicht genau sagen. Der Mensch, der mir in Ihren Schriften entgegentritt, bewegt mich jedenfalls seit langem. Nicht sein biographisches Schicksal. Also nicht die tiefe Verletzung durch einen Vater, der offenbar kein Gefühl dafür hatte, daß sein Sohn lebenslang auf nichts dringlicher gewartet hat als auf das Ja zu seiner Person. Auch nicht die Kränkung durch eine Mutter, die für die Vereinsamung ihres Erstgeborenen kein Auge hatte. Ebenso haben mich seine scheiternden Beziehungen nicht in dem Maße beschäftigt, wie es seinem Schicksal wohl angemessen gewesen wäre. Nicht einmal sein qualvolles Sterben und sein früher Tod haben meine besondere Anteilnahme erregt. Väter, Mütter, Liebesgeschichten und Sterbeszenen dieser und noch schlimmerer Art sind so alltäglich, daß der Einzelfall, zumal der vergangene, kaum noch ins Gewicht fällt, es sei denn, er fände in unserer Nähe statt - oder wir wären selbst hineinverwickelt.

Was mich ergriffen hat und immer mehr ergreift, je länger ich Ihnen nachgehe, das ist Ihr tödlicher Ernst bei der Suche nach Ihrer Wahrheit. In welcher Gestalt auch immer: Sie beschreiben sich als jemanden, dessen Todesurteil bereits gesprochen ist. Ich meine nicht die Unausweichlichkeit unseres Lebensendes. Vielmehr sehen wir heute deutlicher, als Sie es zu Ihrer Zeit wissen konnten, daß es das Gesetz der Väter ist, das unser Leben bestimmt, ja uns am Leben erhält. Aus der Gnade des eigenen Vaters zu fallen, der dem nämlichen Gesetz unterliegt und es fortschreibt, rächt sich, indem er uns seine Liebe entzieht. Aber darüberhinaus erfahren wir aus tausenden Mündern und, was noch schlimmer ist, aus abertausenden versteinerten Gesichtern das Nein zu einem solchen ungesetzlichen Leben. Nur wenige entkommen dem Verdikt.

Sie selber haben es erlebt, wie unauffällig dieser Prozeß einsetzt. An seinem Anfang steht nicht der Wunsch, anders sein zu wollen als der Vater, kein Widerstand, kein versuchter Vatermord, überhaupt nichts von dem, was das spätere Verhängnis eindeutig erklären oder gar rechtfertigen könnte. Sie beobachten an sich eine Furcht vor dem Vater, von der Sie nicht wissen, woher sie rührt, und alle Ihre Erinnerungen, die Ihnen im Zusammenhang damit einfallen, die zahlreichen Geschichten von seiner körperlichen Überlegenheit, von Drohungen, Ungerechtigkeit, Inkonsequenz, Überheblichkeit, Mißachtung und lauten Zweifeln an Ihrer Person, von seiner Feindseligkeit gegenüber Ihren Freunden und der plumpen Herabsetzung Ihrer Freundinnen und Verlobten - alles das reicht, wie Sie selbst bemerkt haben, nicht aus, um dieser Furcht auf den Grund zu kommen. Offenbar hat sich in Ihrem Verhältnis schon sehr früh und unmerklich für Sie beide eine gegenseitige Irritation eingenistet, eine Verneinung des einen durch den anderen, mit der Ihr Vater dadurch fertig wurde, daß er das Rechthaben für sich allein reklamierte und dabei alle Welt hinter sich wissen konnte. Sie aber blieben draußen. Was half es Ihnen, daß Sie lieben wollten? Was half es Ihnen, daß Sie die Brüche und die Hohlheit im väterlichen Gesetz erkannten und die Gewalt als Mittel, ihm dennoch Geltung zu verschaffen? Was half es Ihnen, in Ihrem Vater nicht den Erfinder, sondern den höchst alltäglichen Vertreter und Vollstrecker eines allgemeinen Gesetzes zu erkennen? Mit schmerzlicher Klarheit beschreiben Sie dieses Gesetz und das, was es in uns und zwischen uns an Entfremdung und Zerstörung anrichtet. Sie sehen: Ich spreche in der Gegenwart. Sie haben zu Ihrer Zeit den todbringenden Keim in unserer Geschichte erkannt, auch wenn er in Ihrer Erfahrung und Phantasie noch nicht jene kollektiven Folgen ahnen ließ, die das Brandzeichen unseres Jahrhunderts geworden sind.

Uns haben Sie die Augen geöffnet und unsere Chancen vermehrt, einen Ausweg zu finden. Sich selbst haben Sie nicht befreien können, weder durch Ihre Verweigerung gegenüber den Eltern und ihrer Welt, noch durch die Erfahrung, daß Sie durch Ihren Widerstand auch selbständiger geworden waren. Hatten Sie nicht etwas an sich übersehen? Manchmal schaffen wir uns im Schlaf Deutungen für das, was uns am Tage als chaotische Wirklichkeit begegnet. So notieren Sie in Ihren Tagebuchaufzeichnungen vom 19. April 1916 folgenden Traum: Ihr Vater beugt sich aus dem Fenster, weil er unbedingt ein vorbeiziehendes Regiment sehen will. Sie bemerken, daß er das Gleichgewicht verliert und halten ihn an den Gürtelschlaufen seines Morgenmantels fest. Aus Bosheit, wie Sie annehmen, beugt er sich noch weiter hinaus, und Sie müssen alle Kräfte anspannen, um ihn und sich vor dem Sturz zu bewahren. Sie denken daran, daß Sie Ihre Füße an etwas Festem anbinden sollten, um nicht mit ihm zusammen in die Tiefe zu stürzen. Dazu müßten Sie ihn aber loslassen, und das ist unmöglich. - Die Erregung im Traum war zu stark für den Schlaf, schreiben Sie. Sie wachten auf, und das Erwachen ersparte Ihnen die Entscheidung.

Ich wünschte, Sie hätten damals jemanden gefunden, der Ihnen am Beispiel dieses Traumes gezeigt hätte, daß Sie Ihren Vater im tiefsten Herzen doch geliebt haben müssen. Hätten Sie sonst so viel Energie aufgewendet, um ihn zu retten? Um wieviel mehr verborgene Kraft muß Ihnen erst zur Verfügung gestanden haben bei jenen, deren Liebe Sie sich sicherer sein konnten. Sie haben die Szene nicht kommentiert. Aber ich vermute, daß der Traum Sie nur in dem bestätigt hat, was Sie immer schon zu wissen glaubten: Wir kommen nicht voneinander los. Er zieht mich in den Abgrund. Und wenn ich nicht unten zerschelle, dann zerreißt mich die Spannung.

Gegen ein solches Wissen half letzten Endes auch das Schreiben nicht. In Ihrem Brief an Max Brod vom 5. Juli 1922 haben Sie das nüchtern und lakonisch konstatiert: Das Schreiben, heißt es da, erhalte Ihnen diese Art Leben. Ohne Schreiben ende es mit dem Irrsinn. Das Schreiben sei der Lohn dafür, daß Sie sich den dunklen Mächten auslieferten. Sie hätten sich durch das Schreiben aber nicht losgekauft - im Gegenteil: Das Sterben, das Sie Ihr Leben lang gespielt hätten, werde nun Wirklichkeit. Ihr Schlußwort in den angsterfüllten Nächten laute immer: Ich könnte leben und lebe nicht. Sie seien Lehm geblieben; den Funken hätten Sie nicht zum Feuer gemacht, sondern zur Illuminierung Ihres Leichnams benützt. Ein Schriftsteller wie Sie sei der Sündenbock der Menschheit. Er erlaube dem Menschen, eine Sünde schuldlos zu genießen - fast schuldlos, wie Sie einschränken.

Ich finde in diesem Brief keinen Hilferuf, kein Werben um Verständnis, keine Bitte um Mitleid. Sie suchen bei niemandem die Schuld. Das Resümee Ihres Lebens war offenbar nur noch auszusprechen, erzählen konnten Sie nicht mehr.

War das die Wahrheit, die Sie gesucht hatten?

Wie aber soll ich dann die Utopie verstehen, mit der Ihr „Brief an den Vater" ausklingt? Zwar scheint es, wenn ich die letzten Seiten lese, als wollten Sie Ihren Vater, nach der schier endlosen Aufzählung alles dessen, was er Ihnen angetan hat, zum endgültig vernichtenden Schlag gegen den Sohn ausholen lassen. Dabei reichen ihm Ihre mißlungenen Heiratsversuche und die Art, wie Sie die Schuld daran ihm zuschieben, völlig aus, um Ihre eigenen Anteile an der unseligen Geschichte mit ihm und mit Ihren Verlobten aufzudecken: Feigheit, Unehrlichkeit, Schmarotzertum. Selbst die briefliche Abrechnung mit ihm sei noch ein letzter Versuch, an ihm zu schmarotzen.

Hätte Ihr Vater wirklich so gesprochen, so wäre das wohl die unwiderrufliche Verstoßung gewesen. Aber Sie selber geben ihm den Wortlaut des Urteils ein - Sie hatten schon Übung darin - und zugleich beenden Sie das dialektische Spiel. Sie widersprechen nicht mehr. Sie nehmen den Spruch an. Zwar schieben Sie auch dieses Zugeständnis noch auf ihr anerzogenes Selbstmißtrauen, aber dann lassen Sie doch seine letzten Worte als Annäherung an Ihre gemeinsame Wahrheit stehen. Diese Wahrheit könnte, so meinen Sie, Vater und Sohn „ein wenig beruhigen und Leben und Sterben leichter machen".

Das war der Schlüssel. In dieser fürchterlichsten, aber auch virtuosesten Kopfinszenierung eines Vater-Sohn-Dramas, das ich kenne, finden Sie gleichsam im letzten Satz die Lösung aus den Umarmungskrämpfen der Vergangenheit, den Weg aus den endlosen Anklagen und Rechtfertigungen und aus Ihrer zerstörerischen Gekränktheit - durch das schlichte Eingeständnis, auch Ihre Wahrheit könne durch den Vater korrigiert werden.

Das hätte der Schlüssel sein können: die Weisheit Ihrer Religion und der christlichen, die Weisheit aller Psychotherapie, daß die wichtigste Wahrheit unseres Lebens jene der geteilten Schuld ist. Ohne sie gibt es keine Aussöhnung, weder mit jenen, die an uns schuldig geworden sind, noch mit unserem eigenen Schicksal.

Was hat Sie nur daran gehindert, den Brief seinem Adressaten zukommen zu lassen? Dachten Sie, er würde ihn sowieso nicht verstehen? Oder befürchteten Sie gerade das Gegenteil? Hatten Sie das Bild vor Augen, der Brief könnte zuhause auf dem Tisch lange ungelesen zwischen Essensresten und

Spielkarten herumlungern? Lähmte Sie die Vorstellung einer taktlosen väterlichen Entgegnung etwa der Art: Dafür habe der Herr Sohn offenbar Energie und Zeit, aber im Büro ...?

Nach allem, was ich über Ihren Vater in Erfahrung gebracht habe, war jede dieser Antworten möglich. Aber war es gänzlich unwahrscheinlich, daß ihn wenigstens das Bekenntnis Ihrer Furcht vor ihm und Ihre ausgestreckte Hand gerührt hätten? Und wäre es dann noch auf einen bestimmten Wortlaut angekommen?

Lieber Franz Kafka! Ich habe es nicht ausgehalten, daß Ihr „Brief an den Vater" zwar Literaturwissenschaftler, Psychologen und Pädagogen zu Analysen provoziert und die Edition von Erinnerungen an Väter befördert hat, selber aber ohne Antwort geblieben ist. Und als mir vor kurzem einer meiner Studenten (ich unterrichte Erziehungswissenschaft, zu Ihrer Zeit noch „Pädagogik" und eine „ancilla philosophiae") nach der Lektüre schrieb, der „Brief" mache stumm und eine Entgegnung sei ganz unmöglich, wollte ich es genau wissen. Ich habe also „Väter" gesucht, die bereit waren, Ihnen zu antworten.

Sie könnten fragen, ob das zusammenpaßt: ein Brief - und so viele Antworten? Ein Brief, der vor mehr als einem Dreivierteljahrhundert entstanden ist - und so späte Antworten? Ein Brief, in den die Leidensgeschichte eines realen Menschen eingegangen ist - und erfundene Antworten? Ich habe mich für das Ja entschieden, weil Ihre Geschichte schon immer nicht nur Ihre Geschichte war, sondern die von Unzähligen vor Ihnen und weil sie immer noch unsere Geschichte ist. Verdiente nicht selbst der Abraham des Alten Testaments noch eine Antwort?

Die Redeweise einiger „Väter" wird Ihnen bekannt vorkommen, die anderer wird Ihnen neu oder gar fremd sein. Sollte es wirklich einmal eine Zeit geben, in der Erwachsene so über ihre Kinder und mit ihnen sprechen?

Als jemand, der, aus welchen Gründen auch immer, die Antwort seines Vaters nicht einholen wollte, werden Sie es verstehen, daß etliche, die ich gebeten hatte, sich nicht in der

Lage sahen, Ihnen zu antworten, und daß andere nicht als Vater zu Ihnen sprechen wollten. Zeichen des Ernstes werden Sie bei allen finden, der Wärme und Zuneigung bei den meisten.

Das Gespräch kann beginnen. Ich danke Ihnen, daß Sie den Anfang gemacht haben.

Innsbruck, im Juni 1996   Helmwart Hierdeis

Briefe an Franz Kafka

Alois Brandstetter

Du hast mich also ins Unrecht gesetzt und mir Dein eigenes Unglück und jenes Deiner Schwester und wohl auch Deiner Mutter in Rechnung gestellt. Und es macht meine Sache nicht besser, daß Du mich trotz der großen Schuld, die Du mir zuschreibst, auch noch entschuldigst. Damit aber entmündigst Du mich. Wie soll ich es anders denn als Hohn verstehen, wenn Du schreibst: „Wobei ich Dich immerfort bitte, nicht zu vergessen, daß ich niemals im entferntesten an eine Schuld Deinerseits glaube. Du wirktest so auf mich, wie Du wirken mußtest, nur sollst Du aufhören, es für eine besondere Bosheit meinerseits zu halten, daß ich dieser Wirkung erlegen bin." Wie aber, frage ich mich und Dich, soll ich aufhören mit etwas, was ich nicht begonnen habe. Bin ich nun einmal im Unrecht, so bitte ich doch, mir meine Zurechnungsfähigkeit zu belassen.

Ich wirkte nämlich nicht auf Dich, wie ich mußte, als hätte ich nur meiner robusten und tyrannischen Natur entsprochen und nachgegeben und mich nie und nimmer zurückgehalten und überwunden. Vielmehr bestehe ich darauf, daß ich das in Deinen Augen Böse in Freiheit und nicht aus Zwang und ohne Selbstbewußtsein getan habe. Ich habe mir etwas dabei gedacht! Und der Gedanke hinter meinen Handlungen, die ich gar nicht groß als „Erziehung" verstehen will, war ein einfacher und plausibler und in seiner Einfachheit wohl auch guter oder doch nicht schlechter. Ich sage einmal: Ich wollte Dein Glück! Dein Glück aber, dachte ich naheliegend, wirst Du unter den gegebenen Umständen, unter denen wir hier leben müssen, am leichtesten - und das würde schwer genug sein - als sogenannter „tüchtiger Geschäftsmann" und als ein Mann der Wirtschaft finden. Und sollte ich mich in diesem Erziehungsprozeß, bei dem freilich die Abhärtung einen

Hauptgegenstand bildet, selbst als Beispiel hingestellt und empfohlen haben, so nicht aus Ruhmsucht, sondern aus dem praktischen Grund einer langen Lebenserfahrung, die mir zu Gebote steht. Es ist mir einiges gelungen, wie ich wieder ohne Stolz sagen darf. Und ich habe auch viele Fehler gemacht, wie ich eingestehen muß. Sah ich nun meine Kinder, namentlich Dich, den Sohn, auf einem gleichen Wege, von dem ich aus eigener leidvoller Erfahrung wußte, daß er zu nichts und zu keinem guten Ziele führt, so habe ich mich „aufgebäumt" und dazwischengestellt. Hätte ich Euch denn nur gehen lassen sollen? Sicher kann man über die Mittel, die ich zur Erreichung dieses Zweckes einsetzte, streiten. Man kann sie aber bestimmt auch anders beurteilen als Du es tust, weil Du mir von Haus aus jede ideale Zielsetzung absprichst. Ich stehe aber nicht an, mich für manche Übertreibung, etwa in jenen Ironien, die Du monierst, zu entschuldigen. Ich wußte mir oft nicht anders zu helfen als zu schaden.

Sicher spielten in meinem Erziehungskonzept die Familie und die Religion eine wichtige Rolle. Gerade wir Juden können weder des einen noch des anderen entbehren. Es schmerzt mich, daß Du schreibst, daß die Religion nur noch einen „Sinn als kleines Andenken aus früheren Zeiten" hatte, wie ich die leichtfertige Beurteilung der Religiosität anderer, auch anderer Menschen anderer Konfessionen, immer sehr verabscheut habe! Wer aber sieht dem Menschen ins Herz? Sehen wir aber eine religiöse Praxis, ein rituelles Handeln und einen frommen Brauch, so sehen wir freilich eine Äußerlichkeit. Niemand aber ist berechtigt, all dies als Fassade abzutun, als handle es sich dabei um die bloße Schauseite eines entkernten Hauses. Ich meine, ich hätte einmal bei Blaise Pascal (ja, ich habe ihn gelesen, auch wenn Du es mir nicht zutraust!) gelesen, der Mensch solle sich nur hinknien und anzubeten beginnen, so werde sich Gott schon einstellen und einfinden. Wer keine äußeren Anstrengungen macht, keine Feiertage hält und Gottesdienste besucht, wie soll dessen Herz mit mystischen Erfahrungen gesegnet werden? Du aber hast mich bloß Haltung annehmen sehen, von meinem tieferen Glücke aber hat sich Dir nichts mitgeteilt. Jeder aber ist selbst dafür verantwortlich, wonach ihm der Sinn steht. So habe ich Dich keineswegs in die Synagoge gezwungen und getrieben. Ich habe Dich vielmehr diesbezüglich in Ruhe gelassen. Du mußt es Dir selbst zuschreiben, wenn Du in dieser „Ruhe" nicht zur Ruhe gekommen bist, sondern im Gegenteil von großer Reizbarkeit und Nervosität geworden und jede innere Ruhe eingebüßt hast. Vielleicht erinnerst Du Dich daran, daß ich einmal bei Tisch gesagt habe, der Mensch könne eigentlich nur zwischen Religiosität und Nervosität wählen. Du aber erwidertest recht aufgeklärt und maliziös, die meisten Religiösen würden ihre nervöse Angst für Religion halten. Du ließest ganz im Gegenteil zu Deinem lieben Freund Max Brod (Du siehst, daß ich einige aus Deinem Freundeskreis sehr wohl schätzte, weil Du meinen Despekt für den jiddischen Schauspieler Löwy dick hervorstreichst!) darüber kaum mit Dir reden. Der gute Max war es auch, der mich zu trösten versuchte, weil er meinte, Deine Geschichten seien eine andere Art von Theologie und in einer ungewöhnlichen, aber profunden Weise talmudisch. So habe ich gerade ihm kürzlich Deinen langen Brief gezeigt und ihn gefragt, wie sich nun eine solche Vaterschelte mit den im Jesus Sirach dargetanen Sohnespflichten vereinbare. Dort aber, meinte er ausweichend und ein wenig schlau, gehe es darum, daß dem Sohn Ratschläge erteilt werden, wie er mit dem Vater, „dessen Geisteskräfte nachlassen", umgehen möge, schonend nämlich. Die Schonungslosigkeit dieses Briefes aber ehre mich so gesehen. Dann bestünde ich aber darauf, wie vorhin gesagt, nicht entschuldigt und exkulpiert zu werden.

Ad propositam familiam. Ja, es ist richtig, daß ich mich oft über den völligen Mangel an Familiensinn Deinerseits beklagt habe. Mir war nämlich schon sehr früh klar, und es stand mir deutlich vor Augen, daß ein Mensch, der nach der Religion auch noch den Familiensinn verliert, heil- und rettungslos in der Diaspora versinkt, in Zerstreuung und Zerstreutheit. Er verliert jeden Halt. Ohne die Regeln und die Ordnung der Regelmäßigkeit eines bürgerlichen Lebens in

Ehe und Familie ist und bleibt der Mensch ein armer Tropf, sosehr der Ungebundene und Ungezügelte sich auch über jenen alterieren und belustigen mag, der die Sittlichkeit aus Sitte ableitet. Ich habe in den persönlichen Angelegenheiten wie auch in den geschäftlichen und ökonomischen viel Desperation aus Konfusion, Unglück aus Schlamperei entstehen gesehen. Nur darum habe ich im Hause auf die Beobachtung bestimmter Essentialien geachtet, die Einhaltung der Nachtruhe als insbesondere, die Termine für Mittag- und Abendmahl, korrekten Schulbesuch. Und es war nicht so sehr Kontrolle als Fürsorge im angedeuteten Sinne, als ich mich auch noch, als Du an unserer Karlsuniversität die Jurisprudenz bezogst, für den Studienfortgang interessierte.

Darf ich Dich aber, weil Du es vergessen zu haben scheinst, auch daran erinnern, daß ich Dich sehr bald, als ich Deiner anderen Vorlieben für die Schriftstellerei und Deiner künstlerischen Ambitionen, namentlich nach den ersten Veröffentlichungen, gewahr wurde, in Deinem Sinne gewähren ließ? Wohl habe ich auch dann noch die Einhaltung gewisser häuslicher Regeln empfohlen, aber nicht mehr eingefordert oder tyrannisch angemahnt. Und es zeugt nicht eben von Kafka-Humor, wenn Du mir nun harmlose Scherze im Sprachgebrauch, wie etwa gewisse ironische Redewendungen („Dazu hast Du natürlich keine Zeit" ect.), als menschenverachtende Bosheit auslegst. Wie hätte ich mich denn verhalten sollen, als ich sah, daß Du die Nacht zum Tag machtest. Und mußte ich nicht gewärtigen, daß Du mir bei Deiner leiblichen Konstitution (von der seelischen ganz zu schweigen!), die sich von meiner, die Du mit weit größerer als von mir erlittener Ironie mit „Stärke, Gesundheit, Appetit, Selbstzufriedenheit, Ausdauer, Geistesgegenwart" ect. charakterisiert, sehr unterscheidet, einmal bittere Vorwürfe machen würdest, wenn ich Deinen ungesunden Lebenswandel widerspruchslos passieren hätte lassen! So habe ich mir als Vater denn erlaubt zu meinen, daß dies alles, was Du mich sehen ließest, nicht gutgehen könne. Und es schmerzt mich heute, daß ich leider recht behalten habe.

Du hast Dich frei gemacht, und ich habe Dich freigegeben! Das galt insbesondere für die Gestaltung Deiner persönlichen Angelegenheiten in Hinblick auf die Frauen. Du verübelst mir also, daß ich ab einem gewissen Zeitpunkt Deine Verlobungen, diesen in meinen Augen schon lächerlichen Plural an Sponsionen, nicht mehr ernstnehmen und mich, zuletzt doch um meine Meinung gefragt, mit Spott nicht mehr zurückhalten konnte. Mit Deiner leichtfertigen Bereitschaft, jungen Frauen zunehmend zweifelhafteren Standes die für Dich außerhalb Deiner Möglichkeiten liegende Ehe zu versprechen, hast Du Dich nicht nur selbst als Heiratsschwindler, sondern uns alle ins Gerede, und nicht nur bei unseren Prager Freunden ins Zwielicht, ja in Verruf gebracht. Doktor Kafka hat sich wieder verlobt, hieß es allenthalben. Wie klar aber zeigt Dein nicht ungehässiger Brief an mich, daß Du letztlich ein klares Wissen um Deine Aussichten und Aussichtslosigkeiten hattest, von Anfang an. Unglücklicher Zölibatär, hättest Du Deine Hände von jenem iterativen Um-die-Hand-Anhalten genommen und gelassen! Aus der durch Deine merkwürdigen Ehestandsmanöver für mich entstandenen Peinlichkeit heraus muß man es verstehen, daß mir schließlich einmal der Kragen geplatzt und das häßliche Wort Bordell herausgerutscht ist, wie Du schreibst, sit venia verbo. Es tut auch nichts weiter zur Sache, daß ich meiner Erinnerung nach das noch unwürdigere Wort Puff verwendet habe. Denn natürlich war leider nicht nur Dein „hehrer" Hang zu eher geistreichen als reichen Bräuten bekanntgeworden, sondern auch jener zu leichten Mädchen. Es ist leider auch mir nicht verborgen geblieben, daß Du „Freier" in dieser doppelten Hinsicht warst. Und ich will nun, da Du mit Deinem Brief den Stab über mich gebrochen hast, mich nicht zurückhalten und eingestehen, daß ich Deine Kränklichkeit und Blässe manchmal als ein Ergebnis der Stillung jenes Durstes aus jener trüben Quelle verdächtigte. Und daß ich fürchtete, Du könntest unserem Hauswesen zuletzt noch die Pest importieren. Das Venerische ist nun gerade jenes Feld, auf dem sich die Sünden unverzüglich selbst bestrafen, die Strafe folgt dem Fehltritt stehenden Fußes, und sie besteht im leichtesten Falle in Ekel.

Du magst in Deinem Brief noch so sehr in Selbstanklagen und einem heiligen Masochismus schwelgen, Du magst auch noch so sehr meine „Unschuld" beteuern, das Stück, das in diesem Schriftstück gegeben wird, heißt unüberhörbar: Der verlorene Vater! Und gemeint bin ich. Denn es ist Dir gelungen, durch genaue Angaben zu meiner Person, meinen Verhaltens- und Redeweisen, den Eindruck zu erzeugen, als sei gerade ich in meiner Individualität und Unverwechselbarkeit ein besonderer Vater und besonderer Unmensch. Dabei bin ich oder war ich ein ganz gewöhnlicher Vater. Und Du hättest keinen anderen Vater ertragen, und es wäre sicher keinem anderen mit Dir besser ergangen, weil Du nicht so sehr mich als vielmehr die Vaterschaft an sich nicht ertragen kannst. Dir war in Wahrheit nicht zu helfen! Du hättest mit einigem Rechte alle Väter und Mütter der Welt anklagen können, daß sie Kinder in die Welt setzen, die sie nicht fragen, ob sie in diese eben von diesen Vätern und Müttern gestaltete Welt gesetzt und geworfen werden wollen. Und man kann es einem Menschen immer und überall als eine Schuld anrechnen, wenn er seinen Platz als Vater oder Mutter einnimmt und behauptet. Leben heißt schuldig werden. Die Erbschuld der Erzeuger besteht nun darin, daß sie entweder anwesend oder abwesend sind, daß sie erziehen und leiten oder aber, daß sie die Erziehung und Leitung unterlassen, daß sie des Guten zuviel oder nicht genug tun. Wie es der Vater macht, macht er es verkehrt und falsch. Hättest Du nur ein wenig Einsicht in jene naturnotwendigen Widersprüche aller väterlichen und mütterlichen Bezugspersonen gehabt, so hättest Du über Deinen alten Vater milder geurteilt oder Gnade vor Recht und Selbstgerechtigkeit ergehen lassen. So aber, wie Du gehandelt hast, hast Du Deinen Anchises nicht auf Deinen Schultern aus der brennenden Stadt getragen, sondern ihn ganz im Gegenteil ins Feuer geworfen.

Dein Brief, lieber Franz, erweist und bestätigt Dich als guten Schriftsteller und schlechten Sohn! Ich weiß freilich schon seit längerem, daß der liebe Max recht hatte, wenn er Dich von Anfang an mir gegenüber als eine „Ausnahmeerscheinung" auf dem Gebiete der Literatur rühmte. Das habe ich sehr früh eingesehen und anerkannt, wenn auch der Geschäftsmann in mir nicht ganz eingesehen hat, daß Du mit Deinen Talenten nicht besser zu wuchern verstandest, wo doch offensichtlich manch kleineres Licht in Deiner Umgebung ökonomisch weit heller strahlte. Doch dies nur nebenbei. Es ehrt Dich, daß Dir solche Gedanken der Zweckmäßigkeit immer fremd waren, wenn auch lange Zeit hindurch auf Kosten Deines Vaters. Was aber Deinen Brief an mich betrifft, dem man anmerkt, daß er nicht mich allein meint, sondern als eine Art Offener Brief über unsere Intimität hinaus aufs Bekanntmachen und aufs Veröffentlichen zielt (was meine Betroffenheit einerseits erhöht, aber zugleich auch mindert!), so scheint es mir, daß Du alle Kunst und Kunstfertigkeit aufgeboten hast, die Sache zu übertreiben, mich nämlich zu vergröbern und Deine Sensibilität zu überzeichnen. Ich habe mit solchen Anwürfen nicht gerechnet und darum nie Buch geführt: Mir sind aber viele, wenn auch subtilere, damit aber keineswegs feinere Boshaftigkeiten Deinerseits sowohl mir als auch Deinen Schwestern gegenüber in Erinnerung. Ich will sie aber nicht wie ein Buchhalter und Kramer aufzählen. Du warst nicht immer das stumme Opferlamm, als das Du Dich im Briefe empfiehlst. Ich will also sagen, daß Dir Deine Kunstfertigkeit zu Hilfe kommt, die Angelegenheiten nun ganz in Deinem Sinne darzustellen. Ich darf Dich daran erinnern, daß Du uns einmal nach Tisch einen Brief an den Verleger Rowohlt vorgelesen, in dem Du sinngemäß geschrieben hast, der beste Schriftsteller sei jener, der sein Schlechtes am besten verbergen könne; worüber wir alle sehr lachen mußten. Trifft dies nicht auch für Deinen Brief, Deinen sogenannten „Brief an den Vater" zu? Denn steht nicht immer zwischen den Zeilen, auf denen einer einen anderen bezichtigt: Haltet den Dieb? Wer sein Interesse auf etwas lenkt, lenkt damit zugleich immer von etwas ab. Etwas wird angestrahlt, damit etwas anderes im Dunkeln verborgen bleibt. Wo aber in einem Brief, der als sprachliches Kunststück und Kunstwerk gelten will und darf, so viel ästhetischer Ehrgeiz angewandt und Aufwand getrieben wird, muß die eigentliche Sache, die zu verhandeln vorgegeben wird, notwendigerweise zurücktreten und leiden. Wenn Du Dich aber beschwerst, daß Dir von mir, einem nüchternen und geschäftlich denkenden Menschen, zu wenig Zuneigung und Liebe entgegengebracht worden sei, was soll nun ich denken, wo Du die Dir zu Gebote stehenden gefährlichen Waffen des Wortes im Persönlichen gegen mich führst. Ist es nicht nachgerade gegen die Berufsehre des Professionisten, seine Mittel so einzusetzen? Du handelst wie ein Boxer, der seine Technik auf unsportliche Weise in einem privaten Raufhandel anwendet. Natürlich muß ich bei diesem ungleichen Kampfe schlecht aussehen. Soll ich im Gegenzug als Händler und Kaufmann die Bilanz offenlegen, was ich in Dich und Deine Ausbildung investiert habe und was davon zurückgekommen ist als Rendite? Und würden die Zahlen sprechen und sagen: Der hat sich seine Kinder etwas kosten lassen. Dem waren seine Kinder viel wert. Er muß sie geliebt haben?

Harry Pross

Denkbare Antwort des siebzigjährigen Vaters K.

1. Januar 1920

Lieber Franz!

Dein Brief vom 8. Dezember 1919 ist mir infolge der revolutionären Wirren erst gestern zugekommen, und ich benütze den Neujahrstag, um darauf zu antworten. Vielleicht haben aber auch nicht die Wirren die Zustellung verzögert, sondern der Umstand, daß viele Beamte sich oft krank melden. Ich gratuliere Dir, daß Du dennoch mit heutigem Tage zum Anstaltssekretär ernannt worden bist. Einfache Leute, wie Dein Vater und Deine Mutter es sind, beruhigt es, ihren Sohn, mit dessen Gesundheit es nicht zum besten steht, staatlich alimentiert zu sehen. In unserem hohen Alter müssen wir das Ersparte zusammenhalten, weil nichts mehr nachkommt. Große Erfolge im Geschäft wie der des von Dir so bewunderten Madrider Onkels, des Herrn Generaldirektors Alfred Löwy, sind selten. Reichtum ist in der Fremde zu gewinnen, nicht in Prag. Du wirst inzwischen durch Deine Tätigkeit in der Versicherung etwas davon gehört haben. Es wäre auch unangemessen, Dich hierüber belehren zu wollen. Beamte wissen es besser.

Dein Brief hat mich überrascht. Ich war nicht darauf vorbereitet, auf vierundvierzig Schreibmaschinenseiten die Bilanz meines Erstgeborenen über sein Elternhaus und den Vater lesen zu müssen und darin kaum ein gutes Wort über mich zu finden. Ich bin außerstande, Dir auf wiederum vierundvierzig Seiten zu antworten, so gestatte mir denn, kurz zu fassen, was ich dazu sagen möchte.

Als Du am 3. Juli 1883 im Haus Zum Turm, Ecke Maiselgasse und Krapfengasse in der Josefstadt geboren wurdest, freuten wir uns, daß unser erstes Kind ein Sohn war. Wir setzten große Hoffnungen in Dich. Mein Galanteriewarengeschäft in der Zeltnergasse 12 war bescheiden. Es auf- und auszubauen, mußte mir umso mehr anliegen, als Deine Mutter aus der gutsituierten Familie eines Brauereibesitzers und begüterter Textilkaufleute stammte. Mein Vater war nur ein Fleischhauer in Wossek.

Dem Güterstand entsprechend, war Deine Mutter deutsch erzogen, während ich zur tschechischen Mehrheit der vielleicht 170 000 Prager zählte, aber zu den zehn Prozent der jüdischen Minderheit gehörte und zudem am Rande des Ghettos wohnte. Anders als gewöhnlich in jüdischen Familien, die ihre reichen Töchter mit armen Talmudisten verheiraten, hatte ich keine Gelehrsamkeit aufzuweisen. Die religiöse Tradition lag in der Familie der Mutter. Sie war, wie Du weißt, so stark, daß sogar das Geschäft darüber vernachlässigt wurde.

Die Vorstellung dieser Mißwirtschaft hat mich beschäftigt, als Du auf den besten Schulen Vorzugsschüler wurdest, aber nicht das mindeste Interesse an meinen Geschäften zeigtest, die mich doch durch die Jahre von morgens bis abends und noch im Schlaf beanspruchten. Trotz der miesen Konjunktur ist es mir gelungen, die Firma fortzuführen und die Familie in immer bessere Quartiere umzusiedeln. Wir stiegen auf, und Du hast unrecht, Dich darüber zu beklagen, daß ich vor lauter Geschäft die Familie vernachlässigt hätte. Das Geschäft ernährte die Familie, nicht umgekehrt.

Eine andere Sache ist, daß Deine jüngeren Brüder klein starben und meine Hoffnungen auf Dich immer zweifelhafter wurden. Du warst schwach auf der Brust, hieltest Dich zurück und konntest nicht das verbindliche Wesen entwickeln, das für einen Geschäftsmann unerläßlich ist. Nicht nur Du hast mich kaum einmal am Tag gesehen, wie Du klagst, auch ich sah Dich nicht öfter. Ich mußte mich auf die Aussagen der Mutter, des Kinderfräuleins, der Köchin, der Lehrer verlassen.

Tatsächlich bist Du von Weibspersonen erzogen worden, nicht vom Vater. Insofern bin ich die falsche Adresse für Deine Klagen. Aber ich verstehe nun besser, warum Du mit Deinen Heiratsabsichten gescheitert bist. Ob ich als „Vater zu stark" für Dich gewesen bin, kann ich nicht beurteilen. Ich mußte mit wachsendem Geschäftserfolg meine Kräfte noch mehr zusammennehmen, um nicht zu fallieren. Vielleicht war das zuviel für Dich. Eher glaube ich, daß die Frauen um Dich, nicht zuletzt Schwester Ottla, Deinen Kampfgeist geschwächt oder ihn gar nicht erst haben aufkommen lassen. Du schreibst von Deinem Erstaunen, daß „es gelang", durch die erste Schulklasse zu kommen, und später wieder; aber nicht davon, daß es Dir gelang, wohl aber, daß mein Gewicht Dich „immer viel stärker hinunter" zog. Wie konnte mein Gewicht ziehen, wenn Du mich nicht gesehen hast?

Es scheint mir, Du baust Dir da in Deinem Vater eine Scheinfirma auf, der Du Deine fallierenden Geschäfte zuschreiben kannst, vielleicht auch eine Fiktion, was Du hättest werden können, wenn Du nicht den groben Fleischhauersohn zum Vater gehabt hättest, sondern einen feinen, reichen Mann aus der Mischpoche Löwy/Porias. Vielleicht aber hast du recht, daß ich mich um Deine Geschäfte so wenig gekümmert habe wie Du Dich um die meinen, und Dein Brief ist nur ein verspäteter Ruf an den Papa, sich anzusehen, was das Kind wieder Vortreffliches gemacht hat. Daß ich Deine Bücher auf meinen Nachttisch legte, ohne mit Dir über den Inhalt zu sprechen, war gewiß mein Fehler. Hat aber mein Franz sich je für die Bücher des Vaters interessiert, in denen nicht erzählt, sondern gerechnet wird?

Die Jahre auf dem Altstädter Deutschen Gymnasium zeigten Dich allen schulischen Anforderungen gewachsen, obwohl es das strengste in ganz Prag war. Du bekamst zuhause ein eigenes Zimmer mit Schreibtisch, Klavier- und Violinunterricht. Nicht am Rande des Ghettos, das in diesen Jahren saniert wurde, sondern am Palais Kinsky, in der besten Lage der Altstadt. Für mich waren das Geldfragen, für Dich Eintrittskarten in eine Jugendbewegung, die damals die Juden wie die Protestanten und die Katholiken erfaßte, die Tschechen wie die Deutschen. Du lerntest meine Sprache, das Tschechische, neben dem Deutschen, in dem Du und Deine jüdischen Freunde begannen, sich literarisch auszusprechen. Ich muß hier einfügen, daß Deine Mutter mir hilft, diesen Brief deutsch zu verfassen.

Dein Studienkollege, Max Brod, sprach dazumal von der „Freude am eigenen Volkstum", die der „Freude am fremden Volkstum verwandter sei als die Erschleichung fremden Volkstums". Ihr fingt an, Euch mit dem Schlesier Gerhart Hauptmann und dem Schweizer Robert Walser zu vergleichen, und wolltet am „Quell deutscher Wortbildung" sitzen. Nebbich. Was sollte der Galanteriewarenhändler Hermann Kafka damit anfangen?

Zwanzig Jahre später sehe ich wohl, daß Ihr die „jüdischen Dichter deutscher Zunge" (Brod), Juden wie Deinen Vater für „zwittrig", „bröselig", „halbverfälscht" und „bedauerlich" halten mußtet, weil wir Eure „Renaissancebewegung" nicht verstehen konnten. Einer Deiner Kollegen aus der Juristischen Fakultät, Hans Kohn, hat in einem zionistischen Sammelband „Vom Judentum" (1913) Eure Absage an die Väter in die Sätze gekleidet: Der Jude, den man kennt, sei der Philister, „ein Mensch, der nach außen scheinbar in rührigster Tätigkeit lebt, voll unaufhörlicher Geschäftigkeit, und doch im Innern in vollster Unangefochtenheit und Herzensträgheit vegetiert (während der andere Typus Mensch ein ewiger Wanderer ist, verzehrt von Sehnsucht nach unerreichbarer Ruhe), ein Mensch, dessen Horizont gekennzeichnet ist durch den Stolz auf technischen Fortschritt und das Leben in satter Behaglichkeit ... etc. pp".

Deine Vorwürfe gegen mich könnten davon abgeschrieben sein. Ich unterstelle es Dir nicht. Aber ich bitte Dich zu verstehen, daß Dein Vater, der Philister, weder mit dem „Volkstum" noch mit Eurem zweiten Ideal neben der deutschen Literatur, der Verklärung des Jiddischen, etwas anfangen konnte. Mir scheint, daß Deine Anklagen unserer religiösen Mängel, die Du treffend beschreibst, um 1900 genauso von einem der 160 000 Katholiken oder 3000 Evangelischen gegen ihre Eltern hätten erhoben werden können, wie von Söhnen der 17 000 Juden Prags, die der „Brockhaus" der Jahrhundertwende auswies. Die Deutschen sind inzwischen mit einem Dichter, der sie zu Wanderern zwischen zwei Welten machen wollte, auf die Nasen gefallen. Für Euch sehe ich auf derselben Wanderung schwarz und bleibe lieber bedeckt: „Der Mund hat ein kleines Loch, aber es kann Haus und Dach verschlingen."

An einen Nachfolger fürs Geschäft, der Franz Kafka hieß, war, je mehr Du heranwuchsest, desto weniger zu denken. Die Familie öffnete sich wie die Schale einer Kastanie. Hervor kam der junge K., den Geschäften der Eltern weit entfernt, und als im Dezember 1897 Deutschen und Juden die Fensterscheiben eingeschlagen wurden, war mein Sohn auch politisch weit weg. Er nannte sich Sozialist, las Darwin und Haeckel und warf dem Vater vor, daß er ihn nicht sexuell aufgeklärt habe. Gewöhnlich nehmen Knaben besserer Häuser diesbezüglich Unterricht bei den Dienstmädchen. Wie hätte ich ahnen können, daß Dir dergleichen nicht zuteil geworden war?

Du erinnerst eine „schmutzige" Bemerkung von mir. Vielleicht habe ich einen Scherz dazu gemacht, doch bedenke: Wer seine Leiter zu steil stellt, kann leicht nach hinten fallen. „Männerwitze" sind nicht salonfähig, und Du wolltest doch aus der Fleischhauerei des Großvaters über den Galanteriewarenladen in die Schule der akademischen Welt. Dazu setztest Du ein immerzu trauriges Gesicht auf. So als ob Freude etwas Schlechtes und Traurigkeit gut sei. Doch soll man keinen Stein in den Brunnen werfen, aus dem man seinen Durst gelöscht hat.

Du wirst mir antworten, daß Du im Haus Deines Vaters den Durst nicht löschen konntest. Es ist wahr, daß der häusliche Brunnen den erwachsenen Kindern nicht mehr genug Wasser gibt. Sie haben andere Ansichten von Menschen und Dingen, weil sie verschiedene Gesichter haben und mit anderen Zungen sprechen. Dürfen sie deshalb den Stein in den Brunnen werfen, wie Du es mit Deinem Brief an mich getan hast?

Wenn ich es mir recht überlege, hast Du das Wasser aus unserem Brunnen als Dein Deputat genommen, um Dich damit von uns zu entfernen, die rote Nelke im Knopfloch des Gymnasiasten. Mit dieser Dekoration zeigtest Du an, daß Du deutlich ein anderer seist als Eltern und Geschwister. Dein Vater trieb seine Geschäfte vor sich her wie der Großvater die Tiere zur Schlachtbank. Du hängtest Dich an den Schwanz der störrischen Herde, die, wie Dein Schulfreund Hugo Bergmann fantasierte, den Menschen aus einem bedingten Geschöpf zu einem freien Wesen machen will. Dennoch schaffst du es nicht, Dir zuzugeben, daß ein Fleischhauer und ein Galanteriewarenhändler *ich* sagen können, wo Du *es* beschreibst, vom Schulbeginn bis zur Berufswahl - immer selbst entmutigt.

Du hattest bessere Aussichten. Der Professor Alfred Weber, der Dein Promotor war, galt als eine internationale Koryphäe der Wirtschaftswissenschaft, insbesondere der „Grenznutzentheorie". Er wußte etwas vom „Standort der Industrien", ein Thema, das mit Deinem Matura-Aufsatz zu tun hatte. Du hattest das Philosophie-Studium zugunsten von Jus aufgegeben; aber nicht, um damit im Staatsdienst, in der Regierung, in der Wirtschaft, im Verkehrswesen an die Spitze zu gelangen wie Onkel Löwy in Madrid, sondern um als kleiner Beamter Dich abzusondern, um zu ... dichten!

Daß ein Mensch seine Genialität - die Du Dir dann im Umgang mit Weltsch, Pollak, Bergmann, Haas, Pibram, Brod und anderen Genialen vorgespiegelt hast - schließlich in Käfer, Hunde, Affen, Pein und lauter Schimären umwandelt, registriert Dein Vater mit Verwunderung. Geschieht es, um Macht über andere Menschen zu gewinnen, nachdem Du Deiner eigenen Ängste nicht Herr werden konntest? Gewinnst Du auf diese Weise den Kampf, den zu kämpfen Du immer ausgewichen bist? Ich habe Dir nie geglaubt, daß Du weniger Macht haben willst als andere Männer. Da scheinst Du mir ganz normal, nur nervös in der Wahl Deiner Mittel und exklusiv. Was hast Du Felice und andere Frauen leiden lassen, um sie Deiner Einbildung zu unterwerfen!

Lieber Franz, seit Ottlas Brief über Deine Schwindsucht habe ich begonnen, Deine Schriften zu lesen. Die Mutter hilft mir dabei. Ich verstehe nicht alles, weil ich niemanden so sprechen höre wie Du schreibst. Vielleicht ist dies Deine Kunst, die mir dann und wann gerühmt wird. Ich hätte Dir meinen Respekt bezeugen sollen. Vielleicht wäre Dein Brief Dir dann überflüssig erschienen? Aber so steht geschrieben: „Fällt der Stein auf den Krug, wehe dem Krug; fällt der Krug auf den Stein, wehe dem Krug; in jedem Falle: Wehe dem Krug!"

Dein Vater Kafka, Hermann aus Wossek

Dietmar Larcher

Lieber Sohn, mein lieber Franz!

Dein Brief, dieser lange Gang durch unser beider Leben neben- und gegeneinander, läßt mir wenige Möglichkeiten zur Antwort offen. Du setzt Dich selbst an meine Stelle, um meine Antwort dorthin zu lenken, wo Du sie gerne haben möchtest, will mir scheinen. Trotzdem bin ich froh, daß Du mit Deinem Schreiben die Initiative ergreifst, um dem langen Schweigen Seite an Seite ein Ende zu setzen, bevor es zu spät sein könnte. Denn viel Zeit bleibt mir nicht mehr. Und wenn ich recht sehe, bleibt uns allen nicht mehr viel Zeit, weder mir noch Dir noch dem Rest der Familie.

Dein Brief hat mir nicht den Schlaf geraubt, denn ich schlafe ohnehin seit langem nicht mehr gut. Er ist mir in vielen schlaflosen Nächten durch den Kopf gegangen. Nicht nur durch den Kopf. Er hat meinen ganzen Körper in Unruhe versetzt. Ich fürchte, Du hast mit einigen der Anklagen, die Du gegen mich vorbringst, nur um mich im selben Augenblick wieder zu entschuldigen, den schwächsten Punkt Deines Vaters getroffen, jene Stelle, wo ich wirklich verwundbar bin. Dabei bin ich gar nicht sicher, ob Dir selbst überhaupt bewußt ist, daß Du genau dorthin gezielt hast, wo ich selbst spüre, versagt zu haben.

Du wirst mir verzeihen, wenn ich meine Antwort an Dich, die zugleich eine Antwort an mich selber ist, auf jenen einen schmerzlichen Punkt konzentriere, von dem ich, wenn ich nächtens mich unruhig im Halbschlaf wälze, wenn ich dann erwache und mein Leben vor mir ablaufen sehe, von dem ich, wenn ich mit mir selbst ins Gericht gehe, wenn ich Bilanz ziehe, wie es die Art des Kaufmanns ist, von jenem Punkt, von dem ich mehr als von allen anderen Vorwürfen, die Du gegen mich vorbringst, in meinen Nachtgedanken nicht loskomme. Es handelt sich um Deinen Vorwurf, Du hättest keine Rettung vor mir im Judentum gefunden, obwohl es doch so naheliegend gewesen wäre, daß wir uns beide im Judentum gefunden hätten oder daß wir gar von dort einig ausgegangen wären.

Du weißt, ja, Du schreibst selbst in Deinem Brief davon, daß ich aus dem Ghetto in die große Stadt gezogen war. Und Du glaubst an mir beobachtet zu haben, daß ich den jüdischen Glauben, den ich aus dem Ghetto der Kleinstadt auf dem Land nach Prag mitgebracht hatte, als eine Art Reliquie aus der Kindheit pflegen würde, also ohne rechte Überzeugung, mehr aus Nostalgie. In Wirklichkeit, so wirfst Du mir vor, sei ich ein innerlich gleichgültiger Vollzieher einiger jüdischer Rituale, die mir in Wahrheit Nichtigkeiten seien, ohne Selbstwert, ohne Sinn. Deshalb sei es mir nur darauf angekommen, Dir dieses Andenken aus meiner Kindheit aufzuzwingen, klagst Du, und ich hätte mich geradezu bösartig ablehnend verhalten, als vor kurzem Dein Interesse sich den Inhalten des Judentums zuwandte. So haßerfüllt hätte ich nur deswegen darauf reagiert, meinst Du, weil ich auf keinen Fall durch Dich an die Schwäche meines eigenen Judentums erinnert werden wollte - und auch nicht an die schlechte jüdische Erziehung, die ich Dir angedeihen ließ.

Du weißt nicht, mein lieber Franz, wie sich hier der Knoten schürzt, wie gerade dieser verhältnismäßig kurze Abschnitt Deines langen Briefes alles bündelt, was mir das Leben schwergemacht und die Beziehungen zu Dir, Deinen Geschwistern und Deiner Mutter verunglücken hat lassen. Denn Du weißt nicht genug über das Judentum in den Ghettos der kleinen Städte und Du weißt noch viel weniger um das Elend jener, die sich davon befreit zu haben glauben. Du ahnst zwar einiges, wenn Du in Deinem Briefe andeutest, das Ganze sei ja keine vereinzelte Erscheinung, ähnlich habe es sich bei einem großen Teil dieser jüdischen Übergangsgeneration verhalten, welche vom verhältnismäßig noch frommen Land in die Städte auswanderte. Oder ahnst Du vielleicht doch mehr über das Judentum, wenn Du in einem Absatz Deines Briefes meinst, daß für seine Entwicklung das Verhältnis zu den Mitmenschen entscheidend war? Wenn Du dann gar noch im selben Satz betonst, in Deinem Fall sei gerade dies tödlich, so fürchte ich, daß Du noch weit mehr von meinem Judentum mitbekommen hast, als Du ahnst und als ich es jemals beabsichtigt hatte.

Doch laß mich all dies genauer erklären, es drängt geradezu heraus aus mir, und Dein Brief ist mir - trotz des vernichtenden Urteils, das er über mich ausspricht, nur um es gleich wieder zurückzunehmen und um mich dann letztlich dennoch zu beschuldigen, daß auch an der Zurücknahme ich die Schuld trüge - dieser Dein Brief ist mir ein willkommener Anlaß, Dir und mir selbst zu erklären, was am Grunde unserer Entfremdung liegt. Ich glaube es zu wissen, nach schlaflosen Nächten mit bohrenden Erinnerungen und schweren Gedanken, die Du mir wohl gar nicht zutraust, denn Du willst in mir ja nur den Kraft- und Naturmenschen sehen, dem das Grübeln nicht liegt.

Um es kurz zu fassen: Mein Bestreben war es, Dir die Sackgassen meiner Kindheit zu ersparen. Du solltest es einmal besser, viel besser haben als ich. Nie solltest Du, wie ich, eingekreist von Feinden des jüdischen Glaubens, in einer Elendshütte des Schtetl hausen müssen, wo sich zwei oder drei oder gar vier Familien in einer Stube drängen, wo das Gekeife der zankenden Weiber am Herd und das Geschrei der Kinder Tag und Nacht in Deine Ohren dringt. Nie solltest Du die Not erfahren, die Dich zwingt, vom frühen Morgen bis zum späten Abend von zu Hause fort zu sein, Dich fünfzehn Stunden des Tages zu plagen, wie ein wildes Tier nach einem Happen Futter zu jagen und doch immer zu wenig zu haben, um satt zu sein. Und wenn Du dann am Abend müde nach Hause kommst, ist nirgends ein Platz, wo Du zur Ruhe kommst, alles viel zu eng, jeder Winkel der Stube besetzt, vollgepfropft mit Menschen und mit Dingen, nicht einmal beim Schlafen hast Du Deine Ruhe, denn Du hast gar kein eigenes Bett, teilst Dein Lager auf der Familienschlafbank mit den Brüdern, mußt auch dort um Deinen Platz noch kämpfen. Nein, nicht die Armseligkeit des Schtetl, sondern die Pracht der großen Stadt sollte für Dich, mein Sohn, der Mittelpunkt des Lebens werden. Von hier aus solltest Du die Welt erobern.

Aber das war nur die äußere Seite des Lebens. Noch viel wichtiger war mir, Dir die geistige Enge des Schtetl zu ersparen. Cheder hieß der Ort, wo wir zur Schule gingen, eine enge Stube, geprägt von grenzenloser Armut und abstoßender Häßlichkeit. Unser Lehrer war ein bettelarmer Mann - „Luftmensch" sagte man zu solchen Leuten, weil sie weder Beruf noch Geld hatten und von der Luft zu leben schienen -, der uns in der Bibel und im Talmud unterwies. Der Unterricht fand im einzigen Raum seiner Hütte statt, in dem auch seine Frau und seine zahlreichen Kinder lebten, aßen, schliefen. Meine Mitschüler und ich waren Kinder zwischen drei und sechs Jahren. Du, der Du das deutsche Gymnasium besucht hast und an der deutschen Universität inskribiert warst, hast keine Ahnung, welch jämmerlicher Geist in dieser „Schule" herrschte. Wir lernten Regeln. Alles war geregelt. Regeln bestimmten den Alltag und den Festtag. Wie ein Huhn zu schlachten sei, war festgelegt, wie die Gebete zu klingen hätten, oder wie man sich morgens die Schuhe anziehen müsse. Wir waren eingeschnürt von Regeln: Die Feiertage und der Schabbath waren die einzigen Lichtblicke in unserer armseligen Existenz.

Schon im Dorf, schon als kleiner Junge glaubte ich zu wissen: Rettung heißt Flucht, heißt Fortlaufen von dieser dumpfen Hoffnungslosigkeit, die uns umgab. Dabei war unser Schtetl trotz seiner Armseligkeit ein geistiges Zentrum, das seine religiöse Kultur pflegte, während die nichtjüdischen Dörfer ringsum von stumpfsinnigen Analphabeten bewohnt waren, die uns mißtrauisch beargwöhnten und uns bei jeder Gelegenheit wissen ließen, daß sie über uns herfallen würden, wann immer das Mißtrauen, der Haß, der Neid sie dazu trieben. Wir waren bis auf Abruf Geduldete, die man bei passender Gelegenheit wie räudige Hunde vertreiben würde.

Zwar lernte ich die Sprache dieser Leute, ich mußte ja mit ihnen sprechen, wenn mich der Vater schon am frühen Morgen mit den Waren seines Ladens in die umliegenden Dörfer schickte, aber zugleich schwor ich mir, bei erster Gelegenheit davonzulaufen, um der täglichen Erniedrigung zu entgehen, wenn sie mich, den jüdischen Gehilfen, zum Ziel ihres giftigen Spottes machten. Abhauen, weg aus dieser stillen Verzweiflung, ihnen allen zeigen, daß ich den Mut habe, reicher, mächtiger und klüger zu werden als sie alle, die dumpfen Dorfbewohner ringsum, aber auch die in ihrer religiösen Inbrunst versunkenen Juden meines Schtetl! Mich würden sie nicht kriegen, ich wußte, was ich wollte: Freiheit! Freiheit von dem Käfig meiner Familie und meiner Glaubensbrüder, und Freiheit von der hoffnungslosen Welt der Dörfer. Die Stadt sollte die Rettung sein, dort würde ich, wenn ich nur tüchtig und fleißig und angepaßt zur Zufriedenheit aller mein Geschäft führte, beim deutschen Bürgertum auf Anklang stoßen. Meinem Aufstieg stünde dann nichts mehr im Wege.

Auf dem Land hörte ich selbst von jenen Gojim, die mir wohlgesonnen waren, die meinen Fleiß zu schätzen wußten, mich eigentlich fördern wollten, vom Arzt des Dorfes, zum Beispiel, oder vom Direktor der Schule: „Schade, daß du ein Jude bist." Und als ich mich zum ersten Mal verliebte, in die Tochter des Dorfwirts, als wir uns beide sehnsuchtsvoll und mit verhaltener Leidenschaft Blicke zuwarfen und als wir uns dann endlich trafen, versteckt und heimlich, und als wir uns unsere Liebe gestanden, da schwor ich ihr ewige Treue. Doch sie sagte: „Schade, daß du ein Jude bist."

Was sollte ich in dieser vernagelten Welt, wo keiner das gilt, was er wirklich ist, sondern nur nach seinem Stammbaum beurteilt wird? Nichts wie fort aus diesem Friedhof begrabener Hoffnungen! Dort würde ich nie erfolgreich sein, dort würde ich meine Gefühle und meinen beruflichen Ehrgeiz ewig verstecken müssen. Die große Stadt sollte mir die Freiheit bringen, die ich brauchen würde, um wie ein Mensch zu leben, frei vom Judenhaß der Bauern, aber auch frei von der kleinkarierten Bigotterie unserer jüdischen Gemeinde, frei zum beruflichen Aufstieg und frei zur Wahl meiner Lebensgefährtin.

Heute weiß ich es besser: Ich habe meine innere Freiheit verloren, um die Illusion einer äußeren zu erlangen. Ich war äußerlich erfolgreich, indem ich mich so verhielt wie das deutschsprachige Bürgertum, indem ich ihre Tugenden pflegte, Gehorsam, Ordnung, Fleiß und Sparsamkeit, Redlichkeit, Pünktlichkeit, Genauigkeit, Ehrlichkeit, Nüchternheit und so weiter und so weiter. Nur daß ich bei der Pflege dieser Tugenden alle anderen übertraf. Ich war zu 200 Prozent bürgerlich, um es nur ja allen recht zu machen, um alle davon zu überzeugen, vor allem um mich selbst zu überzeugen, daß ich jetzt dazugehörte zu den Bürgern dieser Stadt. Aber ich verlor dabei mich selbst.

Früher, im Schtetl, besaß ich keine äußere Freiheit, aber ich besaß mich selbst, wußte, daß ich ein Enkel Abrahams, Isaaks und Jakobs war. Dann, nachdem ich davongelaufen war und stolz meine eigene Existenz aufgebaut hatte, indem ich mich assimilierte, da betete ich nicht mehr in der Schul' und auch nicht in der Synagoge, sondern im Tempel, mit Orgelmusik begleitet, wo der Gottesdienst so mechanisch und langweilig geworden ist wie in den christlichen Kirchen auch - Du merkst ja selbst in Deinem Brief an, daß mich diese Verrichtung langweilt. Ich wurde ein glattrasierter Herr mit Gehrock und Zylinder, packte mein Gebetbuch in eine Zeitung ein, damit niemand erkennen möge, hier gehe ein Jude zu seinem Gottesdienst. Ich' lernte Deutsch und lernte mich im Kreise der Gojim zu bewegen, lernte Höflichkeit und Freundlichkeit, und weil ich keine Arbeit scheute, weil mir kein Geschäft zu gering war, weil ich sanft zu meinen Kunden, aber hart zu mir selbst und später, als mein Geschäft größer wurde, auch hart zu meinen Angestellten war, kam ich zu dem Wohlstand, den Du, mein Sohn, als so selbstverständlich ansiehst, ohne die Anstrengung und die Selbstverleugnung zu ahnen, die er mich gekostet hat.

Deine Mutter hatte ich zur Frau erkoren, denn ihre Familie war den Weg bereits gegangen, den ich für mich und für meine Familie ausersehen hatte. Sie war assimiliert. Sie besaß den Wohlstand, den zu erringen ich aufgebrochen war. Die Hochzeit mit ihr, so schien mir damals, war die endgültige Besiegelung meines Aufstiegs vom verachteten Judenbengel aus dem Schtetl zum angesehenen deutschen Kaufmann in der Stadt.

Jetzt, da es äußerlich scheint, als sei alles erreicht, die Armseligkeit des Schtetl liege weit zurück, niemals mehr werde mich und meine Familie der Schatten dieser Mühsal begleiten, jetzt erst merke ich, wie ich in die Irre gegangen bin und im Grunde wenig erreicht, doch viel verloren habe. Wir wohnen immer noch am Rande des Ghettos, mein Deutsch verrät mich immer noch als den Fremden, der ich nun einmal bin, die Leute sagen immer noch, ich sei leider ein Jude, je mehr ich mich anstrenge, so zu sein wie sie, desto mehr lassen sie mich spüren, daß sie mich als Lieferanten guter Wurst zu günstigem Preis zwar schätzen, daß sie mich aber wegen meines Judentums zugleich verachten und als ihresgleichen niemals akzeptieren werden. Nun sind die Prager recht zahme Antisemiten, viel weniger zu Gewalttaten neigend als die Bauern auf dem Land. Aber trotzdem läßt mich die Ahnung nicht los, daß auch hier, in der großen Stadt, selbst in den Kreisen der besseren Gesellschaft, dicht unter der Oberfläche der galanten Umgangsformen dieselbe Wut und Gewaltbereitschaft lauert wie bei den Dörflern meiner Kindheit. Solange ich ihnen zeige, daß ich nichts anderes sein will als ihr untertäniger und beflissener Kaufmann, werden sie mich dulden. Manchmal scheint es mir, es sei eine Art Lebensversicherung für uns alle, wenn ich - manchmal mit eiserner Hand - unser Geschäft erfolgreich zu führen trachte. So, und nur so, wird man unsereinen tolerieren. Wir haben in ihren Augen sonst keine Daseinsberechtigung.

Die Religion der Väter läßt mich immer noch nicht los, auch wenn ich äußerlich nur mehr wenig mit ihr zu tun haben will. Je mehr ich mich zu assimilieren suche, desto mehr spüre ich, daß ich einen immer höheren Preis dafür zu zahlen habe. Ich brauche alle meine Kraft zum Vergessen und Verdrängen der Kindheit, ich muß mir immer radikaler den Weg zurück verbieten, obwohl ich ohnehin weiß, daß ich nicht mehr zurück kann. Ich bin nirgends angekommen und kann nirgendwohin zurück. Kein Ort, nirgends. Jetzt bin ich der Luftmensch! Aber nicht so, wie es die Leute im Schtetl meinten, wenn sie abschätzig von einem sprachen, von dem niemand wußte, woher er seinen Lebensunterhalt bestritt. Ich bin einer ohne Heimat, ohne Boden unter den Füßen. Solche Luftmenschen verachtet man auch hier, in diesem reichen deutschen Bürgertum, dem anzugleichen mein großes Ziel seit jeher gewesen ist.

Was mir blieb, warst Du, waren Deine Geschwister. Du solltest es besser haben, Du, mein lieber Sohn Franz, aber auch Deine Geschwister, ihr solltet die Früchte ernten, die ich gesät, Euch sollte in den Schoß fallen, was ich durch mein Davonlaufen, durch meine Opfer und durch die erduldeten Demütigungen qualvoll und höchst unvollkommen erreicht hatte. Ich würde es aushalten, ein Niemand und ein Luftmensch zu sein, wenn nur ihr einmal den Sprung über den Abgrund schaffen würdet, der mich immer noch und bis zu meinem Ende vom Eintritt in die bessere Gesellschaft des deutschen Prager Bürgertums trennt.

Der Abgrund ist natürlich mein Judentum. Es sitzt, wie ich Dir schon angedeutet habe, viel tiefer in mir, als ich mir jemals selbst gestehen wollte. Es prägt mein wahres Denken und Fühlen hinter meinem Denken und Fühlen. Es ist mein wahres Ich, mich gibt es nicht außerhalb des Judentums, das ich an der Oberfläche so erfolgreich verleugne. Du, lieber Franz, solltest so wenig wie möglich davon mitbekommen. Das war mein Wunsch von Anfang an. Als Du später begannst, Interesse am Judentum zu entwickeln, obwohl ich doch alles getan hatte, um Dir eine glänzende Laufbahn als deutschsprachiger Akademiker zu ermöglichen, geriet ich in Panik. Du solltest - dank meiner Kraft, dank meiner wirtschaftlichen Leistung, dank meiner planenden Umsicht - das erreichen, was mir versagt geblieben war: ein Deutscher zu werden, um den ökonomischen Erfolg Deines Vaters in gesellschaftlichen Erfolg zu übertragen.

Aber nein, Du interessiertest Dich für alles, was ich so mühevoll hinter mich gebracht zu haben glaubte: für die jüdische Religion, die jiddische Sprache - und dann gar noch für diesen jiddischen Schauspieler Löwy, den ich deswegen so heftig ablehne, weil er mich in geradezu bedrohlicher Weise an den Schnorrer erinnert, jenen typisch jüdischen Charakter, den man damals, zu meiner Zeit, in den Ghettos so oft antraf: Witzbold, Sänger und Schauspieler zugleich, Lügner, Bettler und Landstreicher noch dazu. Für mich ist Dein Löwy die Symbolfigur jenes Ortes, dem zu entkommen das Ziel meines Lebens war. Und nun bringt mir mein Sohn, der sich noch viel endgültiger von den Spuren des jüdischen Elends befreien sollte, als es mir je möglich sein würde, nun bringt ausgerechnet Du mir diese Inkarnation des jüdischen Ghettoelends ins Haus! Versteh doch bitte, daß ich in diesem Moment die Beherrschung verlor und in einer ersten Reaktion zu schimpfen begann.

Du sollst noch mehr wissen, ich will Dir meine geheimen Ängste nicht verschweigen, weil Dein Wissen um sie unsere mißglückte Beziehung zwar nicht retten, aber doch füreinander erträglich machen könnte. Du wirfst mir vor, mich hätte Deine schriftstellerische Tätigkeit angewidert: „Richtiger trafst Du mit Deiner Abneigung mein Schreiben und was, Dir unbekannt, damit zusammenhing. Hier war ich tatsächlich ein Stück selbständig von Dir weggekommen, wenn es auch ein wenig an den Wurm erinnerte, der, hinten von einem Fuß niedergetreten, sich mit dem Vorderteil losreißt und zur Seite schleppt." Und später klagst Du, ich hätte Deine Bücher achtlos weggelegt, um mich beim Kartenspielen nicht stören zu lassen. So sagst Du. Du sollst aber wissen, daß ich eines Deiner Bücher zu lesen begonnen habe. Es war „Der Prozeß": „Jemand mußte Josef K. verleumdet haben, denn ohne daß er etwas Böses getan hätte, wurde er eines Morgens verhaftet."

Wie kommst Du dazu, solches zu schreiben? Wie ahnst Du, was mir Angst macht? Woher kennst Du die jüdische Urangst? Das alles habe ich doch von Dir und von der Familie fernzuhalten versucht! Ich will Dir nicht verhehlen, daß ich über die ersten Seiten nicht hinauskam. Wie gelähmt saß ich da und spürte die Angst, die zu spüren ich mir mein Leben lang verboten hatte. Du beschreibst nämlich genau jenes fürchterliche Gefühl, das mich seit meiner Kindheit, seit meiner Flucht aus dem Ghetto begleitet: daß ich nicht würdig sei, unter den Menschen zu leben, daß eine schwere Schuld auf mir laste, bloß weil ich existiere, daß man mir früher oder später den Prozeß machen werde, mir und allen anderen Juden auch, aber mir zuerst, weil ich davongelaufen bin. Nein, das wollte ich nicht weiterlesen, das ging mir zu nahe und das drohte mich krankzumachen. Mein Sohn, der sich endlich vom Schatten des ewigen Judentums lösen sollte, schreibt Bücher, in denen er die jüdische Urangst noch viel deutlicher zur Sprache bringt, als es die düsteren Bilder meiner Alpträume jemals konnten.

Franz, bitte, verstehe mich. Dies war für mich der schlimmste Schlag, der mich treffen konnte. Dein Buch hat mir vor Augen geführt, daß mein gesamter Lebensplan gescheitert ist - mein Lebensplan, der Stammvater wahrhaft freier Menschen zu werden, die ohne Angst und Abhängigkeit ihre Geschicke selbst bestimmen sollten. Wahrlich, dieser Lebensplan ist nun endgültig gescheitert, gescheitert nicht nur für mich selbst, sondern vor allem für Dich, der Du der Träger aller meiner Hoffnungen nach Befreiung gewesen warst.

Aber ich wollte und will mir das Scheitern nicht eingestehen. Uns allen bleibt doch nur die Flucht nach vorne, die Flucht in die Mehrheit. Wir können uns den Luxus nicht leisten, unsere Herkunft zu bewahren oder gar noch stolz auf sie zu sein und womöglich Anerkennung und Gleichberechtigung zu verlangen. Nur wenn wir bedingungslos, ohne Wenn und Aber, Deutsche werden, werden wir überleben. Das wird vielleicht noch eine weitere Generation dauern und es wird schmerzhaft sein, sich von der Kultur der Väter zu verabschieden. Ich habe es ja selbst erlebt. Doch Du bedrohst diesen Plan nicht nur, Du bringst ihn zum Scheitern: Du bist innerlich nicht bereit, diesen einzig möglichen Weg zu gehen, sondern Du bewegst Dich zurück in die Vergangenheit. Am allermeisten mit Deinem Wunsch, eine Jüdin zu ehelichen! Ich kann akzeptieren, daß der große Lebensplan für mich selbst sich nicht erfüllt, daß ich nicht der Deutsche geworden bin, der ich hätte werden wollen. Und ich kann zur Not auch damit leben, daß Du, der Du zwar die beste deutsche Bildung genossen hast, die ich Dir mit meinem Geld in Prag kaufen konnte, daß Du noch nicht dieser Deutsche geworden bist, den ich aus Dir zu machen gehofft hatte. Aber daß Du mit Deiner Gattenwahl auch noch die dritte Generation an den Fluch unserer jüdischen Herkunft binden willst, geht mir nicht in den Kopf. Genauso wie ich Ottla nicht verstehen kann, die aufs Land zurückgezogen ist, von dem ich unter so viel Mühe geflohen bin. Weiß sie denn nicht, daß der Fortschritt nur in der Stadt zu haben ist? Weiß sie denn nicht, daß dort draußen die Vergangenheit noch viel unerbittlicher lauert? Ihr beide flieht nach rückwärts. Das bedroht uns alle!

Vielleicht ersiehst Du aus meinen Worten, lieber Franz, daß mir nicht mein Egoismus die Feder führt, sondern die tiefe Sorge um unser aller Schicksal. Wer weiß, was die Zukunft bringt? Wer weiß, ob nicht wieder ein solch schrecklicher Krieg wie der eben erst überstandene losbrechen wird? Wer weiß, ob meine Sorgen um das Glück unserer Familie angesichts dessen, was uns allen möglicherweise bevorsteht, kleinliche Empfindlichkeiten eines enttäuschten alten Mannes sind?

Lieber Franz, es liegt Unheil in der Luft. Vielleicht ist nicht nur mein Lebensplan gescheitert. Vielleicht ist sehr viel mehr zerbrochen. Das liegt am Grunde meiner Angst. Und das kleine bißchen, das ich von Deinem Buch gelesen habe, zeigt mir, daß es auch Deine Angst ist. Der Unterschied besteht darin, daß Du sie öffentlich auszusprechen wagst, während ich sie bis heute, bis zu diesem Brief, kaum mir selbst zu gestehen wagte. Wir sollten über diese gemeinsame Angst reden. Sie ist das, was uns verbindet. Dies könnte uns beide ein wenig beruhigen und Leben und Sterben leichter machen, wie Du es in Deinem Briefe wünschest. Aber ich weiß nicht, ob ich, wenn wir einander gegenübersitzen, die Sprache dafür finden werde.

Dein Vater

Markus Michel

Mein lieber Franz,

Dein langer Brief berechtigt eine Antwort. Das Schreiben ist zwar nicht meine Sache. Auch habe ich in meinem Alter nicht die geringste Absicht, in die Fußstapfen des Herrn Sohnes zu treten. Dazu habe ich ein Leben lang genug geleistet. Und Deine Mutter, meine liebe Frau, würde mich bestimmt aus Sorge um meine Gesundheit von diesem Schreiben abzuhalten versuchen. Ich weiß, für Dich ist meine Herznervosität nur ein Vorwand meinerseits, um meine tyrannische Herrschaft noch ungestümer ausüben zu können. In Deinen Augen bin ich nichts als Kraft, Lärm und Jähzorn, die Krankheit hingegen beanspruchst Du eifersüchtig für Dich.

Nun nehme ich an, daß Du gar keine Antwort erwartest, nimmst Du doch diese gleich selber am Schluß Deines Briefes vorweg, ohne es zu versäumen, darauf hinzuweisen, daß Du es bist, der antwortet, nicht, um mich davon zu befreien, Du nimmst mir die Antwort sozusagen weg, Du stiehlst sie mir. Ich will Dich deshalb nicht anklagen, beklage mich nicht. Wer die Antwort vorwegnimmt, braucht sie nicht zu fürchten, vielleicht wolltest Du mich wirklich gar nicht darum betrügen, vielleicht wolltest Du sie mir sogar ersparen. Der wirkliche Grund aber ist, daß Du das Schreiben wie die Krankheit für Dich beanspruchst. Wenigstens diese Deine Flucht, wie Du es nennst, ist Dir gelungen, trotzdem würdest auch Du es als zynisch empfinden, wenn ich Dir dazu gratuliere. Ich brauche Dir nicht zu versichern, daß ich keinen Gedanken daran verwende, Deinen Weg einzuschlagen, zumindest was das Schreiben betrifft, über Krankheit bestimmen wir nicht allein, wir können sie zwar anziehen, uns davor völlig abzuschirmen ist wohl ein Ding der Unmöglichkeit, selbst einem eingefleischten Gesundheitsapostel und Freiluftfanatiker gelingt es nicht, wie erst soll es mir gelingen, der ich mich ein Leben lang nicht geschont habe, nicht aus irgend einer modischen Verrücktheit, einer meschuggen Spintisiererei und Lebensverachtung, nein, einzig und allein aus Sorge und zum Wohle der Familie, ich verlange gar keinen Dank dafür, ich tat nur, was getan sein mußte, vielleicht fand ich dabei nicht die Zeit, noch den liebenden Vater herauszukehren, wohl auch entspricht es nicht meinem Temperament. Wir Kafkas, wir mußten im Winter, wenn Frost war und der Fluß zugefroren, kein Loch ins Eis hacken, um unterzutauchen, uns fehlte nicht die Kälte. Schon als klein aus dem Nest geworfen, von zu Hause weggeschickt, habe ich mir vorgenommen, daß es meiner eigenen Familie einmal besser gehen würde. Ich mache Dir keinen Vorwurf, daß Du keine Not leiden mußtest, keine Not dieser Art. Als klein schon und selbst im Winter mit dem Handkarren Fleischwaren in die umliegenden Dörfer bringen, ohne Handschuhe, ohne Strümpfe, oft barfuß, Du kennst die Geschichte, hast dafür nur noch ein gelangweiltes Gesicht übrig. Die Räder des Karrens bleiben in einer Schneeverwehung stecken, du ziehst und zerrst, stemmst die blau angelaufenen Füße gegen den allmählich rundum festgetretenen Schnee, die Tränen gefrieren, und das einzige, was du weißt, ist, daß du als Belohnung für dein Mühen ein paar Ohrfeigen kassieren wirst wegen der verlorenen Zeit, später saust dir der Karren auf dem plötzlich vereisten Weg davon, die Fleischwaren wirbeln durch die Luft und fallen in tiefen Schnee, jetzt ist dir eine tüchtige Tracht Prügel gewiß, wenn es dir nicht gelingt, selbst den kleinsten Wurstzipfel wieder einzusammeln. Einmal folgte mir über eine Stunde lang ein abgemagerter Köter, ließ sich einfach nicht verscheuchen. Zwar lief er mit eingezogenem Schwanz zurück, sobald ich nur mit den Hände wedelte. Kaum hatte ich ihm den Rücken gedreht, schlich er wieder an. Plötzlich hatte ich Lust, mit ihm zu spielen, vielleicht auch ihn ein bißchen zu quälen. Ich ließ den Karren stehen, entfernte mich, tat beschäftigt, beobachtete ihn aber heimlich, einen Stein in der Hand, womit ich ihm die Lust an der Wurst versalzen wollte. Der Köter hatte sich gesetzt, zehn Schritte vom Karren, betrachtete die Fleischwaren, den Kopf leicht schief. Die Zeit verstrich, er getraute sich nicht näher. Schließlich hatte ich das Spiel satt und schob den Karren weiter. Er folgte. Seinen Blick vergesse ich nie. Obwohl es nicht der erste bettelnde Hund war, und ich sie mir noch immer vom Hals geschafft hatte, falls nötig mit einem Tritt oder einem Stein, griff ich nach einer Wurst, warf sie ihm zu und bezahlte dafür beim Vater, ein großer, starker Mann, bezahlte mit einer Währung, blaue Striemen auf meine Haut zeichnend, die mich mehrere Tage lang nicht mehr sitzen ließen. Und eines schönen Tages, in einem Alter, wo andere noch für Jahre die Schule besuchen dürfen, ohne den kleinsten Gedanken daran zu verschwenden, daß jemand für sie arbeitet, und es ihnen eine Selbstverständlichkeit ist, keinen Finger zu rühren, eines schönen Tages wirst du in die Fremde geschickt. Sorg selber für dich, bist alt genug.

Nun bin ich müde geworden. Vielleicht könnten wir uns jetzt verstehen. Auch ich weiß, die Not hat verschiedene Gesichter, womöglich hat Dir gerade die meinige gefehlt.

Altes Holz wird morsch, selbst Stein bröckelt. Wir Väter sind weder aus Holz noch aus Stein. Und Deine Flucht schmerzt. Wäre es eine Flucht vor der Welt, ich würde sie nicht billigen, aber doch einigermaßen verstehen. Doch es ist eine Flucht vor mir. So hat Dein Schreiben immer auch einen Stachel gegen mich. Du hast es nie versäumt, mir diesen Stachel mit der Unschuldsmiene eines Kindes zu verpassen; wenn ich mich von des Tages Plagen bei einem Kartenspiel zu erholen versuchte, legtest Du mir Dein neuestes Werk vor. Und wenn Du mir eines Deiner Werke gewidmet hast, wodurch ich geehrt hätte sein können, so haftet doch ein bitterer Beigeschmack daran, weist sein Titel ja auf Deinen Lieblingsonkel Siegfried hin, natürlich von der Löwyschen Seite, ein Stiefbruder Deiner Mutter, natürlich auch Junggeselle, Freiluftfanatiker, ein eigentümlicher Sonderling, und das sage nicht nur ich allein, ein Sonderling, gebildet, belesen, Besitzer einer großen Bibliothek. Zugegeben, er ist witzig, manchmal jedenfalls, hilfsbereit und gütig, nur äußerlich ein bißchen kalt. Hätte ich studieren können, ich könnte ebenfalls Landarzt geworden sein. Aber trotz unserer äußerst ärmlichen Verhältnisse habe ich immerhin Deutsch lesen und schreiben gelernt, wenigstens das Notwendigste, später habe ich euch alle ausschließlich deutsche Schulen besuchen lassen, damit ihr es zu etwas bringt. Alles was wir besitzen, habe ich hart erarbeitet, mir wurde nichts in den Schoß gelegt, erst als Wanderhändler, bevor ich hier in Prag unser Galanteriewarengeschäft gründete, freilich auch mit einigen Mitteln Deiner Mutter, stammt sie ja aus einer vermögenden Brauersfamilie. Gerade begeistert über die Wahl ihrer Tochter waren die gewiß nicht. Sie wohnten in einem der schönsten Häuser am Altstädter Ring, ich hingegen im Ghetto, das inzwischen ja längst abgerissen worden ist. Blinde Fenster, schmutzige Höfe, dunkle Winkel. Und die Sonne nur weiter oben, immer weiter oben, ein Stockwerk höher als du, oder höchstens ein Kringel an der Wand. Und doch denke ich manchmal fast mit Wehmut daran zurück. Ausgerechnet in mich verliebt sich also die Brauerstochter aus dem schönen Haus. In den ersten Jahren nach der Geschäftsgründung waren unsere Wohnungen wirklich sehr klein, wir haben sie häufig gewechselt. Ich habe bewiesen, was in mir steckt. Händler mit Kurzwaren, Modeartikeln, Galanteriewaren, Regenschirmen, Sonnenschirmen, Spazierstöcken, Baumwolle. Und erfolgreich. Das mußten auch die Löwys zur Kenntnis nehmen. Onkel Rudolf, der zweite Stiefbruder Deiner Mutter, ist wohl der merkwürdigste und verschlossenste von ihnen allen, bei ihm ist das Löwysche Erbteil am stärksten ausgeprägt, eine übermäßig ängstliche Bescheidenheit, die Scheu und Kontaktarmut, Unruhe, Empfindlichkeit, und, das sei nicht verschwiegen, auch ein Gerechtigkeitsgefühl, Eigenschaften, wovon Du selber gezeichnet bist und also demnach auch nichts dafür kannst. Mag sein, ich bin manchmal etwas unbeholfen dagegen angetreten, zu stürmisch, wie das meine Art ist, zu fordernd, aber es war nicht meine Absicht, Dir den Weg wohin auch zu versperren, sollte ich ruhig und kalt zusehen, wie mein eigener Sohn ins Unglück rennt, wie gesagt, mein Vorgehen mag zuweilen unbeholfen gewesen sein und gerade das Gegenteil bewirkt haben, niemand kann über seinen Schatten springen, und was Du als Rechthaberei meinerseits bezeichnest, ist vielmehr mein eiserner Wille, der uns vorwärts gebracht hat, aufwärts, nie hättest Du Dich dagegen gestellt, wie kannst Du also von Rechthaberei sprechen, nie hast Du Dich gestellt. Deine Flucht schmerzt.

Soll ich Dir zurufen, ich verfolge Dich nicht? Du wirst es nicht hören. Ich möchte nur, daß Du Dich stellst. Aber Du entziehst dich. Auch jetzt. Ich bin nicht die Welt, das weißt Du selber. Und wenn ich die Welt wäre, es nützt nichts zu fliehen, man würde vor sich selber weglaufen.

Wäre ich nur ein bißchen naiver, besäße ich nur ein bißchen mehr von den Attributen, die Du mir zuschreibst, ich wäre sogar im Geheimen stolz, ist doch Dein Brief länger als so manches Deiner Werke. Wohlgemerkt, ich sage, Dein Brief berechtigt eine Antwort, ob er es verdient, sei dahingestellt. Du siehst, ich will kein Urteil fällen, selbst wenn Du mir die Rolle des Richters zuschreibst, in Deinem Brief wie in Deinen übrigen Werken. Und natürlich ist dieser Richter ungerecht. In Deinen Augen kann er nur ungerecht sein. Ich habe nie danach getrachtet, Urteile zu fällen. Und ich wurde gewiß nicht zu meinem Vergnügen vereidigter Sachverständiger bei Gericht.

Gestern hat mich in der Stadt jemand angesprochen, der hatte sehr lobende Worte für Deine Bücher, er scheint sie tatsächlich zu kennen, und nicht nur flüchtig, er nannte Dich einen großen Schriftsteller, er war felsenfest überzeugt, daß Du eines Tages berühmt sein würdest und sprach von diesem Kafkaesken, was die größte Ironie ist, ohne daß ihm dies bewußt war, das Löwysche wird er ja wohl gemeint haben. Ich habe mir nie angemaßt, Deine Schriftstellerei zu bewerten, sicher gibt es mehrere, die Deine Werke schätzen und mir als Vater mit großem Respekt begegnen, worüber sich hauptsächlich Deine Mutter freut, wenn ich ihr davon berichte, Deine Bücher werden immer wieder gelobt, man hört aber auch anderes. Jedenfalls täuschst Du Dich, wenn Du denkst, daß ich Deinem Schreiben mit Abneigung begegne. Jeder Mensch soll tun und lassen, was er für richtig hält. Nur verstehe ich nicht, daß Du Dein Leben ausschließlich und allein danach ausgerichtet hast. Und Du wirst mir schon zubilligen, daß ich nicht begreife, wie einer plötzlich im Bett liegen kann in der Gestalt eines großen Käfers. Es sei denn, Du spielst darauf an, daß ich schon mal diesen und jenen als Ungeziefer bezeichnet habe. In der Hitze des Gefechtes sagt man so manches, dies ist kein Grund, es wörtlich zu nehmen und auch noch in eine Geschichte zu packen. Wenn man nun selbst vor der Familie auf der Hut sein und jedes Wort abwägen muß! Aber ich will Dir nicht in Deine Schriftstellerei reinreden, davon versteh ich zu wenig.

Als ich meinen ersten langen Brief an Deine Mutter schrieb, die damals meine Braut war, hab ich ganz schön Blut geschwitzt, obwohl ich keine Ausgaben gescheut hatte und vorher zu einem Briefsteller gegangen war. Irgendwie kam ich mir zum ersten Mal in meinem Leben recht hilflos vor, als ich die Tür von dessen Laden hinter mir zuzog. Ich hab den ganzen Brief abgeschrieben, den er aufgesetzt hatte, schreiben konnte ich ja, und es sollte meine Schrift sein. Die Löwys sollten ja nicht denken, ich sei dazu nicht fähig. Dieser Kerl, der Briefsteller, schien mir recht frech, behandelte mich beinahe von oben herab, im Grunde genommen besaß ich schon damals ein weitaus besseres Geschäft als er, aber ich hätte mir nie erlaubt, meiner Kundschaft so zu begegnen. Schon allein wegen dieser Schreiberei wäre es mir nie in den Sinn gekommen, die Braut laufend zu wechseln.

Ich könnte also stolz sein auf Deinen langen Brief an mich, nur wird er gar nicht in dieser Absicht verfaßt worden sein, nicht als Brief eines Sohnes an seinen Vater, viel eher als Schriftstellerei. Du verstehst ja all Dein Schreiben als eine Auseinandersetzung mit mir, Du stellst Dich also doch, zwar nur im geschriebenen Wort, immerhin. Nur ist Dein Schreiben für die Öffentlichkeit bestimmt. Und gerade Du wirfst mir vor, ich hätte Dich oft in aller Öffentlichkeit getadelt und bloßgestellt. Mag sein, doch war dies immer ein kleiner Kreis, und der Tadel wurde als das genommen, was er war, eine Zurechtweisung durch den Vater, berechtigt oder nicht, jedenfalls aus Sorge, für die Außenstehenden ganz ohne Belang und längst vergessen. Es wird keine gute Zeit sein, wenn die Eltern schweigen. Waren es bisher verschlüsselte Geschichten, bedienst Du Dich jetzt eines Briefes an mich, den Du mir nicht mal selber aushändigst, sondern Deiner Mutter anvertraust, die ihn Dir natürlich zurückgibt, und hätte ich ihn nicht durch Zufall zu Gesicht bekommen, ich wüßte nichts von seinem Inhalt, Du bedienst Dich dieses Briefes, um mich vor aller Welt anzuklagen. Oder weshalb hast Du den Brief, nachdem sich Deine Mutter außerstande sah, ihn weiterzuleiten, weshalb hast Du den Brief nicht nur nicht vernichtet, sondern sogar einer fremden Person überlassen, damit er ja nicht der Nachwelt verloren geht. Aber selbstverständlich ist alles, was Du zu Papier bringst, wertvoll und verdient, sicher aufbewahrt zu werden. Ich meine das ganz ohne Ironie. Es wäre reine Verschwendung, die Früchte seiner Arbeit einfach wegzuwerfen, allerdings ist es nicht ohne Belang, wem man diese Früchte anvertraut. Diese Person, eine Frau voll Leidenschaft und fordernder Liebe, wie mir berichtet wurde, sie hat es Dir angetan. Von ihrem Vater wegen Extravaganz, Verschwendungssucht und Liebe zu einem Juden in eine Heilanstalt eingewiesen, wo sie bis zu ihrer Volljährigkeit blieb, diese Grausamkeit des Vaters, wie Du es bestimmt empfindest, dies hat Dich wohl mit ihr verbündet. Nie, aber auch nie wäre ich so weit gegangen, weder bei Dir noch bei einer Deiner Schwestern, es sollte eigentlich ein gutes Beispiel sein, daß es weitaus schlimmere Väter gibt.

Aus diesem Verhältnis, wenn es denn ein Verhältnis war, ist natürlich so wenig geworden wie aus all den vorangegangenen, mich wundert es freilich nicht, wobei wir beim heikelsten Punkt Deiner Vorwürfe an mich angelangt sind, ich meine Deine mißglückten Heiratsversuche. Glaubst Du denn, es wäre je mein Bestreben gewesen, Dich in diesem Löwyschen Junggesellendasein verharren zu lassen? Ich und Deine Mutter haben uns sehnlichst gewünscht, daß Du Dich endlich verheiratest. Sollte ich aber, weil der Herr Sohn es vorzieht, in einer Literaturwelt zu leben und kein Auge für die Realität hat, sollte ich schweigen, wenn er dabei ist, die größte Dummheit zu tun, sich weit unter seinem Wert zu verkaufen und tatsächlich wegen einer schönen Bluse den Verstand verliert, mag es noch so schmerzlich klingen. Ich habe nie ein Blatt vor den Mund genommen, das weißt Du. Ich bitte Dich nur, Dich nicht wie eine alte Jungfer aufzuführen. Ich hoffe doch, daß Dich eine schöne Bluse, um bei diesem Bild zu bleiben, sehr wohl aus Deiner Literaturwelt zu reißen vermag, nur, ich wiederhole mich, braucht man deshalb nicht gleich zu heiraten, das Problem kann anders gelöst werden. Man heiratet doch nicht, wie man sich neue Hosen anschafft, die gewechselt werden, wenn sie nicht mehr passen. Und weil ich dazu nicht schweige, kannst Du mich noch lange nicht für Deine gescheiterten Heiratsversuche verantwortlich machen.

Als ich zum ersten Mal mit Deiner Mutter allein war, glaubst Du, ich hätte gewußt, wie ich es anstellen sollte? Und doch sind wir ein altes Paar geworden. Und Deine drei Schwestern sind alle glücklich verheiratet.

Die Wahrheit ist, daß nicht der Vater den Sohn schuldig spricht, sondern der Sohn den Vater. Aber wir Väter können nicht für alles verantwortlich gemacht werden, sowenig wie die Söhne für die Fehler der Väter gutzustehen haben. Nun, ich hab Dich oft getadelt, vielleicht manchmal zu Unrecht, es war nie bös gemeint, Du hast es einem nicht leicht gemacht, Du bist nie aus Dir herausgegangen, hast Dich verkrochen, immer gleich beleidigt, Du hättest doch merken sollen, daß ich niemanden anders behandelt habe, aber Du hast jegliches Schimpfen auf Dich bezogen, jedes laute Wort war Dir schon zuviel, was mich, zugegebenerweise, noch mehr gereizt hat. Ich bin kein Engel, und ich hatte keine Zeit, aus Rücksicht auf den zartbesaiteten Sohn ein Engel zu werden, ich habe hart gearbeitet. Und ich bin nun mal, wie ich bin. Hättest Du es akzeptiert, anstatt den Leidenden zu spielen, es wäre vieles leichter geworden. Freilich muß ich Dir zustimmen, wenn Du von unser beider Hilflosigkeit sprichst. Glaub nicht, daß mir niemand leid tat, selbst wenn ich nicht mit einer Kummermiene durch die Welt laufe, selbst wenn ich mir nicht an die Brust schlage.

Ich hab Deine Löwysche Seite nie akzeptiert, das ist ein Fehler. Bei den Großkindern wird man klüger. Und ich laß mir nicht einreden, daß ich auch Felix schlecht behandle. Der Junge liebt mich, an meine Donnerstimme hat er sich längst gewöhnt, der stört sich nicht daran.

Wir beide, Du und ich, wir haben zu lange unter dem gleichen Dach gelebt. Können Väter und Söhne sich je wirklich verstehen? Jeder von beiden beurteilt den andern zu streng. Und trotzdem wurmt es mich, daß Du nicht den Mut hattest, mir Deinen Brief persönlich zu geben. So streng beurteilst Du mich. Mir wäre es mit meinem Vater nicht anders ergangen, wenn ich nicht schon früh weggeschickt worden wäre. Es wäre an Dir gewesen, zu gehen, nicht an mir, Dich wegzuschicken. Du warst dreißig oder einunddreißig, wenn ich mich recht entsinne, als Du die elterliche Wohnung endlich verließest, gezwungenermaßen, weil Deine älteste Schwester mit ihren beiden Kindern für die Kriegsjahre zu uns übersiedelte.

Warum hast Du mir den Brief nicht gegeben? Die schlimmste Strafe ist, sich nicht rechtfertigen zu können, oder wenigstens auf die Beschuldigungen zu antworten, denn ich glaube nicht, daß ich mich rechtfertigen muß. Damit will ich nicht sagen, daß ich ohne Fehler sei. Ich kenne meine Fehler sogar sehr gut. Es ist nicht am Kind, den Vater zu erziehen. Muß ich mir Jahre später vorwerfen lassen, daß ich euch anhielt, bei Tisch darauf zu achten, nichts auf den Boden fallen zu lassen, und daß unter mir angeblich am meisten Speisereste lagen! Daß ich mir mit dem Zahnstocher die Ohren reinigte, während ihr euch nur mit Essen zu beschäftigen hattet. Ich war schließlich kein Kind. Dir blieb jedenfalls erspart, als

Vater unentwegt beobachtet zu werden von großen Kinderaugen, denen nichts entgeht. Und je stiller das Kind, desto stärker prägt sich ihm alles ein, jede Eigentümlichkeit, der kleinste Fehler. Und sei es noch so eine Lappalie, sie wird dir Jahre später unter die Nase gerieben. Natürlich wird nie mit gleicher Elle gemessen, das ist auch mir klar. Wenn schon zwei Erwachsene es nicht fertigbringen, wie erst Vater und Kind. Eine Mücke kann sehr wohl die Ausmaße eines Elefanten annehmen, oder vielmehr ist ein Mückenstich viel schmerzhafter als das Trompeten eines Elefanten. Es ist wohl so, daß die Fehler der Väter die Kinder viel tiefer prägen als alle Vorteile, und daß Vergangenes nie rückgängig gemacht werden kann, in diesem Falle am allerwenigsten. Dir wird mein Sinnieren recht merkwürdig vorkommen, paßt es doch nicht ins Bild, das Du Dir von mir machst. Keine Angst, ich habe wirklich nicht die Absicht, Deinen Weg einzuschlagen. Nur glaube nicht, daß auch ich nicht so manches bereue, was freilich der schlimmste aller Fehler, weil Geschehenes nicht mehr zu ändern ist. Deine beiden jüngeren Brüder starben ja schon nach wenigen Monaten, Dich wenigstens, meinen Ältesten, wollte ich als kräftiges Kind. Und je schwächlicher Du zu sein schienst, desto stärker mein Wille und meine Ungeduld. Dies hat unser gegenseitiges Verhältnis geprägt.

Heinrich ging es immer schlechter. Mittelohrentzündung. Deine Mutter blieb stumm. Sie hatte sich dreingeschickt. Aber ich will nicht. Bereits Georg, der Zweitälteste, im zweiten Jahr gestorben, ein sehr kräftiges, schönes Kind, wie Deine Mutter immer sagte, im zweiten Jahr an Masern gestorben. Und Heinrich ist kaum sechs Monate alt, ein Säugling. Ich will nicht. Und doch bin ich wie gelähmt, unfähig, das Nötige und Richtige zu tun, hilflos, und das Schlimmste, es ist mir voll bewußt, während ich kostbare Zeit verstreichen lasse. Ich stehe mit Dir auf der Schwelle. Die Luft im Zimmer ist kaum atembar. Als ich endlich losließ, den Arzt zu holen, war es zu spät. Niemand hat mir einen Vorwurf gemacht, am allerwenigsten Deine Mutter. Es war schrecklich.

In der Stadt redeten sie von Spannungen zwischen Österreich-Ungarn und Rußland, verschärfter Kriegsgefahr zwischen Deutschland und Frankreich. Und ein Kunde im Geschäft schwatzte von einem nordischen Dichter, der eben ein Schauspiel mit dem Titel „Der Vater" geschrieben hatte. Als ob mich das interessieren würde! Nur darfst du dir nichts anmerken lassen. Seltsamerweise erinnere ich mich daran noch ganz genau. Du, Franz, bliebst mein einziger Sohn. Und es gab mir jedesmal einen Stich, Dich zu sehen mit Deiner totenaugenhaften Ernsthaftigkeit. Der Ausdruck stammt nicht von mir. Hin und wieder unternahm ich den Versuch, aus Dir einen kräftigen Jungen zu machen. Es mag ja komisch ausgesehen haben, wir zwei auf den Planken im Freibad, wie ich Dir immerfort die Schwimmbewegungen vorzumachen versuchte. Ich kümmerte mich weder um die spöttischen Blicke der andern noch um Deine Angst vor dem Wasser, nur das eine Ziel vor Augen, Dich schwimmen zu lehren. Und je schlimmer Du Dich anstelltest, desto stärker hab ich mich hinein verbissen, auch hier, und umso ungeschickter hast Du Dich angestellt, was ich damals nicht sehen wollte, was ich mich zu sehen weigerte. Du spielst in Deinem Brief, wenn ich mich recht entsinne, auf diese Geschichte an. Für Dich mag es beschämend gewesen sein. Ich bin kein unbelehrbarer Alter. Und mittlerweile zweifle ich sogar am Nutzen, mit gutem Beispiel voranzugehen. Herrgottnochmal, ich wollte Dich nicht auch noch verlieren und hab Dich gerade deshalb verloren, viel schmerzhafter, schleichender. Meistens fehlte mir zwar die Zeit, Dir mit gutem Beispiel voranzugehen, und es blieb bei Zurechtweisungen zu Hause.

Ich muß Dir zugestehen, daß Du mir einiges vorzuwerfen hast. Nur weise ich Deine Anschuldigungen zurück, mein Personal roh und ungerecht behandelt zu haben. Du hast zu vieles gehört, was nicht für Deine Ohren bestimmt war. Ich hatte nie Geheimnisse, am allerwenigsten vor meinem eigenen Sohn. Ein Geschäft bringt viele Sorgen, selbst einem Mann wie mir, mag man es mir ansehen oder nicht. Eine dunkle Angst, dorthin zurückzufallen, woher du kommst. Natürlich habe ich das nie ausgesprochen, schon bereue ich, es geschrieben zu haben. Du siehst, Dein Brief hat einiges bewirkt, langsam sich vorgebohrt, ins Innerste. Glaub mir, Arbeitgeber und Arbeitnehmer stehen nicht auf der gleichen Seite. Du hast Dich auf ihrer Seite gefühlt und trotzdem von der meinigen profitiert. Vielleicht war ich manchmal meinem Temperament entsprechend zu kraß in meinen Ausdrükken, ich bin Dir darüber keine Rechenschaft schuldig. Was unser gegenseitiges Verhältnis betrifft, will ich sie Dir zubilligen. Aber Du weißt selber, daß nicht nur der Sohn seinen Vater, daß auch der Vater seinen Sohn nicht auswählen kann. Gewiß, Du hast viele Vorzüge, Du überragst die meisten Menschen nicht nur rein körperlich um einen Kopf, wenn Du auch nicht immer zu wissen scheinst, was Du mit Deinem langen Gestell von Körper anfangen sollst. Und ich erinnere mich an eine Episode, die mir hinterbracht wurde, Du gehörtest damals einer vorstudentischen Vereinigung an, wurdest hinausgeworfen, weil Du als einziger nicht aufgestanden warst und die „Wacht am Rhein" mitgesungen hattest. Das war Mut. Es gäbe noch anderes. Ich mag Dich zu wenig gelobt, Deine guten Eigenschaften zu oft als eine Selbstverständlichkeit genommen haben, so wie ich mich selber nicht lobe.

Während meiner Wanderjahre schloß sich mir eine Zeitlang ein Kerl an, der fragte sich bei jedem Kuchen, den wir gekauft hatten, ob der Bäcker saubere Hände habe. Schließlich brachte er keinen einzigen Bissen hinunter. Stand vor jeder Auslage mit gierigem Blick. Kaum hatte er den Kuchen erstanden, schauderte ihn. Seine Sehnsucht danach wuchs hingegen noch höher, nahm seltsame Züge an. Tag und Nacht träumte und schwärmte er von Kuchen, sprach von nichts anderem. Und immer verzehrte ich seinen Teil, während er verkrampft wegsah. Zum Glück hatte ich schon immer einen guten Magen, nicht daß der Kuchen schlecht gewesen wäre, nur waren es selbst für mich große Mengen, denn mein Kamerad konnte sich ja nie satt sehen. Sobald ich mir den Mund abgewischt hatte, bedauerte er mit zuckenden

Lippen seinen Verzicht. Es ging nicht lange, mußte neuer Kuchen her, den ich dann allein aufaß, mit Freuden aufaß, wohlgemerkt. Hingegen verschlang er Brot, das auf den Boden gefallen war. Mein Kamerad war auch im Geschäft nicht erfolgreich. Manchmal, Franz, verzeih mir, erinnerst Du mich an ihn.

Gestern nacht träumte ich, ein schwarzer Käfer krabble an der Wand des Schlafzimmers. Ich wollte einen Pantoffel greifen und das Viech zerquetschen, doch der Arm ließ sich nicht bewegen, kraftlos. Deine Mutter schlief neben mir. Ich wollte sie natürlich nicht wecken, auch hätte ich keinen Ton hervorgebracht, noch mich bewegen können. Der Käfer krabbelt von der Wand zum Bett und legt sich auf die Decke, legt sich auf mich. Das Viech ist unglaublich schwer, erdrückt mich beinahe, ich krieg kaum mehr Luft. Plötzlich wacht Deine Mutter auf. Sie zögert nicht lange, holt mit der bloßen Hand aus, ich will noch schreien, „nein!", unmöglich, keinen Ton, und schon klatscht ihre Hand nieder, zerquetscht mich, mir wird schwarz, bin nur noch eine schwarze breiige Masse. Schweißgebadet wache ich auf. „Was ist?" fragt Deine Mutter. „Nichts", sage ich. „Nichts."

Trotz all meiner Unzulänglichkeiten hättest du mir Deinen Brief persönlich geben können. Ich bin einer Antwort noch nie ausgewichen. Wir können uns gegenseitig nicht auswählen, wohl nie richtig verstehen. Jetzt hast Du Dich mir entzogen auf die schrecklichste Art und Weise, die denkbar ist. Deine Flucht ist Dir endlich geglückt. Du hast für die Krankheit gelebt. Nun hast Du erreicht, was Du Dir gewünscht hast. Aber ich weigere mich noch immer, alles, was Dich betrifft, in der Vergangenheit zu schreiben. Ich war wütend auf dieses Sanatorium bei Wien, eine ohnmächtige Wut auf alle Sanatorien der Welt, natürlich half alles Schimpfen so wenig wie eh und je, es ist meine Art zu trauern, Franz. Und wäre ich nicht zu alt, ich wäre die ganze Nacht durch die Stadt gelaufen, ziellos durch die Straßen der Stadt, und erst in der Morgendämmerung nach Hause zurückgekehrt, wie damals bei Heinrich, wie bei Georg, aber ich bin ein alter Mann geworden, das wurde mir mit einem Schlag voll bewußt, auch das noch, als ich dann meinem Arzt über Herzschmerzen klagte, sagte er, das sei völlig normal in meinem Alter und nach allem, was geschehen sei. Ja, es ist wohl völlig normal. Ich hätte am liebsten auf alle Sanatorien der Welt geschimpft, plötzlich war ich zu müde dazu. Deine Mutter fragte mich bloß: „Was zuckst Du dauernd mit Deinen Mundwinkeln?" Jedenfalls hab ich recht behalten, jedenfalls hat Dein Vegetarianertum zumindest Deine Gesundheit nicht gefördert. Aber alles, was der Vater vorbrachte, war natürlich blanker Unsinn, Quatsch. Der Sohn ist ja in erster Linie Vegetarianer geworden, weil der Vater das Kind eines Fleischhauers ist und trotzdem Unmengen von Fleisch verschlingt. Als Kind mußten wir uns mit spärlichen Resten begnügen, das Fleisch war nicht für uns. Vegetarismus, das ist eine Art von vegetieren, das habe ich gesagt, und ich nehme nichts zurück. Von mir aus soll jeder auf seine Fasson glücklich werden. Muß man denn gleich sein ganzes Leben als bloßen Widerspruch zum Vater ausrichten!

Einmal sah ich einen kleinen Jungen, der sich strahlend aus dem Fenster beugte und seinem Vater, der gerade das Haus erreichte, zurief: „Freust Du Dich auch auf heute nachmittag?!" Es gab mir einen Stich.

Ich hätte Dich gerne noch im Sanatorium in Kierling besucht, Franz, aber es wurde mir nahegelegt, die Reise nicht zu unternehmen. Dein Freund Max Brod und Onkel Siegfried, der Landarzt, hatten Dich ja schon von Berlin nach Prag geholt, nachdem die Tuberkulose auch Deinen Kehlkopf ergriffen hatte. Natürlich wäre ich selber nach Berlin gefahren, aber ein Landarzt, und selbst ein alter, war in diesem Falle weitaus nützlicher als ein alter Vater, und Du standest Onkel Siegfried ja immer sehr nahe. Du hattest Dich nun also endgültig auf das Piepsen einer Maus verlegt, wie Du Dich selber ausdrücktest, oder warst jedenfalls dabei, es zu tun. Wir hätten gar nicht sprechen müssen. Ohne Deinen frühen Tod hätte ich wahrscheinlich Deinen Brief, den ich nie erhalten habe und nur durch Zufall gelesen, ohne Deinen frühen Tod hätte ich Deinen Brief in mir begraben. Nun steht meine Antwort, und ich weiß nicht, wohin damit. Sie wird verloren gehen, im Gegensatz zu dem, was Du geschrieben. Aber ich hatte wirklich nie die Absicht, Dir auf Deinem Weg zu folgen. Was das Sterben betrifft, wäre die Reihe wohl an mir gewesen.

                                                  Dein Vater

Bernhard Rathmayr

Lieber Franz! Mein lieber Sohn!

Das ist er also, der „Riesenbrief", wie Du Deinen Brief an mich selbst genannt hast. Als „Schwellentext" haben ihn inzwischen andere bezeichnet, ein Werk des „Sohnes und gleichzeitig des Dichters Franz Kafka", unter dessen Hand sich „das eigene biografische Material, das ganze Leben, in ein Gleichnishaftes, dem eigenen Leben jederzeit Übergeordnetes, in Literatur" verwandelt habe.[1]

Wem soll ich also antworten? Dem Sohn, der im Vater die Ursache für sein versäumtes Leben sieht, oder dem Dichter, von dessen Werk die Germanisten sagen, daß es ohne diesen gefürchteten Vater niemals zustandegekommen wäre? Wer bin ich in diesem Drama mißratener Vater-Sohn-Beziehung? Der tyrannische Patriarch, der Frau und Kinder unterdrückt hat, oder die unverzichtbare Muse, der es durch ihr strenges Walten gelungen ist, Weltliteratur aus einem verkrachten Advokaten hervorzulocken, das „hinter allen literarischen Metaphern und Chiffren Kafkas wirkende Prinzip"?[2]

Und wen, um Himmels willen, sollte nach mehr als einem Dreivierteljahrhundert die Antwort auf diesen Brief noch interessieren? In einer Epoche, welche die vaterlose genannt wurde, und in der es jene „machtvollen, auch äußerlich ungemein imposanten" Männer, wie dieser Brod[3] es ausdrückt, oder einen wirklichen Kafka an Stärke, Gesundheit, Appetit, Stimmkraft, Redebegabung, Selbstzufriedenheit, Weltüberlegenheit, Ausdauer, Geistesgegenwart, Menschenkenntnis und einer gewissen Großzügigkeit,[4] wie Du es selbst sehr viel schöner sagtest - nicht mehr gibt. In der Männer, die Väter abgeben könnten, höchstens noch als Heldengestalten von Unterhaltungsfilmen existieren, aber nicht mehr in Wirklichkeit.

Vielleicht ist Dir nicht entgangen, daß der Sturz der Väter keinesfalls rundum so enthusiastisch begrüßt wird, wie Du es Dir in Deinem literarischen Vatermord erträumt haben magst. Söhne, so liest man, wollten Väter, Töchter seien auf der Suche nach ihnen, Väter freilich gerieten immer stärker ins Abseits und würden von der Dominanz der Mütter verdrängt.[5] Sollte es das gewesen sein, wonach Du Dich so sehr sehntest, die ausweglose Umklammerung in der erdrückenden Zärtlichkeit mütterlicher Symbiose anstelle der fordernden Provokation väterlicher Leitung, die, wie man sieht, zumindest kindlichen Protest und vielleicht sogar Literatur ermöglicht? Ich, mein Sohn, war Dir alles in allem und trotz aller Unzukömmlichkeiten ein Vater.

Nichts bedauere ich mehr als Deinen seinerzeitigen Entschluß, mir, dem Adressaten, den Brief vorzuenthalten. Ich mache Dir keinen Vorwurf daraus, auch nicht Deiner Schwester und schon gar nicht, falls sie den Brief je zu Gesicht bekommen hat, Deiner Mutter, obwohl gerade sie keine Ursache hatten, mir gegenüber jemals jenes Gefühl zu hegen, das wohl die Ursache Deines Zauderns gewesen sein wird: Die Furcht vor mir, von der Du unablässig sprichst und die Dich noch an der einzig möglichen Weise, sie zu bekämpfen, gehindert hat: sie offen einzugestehen und, wie ich Dir heute wie damals fest versichern kann, die glückliche Erfahrung zu machen, daß sie die unnötigste Tatsache der Welt war. Durch nichts gerechtfertigt, durch nichts wirklich begründet und schon gar nicht mit auch nur irgendwelcher Absicht meinerseits in Dir hervorgerufen. Ahnst Du, welche befreiende Einsicht Dir durch Deine Unentschlossenheit versagt geblieben ist?

Meine Antwort, mein Sohn, hätte keinesfalls als erstes auf jene Frage Bezug genommen, mit der Du Dein Schreiben eröffnest, und auf die ich niemals eine Antwort bekommen habe. Du schreibst es ja selbst: Wie gewöhnlich habest Du nichts zu antworten gewußt. Hättest Du nicht aus der Frage selbst schon mit einem geringen Maß an Einfühlungsvermögen schließen können, daß es eben nicht so war, daß ich nicht jene uneinsichtige und zu keinem Verständnis Deiner Person fähige Unperson war, an die Du Deinen Brief adressiertest, sondern weit eher jener weiche und gütige Mensch, als den Du mich in einer kurzen Anwandlung von Gerechtigkeit in Deinem Brief auch bezeichnest, als der ich Dir aber nie erschienen sei - woher aber würdest Du dann von diesem Menschen wissen? Weshalb hätte ich Dich nach den Ursachen Deiner Furcht fragen sollen, wenn mich dieselbe so ungerührt gelassen hätte, wie Du Dir das eingeredet hast?

Ich hätte wohl mit einer kleinen Episode eingesetzt, die randvoll von jener Art Zärtlichkeit ist, die Vätern und Männern geziemt und, wie ich fest überzeugt bin, die einzige ist, die Kindern, Söhnen zumal, guttut. Ich bin sicher, daß Du Dich ihrer wie vieler anderer von derselben Art nicht mehr erinnerst. Ich selbst hätte mich wohl kaum auf sie besonnen, wäre ich nicht durch die Aufzeichnungen eines Deiner Freunde wieder auf sie aufmerksam geworden.[6] Du kamst mit ihm von einem Spaziergang zurück, als ich gerade aus dem Geschäft auf die Straße trat. „Franz", habe ich damals zu Dir gesagt, „Nach Hause. Die Luft ist feucht." Nicht mehr und, wie jeder oberflächliche Beobachter meinen wird, ohne jedes Anzeichen besonderer Zuneigung oder Zärtlichkeit. „Sehr laut", meint sich Gustav Janouch zu erinnern, hätte ich gesprochen. Nur wer um meine tiefe Sorge wegen Deiner angegriffenen Gesundheit gewußt hätte, wer gewußt hätte, daß ich wohl lange vor deren sichtbarem Ausbruch die Schatten der in Dir schlummernden Krankheit geahnt haben muß,[7] hätte die unendliche Liebe und Sorge ergründen können, die in diesen Worten mitschwang. Weißt Du noch, was Du damals geantwortet hast? „Mit seltsam leiser Stimme", wie Janouch berichtet? „Mein Vater", hast Du zu Deinem Freunde gesagt, „Er hat Sorge um mich." Und dann fügtest Du jenen schlichten Satz an, der wahrlich mehr Weisheit und Wahrheit enthält als Dein ganzer Riesenbrief und ein guter Teil der Weltliteratur dazu. „Liebe", sagtest Du, „Liebe hat oft das Gesicht der Gewalt".

Nun denn: Laß' uns, wie Du einmal schreibst, Deinen Riesenbrief besser lesen, als Du ihn geschrieben hast, und die Liebe hinter der Oberfläche jener Gewalt suchen, die aller Erziehung eigen ist, die diesen Namen verdient. Nicht jedes Kind, schreibst Du, habe die Ausdauer und Unerschrockenheit, so lange zu suchen, bis es zu der Güte kommt. Du wirst diese Ausdauer aufbringen müssen, mein Sohn, die Unerschrockenheit will ich Dir leihen. So hoch der Preis sein mag, so hoch ist der Lohn für diese Mühe: Du wirst erkennen, wer Dein Vater wirklich war, mehr noch, Du, der Du in Deinem eigenen Leben das unendliche Glück und die schwere Bürde dieser männlichen Berufung niemals erfahren hast, wirst lernen, was ein Vater ist.

Dabei will ich mich an die Fakten halten, wie es sich für einen guten Kaufmann geziemt. Deine Vermutungen darüber, wie ich wohl unser Verhältnis sehe, will ich nicht in Abrede stellen, aber sie gehören doch jener Sorte von Texten an, die eher dem Dichter Franz Kafka zuzuschreiben sind als dem nüchternen Juristen. Auch will ich keine Mühe darauf verschwenden, mir vorzustellen, wie sich unser Verhältnis entwickelt hätte, wenn Du frei von meinem Einfluß aufgewachsen wärest - als ob jemals ein Sohn frei vom Einfluß seines Vaters aufwachsen könnte, und nicht noch der schlechteste, nachlässigste und unbekümmertste Vater in den Eigenschaften seiner Kinder fortlebte - eben jener erst recht, wie Du leicht feststellen kannst, wenn Du beobachtest, wie sich die heutige Jugend entwickelt.

Dafür, daß ich mich mit der Auf- und Abrechnung all der Kleinigkeiten, die Du nicht müde wirst aufzuzählen, auch wenn Du einräumst, Dich nicht wirklich erinnern zu können, nicht aufhalte, werde ich wohl Dein Einverständnis haben. Oder soll ich wirklich den unbeholfenen Soldaten spielen, dieser oder jener beiläufigen Bemerkung bei Tisch, der einen oder anderen weißgott nötigen Zurechtweisung eines Angestellten oder dem einen oder anderen Recht, das den Kindern verwehrt, dem Vater aber erlaubt war, jene Bedeutung zumessen, zu der sie in deiner Erinnerung sich aufbauschen? Als ob es keinen Unterschied gäbe zwischen den Handlungen des Erwachsenen, der um die richtige Ordnung weiß und sie deshalb ohne Schaden gelegentlich mit gutem Grund außer Acht lassen kann, und den Verhaltensweisen des Kindes, bei dem im Falle unziemlicher Abweichungen deren Mißverständnis als rechte Ordnung und das Einüben lebenslänglicher Unordnung befürchtet werden muß? Und als ob es, nachdem selbst ein völlig bedeutungsloser Vorgang wie das Anziehen der Badesachen Dir zum lebenslangen Problem wird, dem Kinde nicht guttäte, gelegentlich im wahrsten Sinn des Wortes zu seinem Vater aufzuschauen und zu erfahren, daß das Leben darin besteht, die eigene Kleinheit zu überwinden und sich zu solcher Größe emporzuranken, wie sie sich am Vater zeigt? Das, mein Kind, sollte einem normalen Kind zum Schaden gereichen: Stolz auf den Körper seines Vaters zu sein, sollte es am eigenen körperlichen und seelischen Wachstum hindern? Eines Vaters zudem, der Dich, wie Du selbst schreibst, nie mit ausdrücklichen Schimpfwörtern beschimpft und Dich kaum einmal wirklich geschlagen hat? Der also selbst angesichts der heute grenzenlos übertriebenen Kindertümelei, aufgrund deren die wohlmeinendsten Eltern und Erzieher, in manchen, gottlob nicht allen Ländern, selbst führende Männer des Staates in den Verdacht des Kindesmißbrauchs geraten,[8] von jedem Verdacht freigesprochen worden wäre.

Vergessen sei Deine kleine Schadenfreude über die eine oder andere meiner Eigentümlichkeiten. Welcher Vater hat derlei Besonderheiten nicht, und welches Kind hat nicht sein heimliches Vergnügen daran? Sollen wir darüber rechten, ob ein Kind Kind sein darf und auf seine Weise und mit seinen, wie Du richtig sagst, untauglichen Mitteln über Dinge sich lustig machen darf, die es nicht verstehen kann? Das sei Bosheit, Respektlosigkeit? Möge niemals ein Vater mehr Bosheit und Respektlosigkeit von seinen Kindern erfahren als diese, er könnte sich glücklich schätzen! Was aber, wenn ein Vater von seinem Sohn zu hören bekommt, die Mutter, seine Gattin, die Frau die er liebt, habe die Rolle eines Treibers in der Jagd gespielt, und das, weil sie gütig war, ausgleichend, vernünftig, den Haß des Sohnes auf den Vater besänftigt hat? Du meinst, es wäre besser gewesen, Trotz und Abneigung nicht zu unterdrücken, so wie Du meinst, der Hosenträger wäre besser zu seinem Zwecke verwendet worden, statt bloß als Drohung über dem Stuhl zu hängen? Es wäre besser gewesen, zu hängen, als begnadigt zu werden?

Nur wer die wahre Macht der Mutterliebe nicht verstanden hat, kann sich über die schützende Mutterhand beklagen, die dem rächenden Zorn des Vaters in den Arm fällt. Nur wer die wahre Gewalt der Väter nie erlitten hat, kann sie leichtfertig herbeiwünschen. Nur wer die unverbrüchlichen Werte des Familienlebens nie erfahren hat, kann einer Gattin den Vorwurf machen, sie liebe ihren Mann zu sehr, und einer Mutter, sie habe sich auf die Seite des Vaters anstatt auf die des Sohnes gestellt. (Wenn das Deine Vorstellung von Familie ist, dann danke Gott, daß er Dich an der Gründung einer eigenen gehindert hat.)[9] Und nur wer die wahre Armut nie erleben mußte, kann sein Gemüt dermaßen gegen die Entbehrungen abhärten, die seine Eltern in ihren jungen Jahren und noch als Erwachsene zu ertragen hatten, um sie ihren Kindern zu ersparen. Nicht um Dankbarkeit geht es, mein Kind, nicht um Beschämung, nicht darum, sich der eigenen Not zu rühmen! Um das Lernen des Lebens, das in diesen verweichlichten Zeiten gerade denen so schwer gemacht wird, denen ein gütiges Schicksal weitaus bessere äußere Bedingungen verschafft als jenen, deren zurückhaltende Hinweise auf ihre viel schwerere Kindheit sie nicht zu ertragen vermögen.

So schmerzlich alle diese Dinge sind, will ich dennoch über sie hinwegsehen. Laß' sie uns der Torheit Deiner in ein höheres Alter als üblich hinein andauernden Jugend zuschreiben, einer unglücklichen Stimmung oder, wenn Du willst, der Kunst. Sie jedenfalls sind es nicht, derentwegen ich mir die Zeit und die Mühe nehme, Dir auf Deinen Brief zu antworten. Nicht einmal der sehr viel schwerer wiegende Vorwurf, ich hätte keinen ordentlichen Juden aus Dir gemacht, wäre es wert, allzu viel Tinte zu verschwenden. Und das nicht nur, weil er, wie der Großteil der übrigen Vorwürfe auch, wenig Tatsachen für sich hat, sondern weil, wie du wohl merken wirst, von der Religion bis heute ohnedies wenig übrig geblieben ist, und das wenige eher dem entspricht, was Du an meinem, wie Du meinst, Nichts an Judentum verachtest: Einem gesunden und respektvollen Einhalten der allgemein üblichen religiösen Gebräuche ohne all die Übertreibungen, durch die eine frömmlerische und bisweilen fast sektiererische Auffassung von Religion diese in Verruf und bei immer mehr Leuten aus der Übung gebracht hat. An vier Tagen im Jahr in den Tempel zu gehen, ist besser als an gar keinem, und so mancher Rebbe würde sich glücklich schätzen, wenn seine Schäfchen wenigstens noch zu Sukkoth oder zu Päsach in die Synagoge kämen. Aber was, mein Sohn, hätte all das Gejammer über den jüdischen Glauben für einen Sinn zu einer Zeit, in der das Wort Jude zum Synonym für Verachtung, Verfolgung und Vernichtung geworden ist, und in der jene besser beraten waren, die Vorkehrungen getroffen haben, ihr Judentum zu verbergen, als jene, die allzu viel Aufhebens von ihm machten. Religion, mein Kind, bringt einen bisweilen eher ins Grab, als sie einem das Leben erleichtert, und es gibt nicht einen einzigen Grund, von ihr mehr Gebrauch zu machen, als für das persönliche Ansehen und die öffentliche Ordnung erforderlich ist.

Es geht um Schwerwiegenderes. Es geht um jene unter Deinen Vorwürfen, um derentwillen, würden sie zu Recht erhoben, ein Vater wahrhaftig an sich verzweifeln müßte, nicht weil er den Tadel seines Kindes nicht ertrüge, sondern weil er in dem versagt hätte, worin ein Vater nie versagen darf. Inmitten all Deiner bitteren Klagen erhebst Du Anschuldigungen, die allen Ernst der Auseinandersetzung verdienen. Du schreibst es meiner Erziehung, oder wie Du meinst, dem von mir verursachten Mangel an Erziehung zu, daß in Dir kein Familiensinn sich herangebildet hat und daß die Tugenden des Lerneifers und des Arbeitsfleißes nicht von Dir Besitz ergriffen haben; kaum zu sagen, welcher von beiden der schlimmere der Vorwürfe wäre.

Zum letzteren zuerst. Du machst Dich lustig über meinen Vaterstolz, der Deinen kindlichen und, mag sein, kindischen Lerneifer betraf, und Du versuchst mir weiszumachen, ich hätte mich in dieser Hochschätzung geirrt, ich hätte, wie immer das hätte geschehen können, den bloßen Anschein des Lernens für dieses selbst gehalten und mich eines Sohnes gerühmt, der mir nur ein gekonntes Theater vorspielte. Wie sehr Du Dich täuschst! Nicht nur einmal, sondern doppelt täuschst Du Dich, der Du meinst, mich getäuscht zu haben. Welcher Vater, der dieses Wortes würdig ist, würde nicht merken, wenn ein Kind ihm zuliebe sich den Anschein besonderer Mühewaltung gibt, auch wenn es in Gedanken bei den Spielkameraden verweilt oder einer anderen Albernheit nachhängt? Wäre er nicht wohlberaten, gute Miene zu diesem Spiel zu machen, das ja kein böses, sondern ein gutes ist? Weshalb sollte ein solcher Vater sich nicht freuen, daß sein Kind verstanden hat, was er von ihm erwartet, ja mehr noch, daß es, so klein es ist, bereits jene Haltung einnimmt und einübt, welche die Voraussetzung für seinen späteren Erfolg darstellt? Wäre er nicht ein untauglicher Erzieher, würde er sein Kind beschämen, indem er seine wohlgemeinte List aufdeckt und seinen Widerstand genau gegen jenes Tun anstachelt, das er mit allen Mitteln bei ihm befördert wissen will?

So viel Klugheit, mein Sohn, hast Du Deinem mißratenen Vater wohl nicht zugetraut. Gewiß, Du hast recht, das Ergebnis ist kläglich im Vergleich zu dem Aufwand an Zeit und Geld, und Du nennst in einer weiteren Anwandlung von bemerkenswerter Klarheit und Ehrlichkeit auch den Grund dafür: Ein äußerlich sorgloses Leben, sorgloser als dasjenige aller Leute, die Du gekannt hast. Du formulierst diese Tatsache nicht als Vorwurf, und gerade dieses eine Mal hättest Du es tun sollen. Ja und tausendmal ja, mein lieber Franz, ich habe in diesem Punkt nicht recht getan! Ich habe meine Vaterpflichten verletzt, indem ich Dir von dem harten Leben, das mir meine Eltern nicht durch eigenes Verdienst, sondern bar jeder anderen Wahl bereiteten, nur - und das selten genug - erzählt habe, statt es Dich erfahren zu lassen. Sind nicht all die lächerlichen Flausen, die Sorge um das, was Du geistige Existenzbehauptung nennst, all diese hypochondrischen Ängste vor allen möglichen Krankheiten und - in wieviel einsamen Stunden habe ich schon darüber nachgedacht - vielleicht Deine tödliche Krankheit selbst eine Folge davon, daß Dein Geist und dein Körper allzuviel Muße hatten, sich solchen Eitelkeiten und Überflüssigkeiten hinzugeben, statt sich, wie weniger behütete Kinder, zuerst seine Schulnoten und später sein täglich Brot aus eigener Anstrengung zu verdienen? Spotte nur, Du habest mehr Stunden auf dem Kanapee verfaulenzt als ich in meinem ganzen Leben, rühme Dich nur Deiner Faulheit im Büro, ziehe Deine Lehrer am Gymnasium, Deine Professoren an der Universität in den Schmutz, und vor allem füge Wunde um Wunde zu den bitteren Vorwürfen, die Dein Vater gegen sich selber erhebt, nicht, wie Du verlangst, wegen seiner Strenge, sondern wegen seiner Nachsichtigkeit.

Ich stehe nicht an, mein Sohn, Dich wegen dieser Schwäche um Vergebung zu bitten. Vergebung für jede nicht ausgesprochene Mahnung, Vergebung für jeden zuviel erfüllten Wunsch, Vergebung für jede nicht erteilte Strafe und, auch wenn dies heute nicht gern gehört wird: Vergebung für jede nicht vorgenommene Züchtigung, die Dir gebührt hätte. Ich sei, schreibst Du, zu stark für Dich gewesen. Du irrst, mein armes Kind! Ich war zu schwach. Unfähig, Dir schwachem, unstetem, kränklichem Kind, das nicht erwachsen werden wollte, ein starker, wegweisender Arm zu sein. Zu mitleidig, zu geduldig und oft genug zu wenig konsequent, um Dich aus Deiner Wehleidigkeit und Unentschlossenheit in den unerbittlichen Ernst des wahren Lebens zu weisen, in dem es zu tun genug gegeben hätte, so daß noch Zeit für jenes Übermaß an Selbstmitleid geblieben wäre, das krank ist und krank macht. So geschieht es mir nur recht, daß ich mir all die Ungeheuerlichkeiten anhören muß, die Du über mich und über

Deine Mutter schreibst - von den Schwestern, über die es in der Tat einiges zu sagen gäbe, will ich nicht reden.

Du beläßt es aber nicht bei der Anschuldigung, ich habe, welch zwingende Logik, durch meine zu große Tüchtigkeit die Deine verhindert. Du schreckst vor dem entscheidendsten Schlag nicht zurück, den man einem Vater versetzen kann. Du gehst so weit, mich für jene Sache haftbar zu machen, mit der Du mir die größte Entmutigung und die größte Enttäuschung zugefügt hast. Du weißt, wovon ich rede. Nichts, mein lieber Franz, habe ich mir sehnlicher gewünscht, als eine Frau an Deiner Seite, der man Dich anvertrauen konnte und die Dir geholfen hätte, jenen Platz in der Familie der Kafkas einzunehmen, den Du, mein einziger Sohn, zu besetzen mir verweigert hast, und Kinder auf deinem Schoß, an denen sich hätte zeigen können, ob der wortgewaltige Kritiker von seines Vaters angeblicher Gewalt weniger Beschimpfungen von seinem eigenen Fleisch und Blut verdient hätte als ich, der von seinem Sohn verschmähte Vater, dem nicht nur die Liebe seines Sohnes, sondern auch die einzige Freude des Alters, der Enkel und einzige Erbe des Namens, versagt geblieben ist.

Durch die Dichtung, mein Sohn, konntest Du Dich verewigen, ich hätte es nur - sit venia verbo - durch die Zeugung gekonnt. Durch die Zeugung eines Nachkommen, den nur Du mir hättest schenken können. Aber wie konnte ich so einfältig sein, diesen einzig wahren Trost, dieses schlechthin entscheidende Glück, die normalste Tatsache der Welt eigentlich, von Dir zu erwarten? Wie konnte ich hoffen, daß einer, der zur Liebe des eigenen Vaters nicht fähig war, je selbst ein liebender Vater hätte werden können? Und doch kannst Du mit einer Inbrunst und Sympathie von jenem Äußersten, das einem Menschen überhaupt gelingen kann, sprechen, daß ich bezweifle, solche Wünsche, wie Kinder in dieser unsicheren Welt zu erhalten und gar noch ein wenig zu führen, sich und ihnen ein Plätzchen an der Sonne zu bereiten, wo man sich ein wenig wärmen kann, könnten wirklich von Dir stammen. Oder soll ich wirklich die Ungeheuerlichkeit des Gedankens zulassen, Du hättest diesen innigen Wunsch gehabt und ich, ich sei es gewesen, der Dich an seiner Erfüllung gehindert hätte?

Ich will, mein Sohn, von Liebe und Ehrfurcht Deinem Vater gegenüber nicht reden. Ich erniedrige mich, Dich zu bitten, mir nur dieses einzige Mal Glauben zu schenken: Wenn es noch irgendeinen Funken an Verständnis mir gegenüber in Dir gibt, dann nimm, ich flehe Dich an, wenigstens diese eine Last von mir! Was immer ich an jenem Abend am Josefsplatz zu Dir gesagt haben mag - und Du läßt es ja, abgesehen von gewissen Andeutungen, im Unklaren, es sei Dir, schreibst Du, erst nachher zum Bewußtsein gekommen, und da ist es doch wohl möglich, daß Dir die Lüsternheit, von der Du, der damals Sechzehnjährige, auch sprichst, einen Streich gespielt hat - was immer ich gesagt haben mag, es kann nichts von einer Bedeutung gewesen sein, die Dein Leben in der Weise hätte beeinflussen können, die Du dieser Begebenheit zuschreibst. Es kann nichts Schmutziges gewesen sein und schon gar nicht etwas Schmutziges über das Reinste und Vollkommenste, das es auf Erden gibt, die eheliche Liebe zwischen einem Mann und einer Frau, die Familie, Kinder!

Ich kann Dir nicht, auch nicht als Du zwanzig warst, den Gang ins Bordell geraten haben, nicht ich, der Vater dem Sohn, und ich kann Dir schon gar nicht meine Begleitung dorthin angeboten haben, ganz abgesehen davon, daß ich nicht wüßte, woher ich so einschlägige Kenntnisse über derartige Einrichtungen hätte nehmen können, daß eine solche Begleitung Dir von Nutzen gewesen wäre. Wie krankhaft, wie ekelhaft, wie lächerlich! Du kannst Dich an Einzelheiten nicht mehr erinnern? Du stellst die ungeheuerlichste aller Behauptungen auf und kannst Dich nicht erinnern? Du, ein Jurist, verleumdest Deinen Vater auf die schändlichste Art und Weise und bist außerstande, deine Anschuldigungen zu beweisen, mehr noch, Du räumst ein, nicht einmal selber einen verläßlichen Zeugen abzugeben über einen angeblichen Vorfall, für den nichts spricht außer Deine krankhafte Überzeugung, daß an allem und eben auch an deiner Unfähigkeit, eine Frau zu lieben, Verantwortung für Kinder zu übernehmen und die Leitung einer Familie zu wagen, Dein Vater schuld ist? Du hast Dich, Franz Kafka, zu erinnern! Du hast nicht das Recht, Deinen Vater der Anleitung zur sexuellen Perversion anzuklagen und dann außerstande zu sein, diese Anklage Wort für Wort mit dem zu belegen, was ich wirklich gesagt, das heißt eben nicht gesagt habe, weil ich es gar nicht gesagt haben kann, weshalb ich neben allem anderen nicht auch noch diese Schuld trage, tragen kann.

Ich mag, so könnte es wohl gewesen sein, auf die üblen Gewohnheiten anderer junger Burschen oder Männer hingewiesen haben, um Dich davor zu warnen. Ich könnte, obwohl ich es mir kaum vorstellen kann, gesagt haben, daß es sogar Väter gebe, die mit ihren Söhnen - was immer es war, es muß etwas von dieser Art gewesen sein, das Du in Deiner blühenden Phantasie in eine Anleitung zur Unzucht verwandelt hast so wie den armen Georg in einen Käfer. Und selbst wenn ich Deinem Bedarf an von mir verbrochenen Untaten so weit entgegenkäme, daß ich die grundsätzliche, wenn auch kaum denkbare Möglichkeit solcher Äußerungen bedächte - man muß ja nicht so prüde sein, den Reiz einer durchsichtigen Bluse nicht zuzugestehen, wenn nur klar ist, daß daraus eben keine anderen Enthüllungen abzuleiten sind als jene, die solche schamlosen Frauenspersonen aufreizend zur Schau stellen, und es gibt wohl mehr hochanständige Männer, die in ihrem jugendlichen Überschuß das eine oder andere Mal in ein anrüchiges Haus geraten sind, um ihren Mut zu erproben oder ihr überschäumendes Temperament zu zügeln, als ein einfältiges Gemüt sich träumen läßt - selbst wenn ich also mich dazu herbeiließe, Dir derartige Annahmen über mich zuzugestehen: Hätte ich nicht gut daran getan, solches vor meiner Frau, Deiner Mutter, die sich darüber gewiß in den Boden hinein geschämt hätte, geheimzuhalten und Dir in einem unbewachten Augenblick statt in ihrer Gegenwart kundzutun? Könntest Du mir nicht wenigstens dieses Minimum an Takt oder, wenn Du willst, Taktik zugestehen?

Ich sehe, es hat keinen Sinn, weiter auf Dich einzureden. Du bist uneinsichtig und hast nichts fester vor, als es zu bleiben. Du bestehst auf dem, was ich gesagt, und da ich es ja sonst wohl kaum gesagt haben könnte, auch getan haben soll. Vielleicht könntest Du aber wenigstens bei denjenigen vom Lande nach Prag zugereisten Juden, deren es in unserem Bekanntenkreis nicht wenige gibt, nachfragen, ob es diesen gar so verwerflich erschien, angelegentlich eines der seltenen Stadtbesuche dem heranwachsenden Sohne abseits vom Klatsch des böhmischen Dorfes, aus dem man herkam, in einem ordentlich geführten Hause die Überprüfung seiner Männlichkeit zu ermöglichen, ohne allzuviel unnötigen Aufhebens zu machen oder - was häufig genug geschah - die Jungfräulichkeit eines ehrbaren Mädchens in Gefahr zu bringen, das dazu bestimmt war, eine tüchtige Ehefrau und eine gute Mutter zu werden.

Nicht um das, was ich gesagt oder nicht gesagt, getan oder nicht getan habe, geht es, sondern um das, was Du als daraus folgenden Einflüssen auf Dich hervorzauberst. Was immer die Gründe waren, die Dich gehindert haben, den einzigen möglichen Ernst zwischen Mann und Frau, wie Du so schön schreibst, zu erreichen, in der Tat das Höchste, was man Deiner und meiner Meinung nach erreichen kann und Du mir gnädig zugestehst erreicht zu haben, es können nicht solche beiläufigen Äußerungen gewesen sein, seien sie nun an dem Ort und in dem Sinn, auf dem Du bestehst, gesagt worden oder nicht. Es kann, wie Du noch abenteuerlicher zu schließen fortfährst, doch nicht Dein hohes und achtenswertes Urteil über die Art, wie ich die Ehe mit Deiner Mutter führte, mit Weltüberlegenheit, Menschenkenntnis, Fleiß, Ausdauer, Geistesgegenwart und Unerschrockenheit, wie Du nicht aufhörst zu schwärmen, gewesen sein, das Dich abhielt, ein Gleiches zu tun.[10] Welches Kind hätte sich an einem solchen Vorbild, das, wie ich gern gestehe, mich in seiner kindlichen Übertriebenheit fast beschämt, nicht aufgerichtet, welches

Kind, das in einer derartigen Familie das Glück hatte aufzuwachsen, hätte sich nicht wohlausgestattet gefühlt, die Gründung einer eigenen Familie mit Umsicht in Angriff zu nehmen. Und was tust Du stattdessen? Du tadelst mich für die sträflichste Unterlassung Deines Lebens, machst mich verantwortlich für die ausgebliebene Tat, die nur Du hättest vollbringen können. Könntest Du Dich nicht einmal herablassen, die Fakten anstelle Deiner Einbildungen zu berücksichtigen? Habe ich etwa dreimal eine eingegangene Verlobung gelöst, davon zwei mit derselben Person? Habe ich alles gute Zureden und alle Warnungen meines Vaters, alle Tränen meiner Mutter, die derartiges vorhergesagt haben, in den Wind geschlagen?

Die berechtigte Sorge des Vaters, eine unscheinbare Komptoiristin, deren Vater Schuster war, und von der Du selbst geschrieben hast, sie sei nicht mehr gewesen als eine Mücke, die gegen Dein Lampenlicht fliegt,[11] könnte vielleicht nicht ganz die Richtige für einen kränklichen und labilen Charakter sein, der Du warst, und erst recht nicht für den weltberühmten Dichter, der Du gern sein wolltest, nach zwei mit Bravour eingegangenen und danach wieder aufgelösten Verlobungen mit einer ähnlich unpassenden Person mehr als verständlich, sei ein grobes Vorgehen gewesen, das die Trennung der Verbindung nach sich gezogen hätte? Stünde es demnach einem Vater nicht zu, auf die entscheidendste Wahl, die ein Sohn für sein Leben trifft, ein Auge zu haben, und wäre es nicht die Pflicht eines Sohnes, dem Rat seines Vaters, der die Erfahrung des reifen Mannes für sich hat, Gehör zu schenken, oder, wenn es denn nicht anders sein kann, sich mannhaft gegen ihn durchzusetzen, statt den Ratgeber als den Urheber der Verhinderung einer Tat zu beschuldigen, die aus ganz anderen Ursachen unterblieb?

Aus welchen Ursachen aber, mein lieber Franz, aus welchen? Immer und immer wieder habe ich mich durch die endlosen Seiten Deines Briefes gequält, um hinter all den haltlosen Behauptungen jenes Körnchen Wahrheit zu finden, das mir vielleicht helfen könnte zu verstehen, wie es zu der

Entwicklung gekommen ist, die Du genommen hast, um, wenn schon das Glück des Vaters mir versagt bleibt, doch wenigstens die Genugtuung des Pädagogen zu erfahren. Endlich bin ich bei jenem Absätzchen hängengeblieben, an dem ich wohl dutzende Male vorbeigelesen hatte, wohl weil ich es als allzu unpassend erachtete, die Ehe mit dem Abschluß eines Geschäftes in Vergleich zu setzen. Bis ich merkte, daß hier eine Erkenntnis in Dir heraufdämmerte, die bei einiger Ehrlichkeit auch Dir selbst zu der einfachen Überzeugung hätte verhelfen können, auf die sie mich letztendlich gebracht hat, auch wenn diese alles weniger als ein Trost ist.

Du schreibst dort, daß Dein ganzes Leben ein einziges Schuldenmachen gewesen sei, und daß Du Dich fortwährend geweigert hättest, Buch zu führen, sodaß außer schlimmen Ahnungen kein handfester Beweis für die Krida[12] Deines ganzen Lebens zustandegekommen sei. Alles sei fein säuberlich eingetragen, niemals aber Bilanz gezogen worden. Bis, ja bis zu dem Zeitpunkt, wo die Heirat angestanden wäre und damit die unausweichliche Notwendigkeit, Soll und Haben gegeneinanderzustellen, die erworbenen Fähigkeiten, die Dich für die große Aufgabe des Gatten und Vaters befähigen konnten, gegen die verdorbenen Gewohnheiten und die versäumten Anstrengungen aufzurechnen, die Dich für eine derartige Verantwortung untauglich machen. Diese Bilanz, schreibst Du, hättest Du nicht zu ziehen gewagt, so sehr stand Deine Überzeugung fest, daß sie nur zu Deinen Ungunsten, zum Nachweis Deiner übergroßen Schuld hätte ausgehen können.

Nun, mein lieber Franz, sosehr ich überzeugt bin, daß es nicht Dein übergroßer Vater, sondern Dein ganz und gar eigener Kleinmut war, der Dich gehindert hat, zuversichtlich in ein Leben hinauszuschreiten, das, wie gut es immer gelungen wäre, Dein eigenes gewesen wäre, so sehr betrübt es mich, daß ich erst jetzt Gelegenheit habe, Dir zu bescheiden, ein wie schlechter Kaufmann und Buchhalter Du zu Deinem eigenen Schaden bist. Ein tüchtiger Geschäftsmann, mein

Kind, weiß sein Geschäft und seine Bilanz so zu führen, daß die durch das erstere entstandenen und vor allem die in der letzteren ausgewiesenen Schulden niemals so groß werden, daß es keinen anderen Ausweg mehr gibt als den Konkurs oder, wie Du schreibst, den Wahnsinn. Wenigstens darin, mein lieber Franz, hätte ich Dir helfen können, ich, dessen Befähigung zur Geschäftsführung nicht einmal Du in Zweifel ziehst, wenn Du schon meine Eignung als Vater in Abrede stellst. Diese von Dir so sehr gefürchtete Bilanz hätten wir doch hinbekommen, selbst wenn wir dort oder da eine kleine Berichtigung zu Deinen Gunsten hätten vornehmen müssen!

Warum, mein geliebter Sohn, warum nur hast Du Dir nicht von mir helfen lassen, warum bist Du niemals, nicht ein einziges Mal zu Deinem Vater gekommen, um seinen Rat, seinen Trost, seine Unterstützung zu erbitten, die Dir gewiß zuteil geworden wäre? Würdest Du es tun, wenn ich alles zugäbe, wenn ich all die Überheblichkeiten und Erbärmlichkeiten, die Du aufzählst, auf mich nähme, wenn ich Dein ganzes verlorenes Leben auf mein Konto nähme, wenn ich die ganze Riesenschuld, vor der Du Dich so sehr fürchtest, begliche? Wenn ich all das täte, würdest Du dann Vertrauen zu mir haben können, würdest Du mich lieben können, so wie ein Sohn seinen Vater liebt? Würdest Du das können?

Während ich diese Zeilen schreibe, weine ich bittere Tränen, ich, dem Du solches wohl niemals zutrauen würdest. Es gibt eine andere Stelle in Deinem Brief, die ich immer und immer wieder gelesen habe. Es ist die Geschichte vom Wasser, das ich Dir nachts, als Du darum batest, verweigert hätte. Mehr noch, ich hätte Dich auf die Pawlatsche hinausgesperrt und allein vor der geschlossenen Tür stehen gelassen. Wie oft in Deinem Brief verbindest Du die bittere Klage mit allerlei Verständnis und Entschuldigungen für mein Verhalten. Du hättest nicht wirklich Durst gehabt, sondern uns bloß ärgern wollen, ich hätte nicht gleich, sondern erst nach mehreren unwirksamen Drohungen so gehandelt, es sei auch nur ein Weilchen gewesen, und vielleicht wäre die Nachtruhe wirklich auf keine andere Weise zu erreichen gewesen. Ich hätte, würde man wohl in einer nüchternen Sprache sagen können, pädagogisch durchaus richtig oder zumindest vertretbar gehandelt. Und dennoch schreibst Du, Du habest noch nach Jahren unter der quälenden Vorstellung gelitten, dieser riesige Mann, Dein Vater, könne wieder kommen und Dich, ein Nichts wie Du warst, gewaltsam aus dem Bett tragen.

Wie, wenn es sein könnte, daß dieses Dein ganzes Leben beherrschende Gefühl der Nichtigkeit durch eine derartige Handlung hätte ausgelöst werden können, die wiewohl in einem allgemeinen Sinne pädagogisch unbedenklich oder sogar geboten, dennoch der größte Fehler gewesen wäre, den man gegenüber diesem Kind machen konnte? Wer, wenn so etwas möglich ist, könnte dann noch den Mut haben, ein Vater zu sein?

Ich werde diese vernichtende Einsicht nicht zulassen. Ich werde mich der Rührung nicht weiter hingeben. Ich werde, so gern ich es täte, Dir nicht recht geben können, und ich werde, so gern ich auch das täte, mich nicht freisprechen können. Ich werde schweigen. Ich werde, was ohnedies alle Welt annimmt, Deinen Brief nie bekommen haben und ich werde Dir nicht antworten.

Hätte ich Dir geantwortet, würde ich Dich um eine einzige Zustimmung gebeten haben: Du möchtest mir glauben, daß ich Dir ein Vater sein wollte, und, wenn Du noch ein wenig mehr vermagst: daß ich meinte, Dir einer zu sein.

Ob Du gemeint hättest, daß Du einem so wenig bedeutenden Vater ein Sohn hättest sein können, das hätte ich wissen wollen.

Anmerkungen

[1] J.UNSELD, Nachwort zu: Franz KAFKA, Brief an den Vater, Faksimile, Frankfurt/M 1994, S.189ff. - Auf welche Weise lange nach Hermann Kafkas Tod (1931) veröffentlichte Texte Bestandteil des Antwortbriefes werden konnten, ist eines der vielen ungeklärten Probleme der Kafkaforschung. Wenn man die sehr unwahrscheinliche Theorie einer Fälschung des gesamten Briefes ausschließt - der Brief wirkt auf weite Strecken so authentisch, daß er kaum von einem anderen Autor als Hermann Kafka selbst nachempfunden sein kann -, ist die Annahme einer sehr späten Überarbeitung des Brieforiginals zwingend. Erst eingehende redaktionsgeschichtliche Analysen des Textes werden die Unterscheidung zwischen dem historischen Hermann Kafka und der Überarbeitung erbringen können.

[2] ebd., S.190

[3] Max BROD über Hermann Kafka, zit. nach ebd., S.233

[4] Daß Hermann Kafka auf die Kennzeichnung von wörtlichen Zitaten aus dem Brief seines Sohnes verzichtet, hat zu zahlreichen Deutungen Anlaß gegeben. Psychologische Erklärungen, die dieses Verhalten auf eine unbewußte, nach anderen auf eine gezielte Ablehnung des Sohnes zurückführen, dürften zu kurz greifen. Viele Passagen im Brief Franz Kafkas lassen sich als Hinweise auf eine monomanische Symptomatik seines Vaters verstehen, für welche die Auflösung des bedrohlichen Anderen (des Sohnes) durch die Usurpation als Eigenes kennzeichnend ist. Die daraus resultierende Abwehrform einer umgekehrten Introjektion, in der nicht das Kind durch „Einbeziehung des geliebten Objektes (des Vaters, B.R.) in das Ich" (vgl. S. FERENCZI, Bausteine der Psychoanalyse, Bern u.a. 1964, S.59) den Vaterkonflikt, sondern der Vater durch Introjektion des gehaßten Objektes (des Kindes) den Autoritätskonflikt reduziert, könnte für die Weiterentwicklung der psychoanalytischen Theorie der Vater-Kind-Beziehung (vgl. u.a. W.E. FTHENAKIS, Väter, 2 Bde., München u.a. 1985) von Bedeutung sein.

[5] Der Überarbeiter (Fälscher?) des Antwortbriefes weist eine gewisse Kenntnis sozialwissenschaftlicher Literatur zum Vaterproblem auf. Er bezieht sich mehr oder weniger explizit auf allerdings eher populärwissenschaftliche Werke wie W. FAULSTICH, Sturz der Götter, Frankfurt 1989; W. WIECK, Söhne wollen Väter, Hamburg 1992; S. PLOGSTEDT, Niemandstochter. Auf der Suche nach dem Vater, München u.a. 1991; R. MARTIN, Väter im Abseits, Stuttgart 1979. Den Überarbeiter im Kreis dieser Autoren zu suchen, dürfte dennoch zu weit hergeholt sein.

[6] G. JANOUCH, Gespräche mit Kafka. Aufzeichnungen und Erinnerungen, Frankfurt 1968, S.46, zit nach J. UNSELD, a.a.O., S.237f

[7] Die ersten Anzeichen einer offenen Tuberkulose zeigten sich bei Franz Kafka durch einen Blutsturz im September 1917. Im Herbst 1920, als der von JANOUCH berichtete Spaziergang das beschriebene Ende fand, konnte Hermann Kafka also bereits ohne jede Vorahnung von der Krankheit seines Sohnes gewußt haben.

[8] Die Anspielung bezieht sich vermutlich auf den amtierenden deutschen Bundespräsidenten Roman Herzog, der eine Bemerkung, die als Rechtfertigung leichter körperlicher Strafen in der Kindererziehung mißverstanden werden konnte, öffentlich zurücknehmen mußte (Der Spiegel, 25/ 1994), während sein österreichischer Kollege Thomas Klestil auf die Frage eines Journalisten: „Was halten Sie von der g'sundn Watsch'n?" ohne öffentlichen Protest anworten konnte: „Ich kann da nur aus meiner Erfahrung sprechen. Wir haben drei Kinder großgezogen. Nicht oft, aber alle drei haben von mir Watsch'n gekriegt", und solche Erziehungsmethoden als grundsätzlich richtig klassifizierte: „Es ist sicher gut, in der Erziehung junger Menschen gewisse Limits erkennen zu lassen." (Der Standard, 22. Mai 1992)

[9] Der eingeklammerte Satz ist im handschriflichen Original durchgestrichen, möglicherweise deshalb, weil der Problemkreis Familiengründung später noch ausführlicher abgehandelt wird und hier nicht vorweggenommen werden sollte.

[10] Dem Kenner des „Riesenbriefes" wird nicht entgehen, daß Hermann Kafka in seiner Aufzählung die an derselben Briefstelle genannten Untugenden unterschlägt: „Verhöhnung des Anderen", „Maßlosigkeit", „Unzulänglichkeit", „Unzufriedenheit mit jedem andern", „Tyrannei", „Mißtrauen" sind Eigenschaften, an die Hermann Kafka nicht gern erinnert wird und an die er sich deshalb in seiner Aufzählung nicht erinnert.

[11] Aus einem unveröffentlichten Brief Franz Kafkas an Ottla vom 1.2.1919, zit. nach J. UNSELD a.a.O., S.210

[12] Konkurs

Johannes Gruntz-Stoll

Nidau, am 20. Mai 1994

Lieber Franz,

Du hast Deinem Vater einen Brief geschrieben; oder hast Du einen „Brief an den Vater" geschrieben, ein Buch mit diesem Titel, das wohl für den väterlichen Nachttisch, wo Du Deine Bücher jeweils hinzulegen hattest, nicht aber zur väterlichen Lektüre gedacht und verfaßt gewesen ist? Vielleicht hast Du versucht, gerade mit diesem Titel die Aufmerksamkeit Deines Vaters auf Dein Schreiben zu lenken. Ich weiß es nicht und ich bin auch nicht Dein Vater; Vater bin ich und als Vater lese ich Deinen Brief, versuche ich, Dir zu schreiben, ohne Dich zu kennen, gekannt zu haben. Ich kenne Dich ja nicht einmal vom Hörensagen, höchstens vom Bücherlesen. Von Deiner Geschichte über „Die Verwandlung" etwa, die unlängst in einem Bändchen wiedererschienen ist, das den Titel „Die Söhne" trägt, und an die ich mich aus meiner Schulzeit erinnere. Deine rätselhaften Romane und Dein „Brief an den Vater", auf den ich vor zehn Jahren gestoßen bin, als ich in autobiographischen Texten „Kindheitserinnerungen" (Leman/Carlson 1990) gesucht und gefunden habe, sie alle haben in meiner eigenen Lese-Lebens-Geschichte ihren Platz. Und jetzt versuche ich, Dir zu schreiben, Deinem Sohnesbrief einen Vaterbrief entgegenzuschreiben, auf Deine Schriftstellerarbeit mit einer Wortklauberei zu antworten, obwohl ich altersmäßig Dein Enkel sein könnte und Dich, Deine Lebenszeit, bereits um ein Jahr überlebt habe. Also versetze ich mich als Sohn eines Sohnes wie Du und annähernd gleichen Alters wie Du in Deine und Deines Vaters Lage, betreibe damit eine Art Selbst-Versetzung und beginne zu schreiben, habe bereits zu schreiben angefangen. Denn angefangen hat dieser Brief schon Wochen vor dem Schreibbeginn; das zwischenzeitlich Gedachte und Geschriebene schiebe und setze ich ein, wie es sich beim Weiterschreiben und -denken ergibt, indem ich abwechselnd aushole und zurückgreife. Gestern beispielsweise habe ich Dich ganz anders angeredet und angeschrieben, nachdem ich Deiner Bemerkung über Benjamin Franklins „Jugenderinnerungen" (s.S.276) nachgegangen und dabei auf eine Spur gestoßen bin, die mich fürs erste zum Schreiben gebracht, den unterbrochenen Schreibfaden aufgenommen hat.

Nidau, am 19. Mai 1994

„Mein lieber Sohn

es hat mir stets Vergnügen bereitet", beginnt Benjamin Franklin im Jahre 1771 seine „Lebenserinnerungen" (Franklin 1983, S.7), die Du in Deinem „Brief an den Vater" erwähnst: „Du hast letzthin Franklins Jugenderinnerungen gelesen. Ich habe sie Dir wirklich absichtlich zum Lesen gegeben, aber nicht, wie Du ironisch bemerktest, wegen einer kleinen Stelle über Vegetarianismus, sondern wegen des Verhältnisses zwischen dem Verfasser und seinem Vater, wie es dort beschrieben ist, und des Verhältnisses zwischen dem Verfasser und seinem Sohn, wie es sich von selbst in diesen für den Sohn geschriebenen Erinnerungen ausdrückt." (s.S.276) Worin das väterliche Vergnügen besteht, übergehe ich an dieser Stelle. Der Vater schildert dem Sohn, wie er selber als Sohn den eigenen Vater sieht; und diese gebrochene Sicht brichst Du ein weiteres Mal, wenn Du sie Deinem Vater mit Ab-Sicht entgegenhältst. „Vielleicht interessiert es Dich zu wissen, was für ein Mann mein Vater war" (Franklin 1983, S.16); als Vater dem Sohn zu schreiben, heißt hier, als Sohn vom Vater zu erzählen. Ob dies ein geeigneter An-Satz für eine Ant-Wort des angeschriebenen Vaters an den Sohn ist? Mein Vater lebt noch, während Du längst gestorben bist.

Trotzdem schreibe ich Dir, bringe beim Schreiben mein eigenes Vatersein ins Spiel und vergewissere mich meines Sohnseins. „Vatersein" (Schultz 1984) lautet der Titel einer Textsammlung, die ich vor zehn Jahren zur Geburt unseres ersten Kindes, einer Tochter, erhalten habe: Nicht dank dem damals neuerschienenen Buch, sondern durch das neugeborene Kind bin ich als Sohn Vater geworden. Mein Vatersein verdanke ich der Tochter; zwei Söhne und eine zweite Tochter sind dazugekommen, sodaß der Vater in meinem Selbstverständnis Bedeutung und Gewicht gewonnen hat. Wichtiger und deutlicher ist aber auch das Verständnis des Vaters aus der Sicht des Sohnes geworden. Mein Brief ist also unvermeidlich mehrschichtig und doppelbödig: Da gibt es Geschriebenes, das zusammengenommen kaum eine anständige Antwort abgibt, und zwischen den Zeilen, auf den Zwischenzeilen verschiedene Vor- Nach- und Zusätze, die für sich gelesen auch bloß die halbe Wahrheit enthalten. Die ganze Wahrheit erwartest Du ja auch nicht von mir; meine Wahrheit will ich Dir und mir nicht vorenthalten, wenigstens soweit ich ihr selber auf die Spur komme durch meinen Versuch, Deinen „Brief an den Vater" schreibend zu beantworten. Meine Vater- und Sohn-Wahrheit, der ich mit diesen Zeilen nachforsche, der Brief kommt mir dabei vor wie ein mit Schriftzeichen bedruckter Luftballon - beim Aufblasen werden die Buchstaben sichtbar, die Sätze lassen sich entziffern, verzerren sich beim Weiterblasen und zerfetzen sich mit einem Knall in alle Himmelsrichtungen: Der Ballon ist geplatzt, und zurück bleibt ein Stück verschrumpelter Gummihaut; doch so weit bin ich noch nicht, sondern erst am Anfang, beim Aus- und Atemholen.

Nidau, am 30. Mai 1994

Lieber Franz!

Eigentlich erstaunlich - je länger ich die Gedanken an das

Briefgespräch mit Dir bewege und Bruchstücke von Antwortsätzen mit mir herumtrage, desto leichter fällt es mir, den Schreibfaden aufzunehmen und weiterzuspinnen. Ein wenig kommt es mir vor, als ob beim Nachsinnen und Drandenken, beim Ausspinnen und Aufschreiben Deine zuerst so fremden Zeilen und Züge mir vertrauter werden, daß Du als Adressat dieses Briefes, meines Schreibens, Kontur gewinnst. Weitergedacht heißt das, daß Du schlußendlich nicht darum herumkommst, meine Antwort auf Deinen „Brief an der Vater" entgegenzunehmen, wenn ich Dich nur lang und hartnäckig genug mit meinen Schreibgedanken verfolge. Gestern habe ich gelesen, was Peter Härtling „Für Ottla" (Härtling 1984) geschrieben hat. Du kennst seine Bücher kaum; für mich sind sie wichtig. Drei begleiten mich beim Schreiben: Die „Nachgetragene Liebe" (Härtling 1982), mit der sich Härtling auf den Weg der „Vaterspuren" (Gauch 1982) begibt und seinem Vater nähert, der „Brief an meine Kinder" (Härtling 1991), in welchem der selbe Autor als Vater seine Kinder anschreibt, und eben der Bericht „Für Ottla" (Härtling 1984). Peter Härtling bewegt sich damit schreibend im selben Lebenshorizont als Sohn eines Vaters und als Vater von Söhnen und Töchtern, in welchem die „Lebenserinnerungen" (Franklin 1983) Benjamin Franklins entstanden sind, deren Lektüre Du Deinem Vater und also auch mir nahegelegt hast, der ich mich im selben gedanklichen und generationenübergreifenden Bogen zurechtzufinden suche. Doch zurück zu Deiner Schwester Ottla, die Dir Vertraute und Verbündete gleichermaßen ist, und mit der Du den hängigen Prozeß gegen Deinen Vater, gegen mich, heimlich durchsprichst: Für sie hat Peter Härtling einer Brief verfaßt, der von einer lithografisch verdichteten und vergrößerten Aufnahme seinen Ausgang nimmt, einem Bild, auf dem sich „zwei Personen einem unbekannten Fotografen stellen, ein junger Mann und eine junge Frau. Er hält sich etwas im Hintergrund, lässig und heiter. Es scheint, als halte er in einem Glücksmoment inne, dem er nicht trauen kann." (Härtling 1984, S.7) Das Bild besitze ich nicht, aber die Fotografie habe ich zur Hand; sie zeigt Dich, Franz „Kafka mit seiner jüngsten Schwester Ottla vor dem Oppelt-Haus (um 1915)" (Wagenbach 1992, S.93). Hast Du gewußt, daß Deine Schwester sich von ihrem Gatten getrennt und sich zum Transport nach Theresienstadt gemeldet hat? 1942 ist sie in Auschwitz ermordet worden. Peter Härtling hat Deiner Schwester und unzähligen weiteren Frauen und Männern, Kindern und Jugendlichen ein Zeichen gesetzt, ein Mal zur Erinnerung und zum Nachdenken. Einen der Schergen, der Mörder, deren Helfer und Helfershelfer hat er sich berichtend vorgenommen und ein zweites Zeichen gesetzt, ein Mal gegen Vergeßlichkeit und Lüge. Dies hat mit meinem Briefeschreiben nur soviel zu tun, als ich dieser Tage Peter Härtlings Bücher zur Hand genommen und gelesen habe; daß ich beim Lesen auf Verbindungen gestoßen bin, überraschende Zusammenhänge entdeckt habe, erleichtert das Weiterschreiben. Denn natürlich habe ich auch in Deinen „Briefen an Ottla und die Familie" (Kafka 1974) gestöbert und in den „Briefen an die Eltern aus den Jahren 1922-1924" (Kafka 1993) gelesen, während meine Gedanken um den Vater-Sohn-Brief kreisen, und ich diese Zeilen schreibe in der Art und Überlieferung schreibender Eltern, die ihren Kindern brieflich klarzumachen versuchen, „was im Leben wirklich zählt" (Gornik 1991), als „Dein wahrhaft sorgfältiger Vater" (Scheib 1988), dessen „Herztakte" (Voss 1991) seit Jahrhunderten für Dich und Deinesgleichen schlagen.

Nidau, am 9. Mai 1994

Mein Lieber

- so jedenfalls, stelle ich mir vor, könnte ich meinen erwachsenen Sohn anschreiben - Ablehnung, Missverständnisse, Meinungsverschiedenheiten, Haß, Schuldzuweisung und Widerwillen hin oder her; so jedenfalls hätte der „liebste Vater" (s.S.245) den Antwortbrief begonnen, beginnen können, vermute ich. Zugegeben, Vermutung und Vorstellung sind gewagt, doppelt gewagt sogar, denn erstens gehen sie davon aus, daß Hermann Kafka, Geschäftsmann und „Sachverständiger des k.k. Landes- als Strafgerichtes" (Wagenbach 1992, S.24) in Prag den Brief seines Sohnes Franz, Deinen Brief also, zu Gesicht bekommen und gelesen hat; und sie beruhen zum zweiten auf der Annahme, daß der Vater des promovierten Juristen und aus gesundheitlichen Gründen vom Dienst bei der „Arbeiter-Unfallversicherungs-Anstalt" (ebd., S.64) suspendierten Franz Kafka, Dein Vater also, nach der Lektüre des Briefes selber zur Feder oder in die Tasten der Schreibmaschine gegriffen und seinem Verdruß und anderen Gefühlen Luft gemacht hat. Geradezu waghalsig die auf derart brüchigen Annahmen fußende Vermutung, daß Vater Hermann sich brieflich an Dich, seinen Sohn Franz, gewandt hat, um das eine oder andere ein für allemal klarzustellen. Dieses Schreiben gibt es nicht, denn es ist längst verloren gegangen, wie die meisten Briefe, die Du zeit Deines Lebens erhalten hast. Natürlich ist das Fehlen des väterlichen Antwortbriefes bedauerlich, doch ist das „bei allen übrigen Briefen Kafkas nicht anders: es sind keine Briefwechsel, wir hören nur eine Stimme" (Binder/Wagenbach 1974, S.5), Deine Stimme, jene des Schriftstellers. Die andere Stimme fehlt durchwegs - Grund genug, sich auf die Suche nach dem verlorenen Brief des Vaters an seinen Sohn zu machen. Am Anfang dieser Suche steht einerseits die auf wackeligen Annahmen beruhende Vermutung, daß der Antwortbrief des Vaters aus der Zeit zwischen 1919 und 1924 schlicht und einfach verloren gegangen ist. Andererseits geht der Versuch der Rekonstruktion des väterlichen Briefes von der - nicht weniger einfachen und schlichten - Tatsache aus, daß manche Briefe zwar geschrieben, aber nie abgeschickt werden, daß abgeschickte Briefe unterwegs verloren gehen können, daß die Empfänger ihre Annahme verweigern und sie ungeöffnet retournieren, ja daß Briefe wohl in Gedanken verfaßt, aber doch nicht zu Papier gebracht werden. Gerade letztere Möglichkeit bietet sich im Falle der verschollenen väterlichen

Korrespondenz als naheliegendste Variante einundderselben Tatsache an, die darüberhinaus den Vorteil hat, daß in ihr die Diskrepanz zwischen Fiktion und Realität aufgehoben ist: Ob es den gesuchten Brief überhaupt gegeben hat oder nicht, wird damit bedeutungslos. Auf der Suche nach dem verschollenen oder gar ungeschriebenen Brief soll denn auch das - vielleicht bloß - Gedachte oder Denkbare und - möglicherweise gar nicht - Geschriebene oder Mitgeteilte wiedergeschrieben und nachgedacht werden. Und all das nicht aufs Geratewohl und ins Ungewisse, sondern gewissenhaft und ungeraten - im Sinne einer literarischen Phantasie aufgrund pädagogischer Reflexion. Schöne Aussichten also, lieber Franz oder meinetwegen „lieber Sohn!" (Scheib 1988, S.27), wie im Jahre 1784 Elisabeth Katharina Goethe den elfjährigen Zögling ihres Sohnes angeschrieben hat, während zwanzig Jahre später Arthur Schopenhauers Vater seinen sechzehnjährigen Erstgeborenen so wie Benjamin Franklin in seinen „Lebenserinnerungen" (Franklin 1983) mit der Anrede „Mein lieber Sohn!" (Scheib 1988, S.61) begrüßt - ein Gruß, der die Beziehung enger werden läßt, als dies bei der Formel „lieber Arthur" oder eben „lieber Franz" der Fall ist; nochmals zwei Jahre später wendet sich Arthurs Mutter, Johanna Schopenhauer, brieflich an ihren Sohn mit den Worten: „Dein Brief, lieber Freund Arthur, kam ein paar Tage später als gewöhnlich, doch das liegt wohl nicht an Dir, sondern an den Umständen, unter welchen er abgeschickt ward." (ebd., S.3) Umstände, die Briefe ankommen oder verschwinden lassen; glücklicherweise hast Du selber für den Fall der Fälle unter derartigen Umständen Vorkehrungen getroffen, indem Du Deinem Brief eine Antwort im Entwurf und als Vorschlag beigefügt hast. Damit läßt sich die Antwort des Vaters gleichsam aus dem Blickwinkel des Sohnes, Deiner erstarrten und überhöhten, jedenfalls verzerrten Froschperspektive, rekonstruieren, was einem neuerlichen Ausflug ins „Spiegelland" (Drawert 1992) gleichkommt. Du hast auf den letzten Seiten Deines Briefes selber eine Antwort entworfen und dem Vater etliches vorgeschrieben: „Du behauptest, ich mache es mir leicht, wenn ich mein Verhältnis zu Dir einfach durch Dein Verschulden erkläre, aber ich glaube, daß Du trotz äußerlicher Anstrengung es Dir zumindest nicht schwerer, aber viel einträglicher machst. Zuerst lehnst Du auch jede Schuld und Verantwortung von Dir ab, darin ist also unser Verfahren das gleiche. Während ich aber dann so offen, wie ich es auch meine, die alleinige Schuld Dir zuschreibe, willst Du gleichzeitig 'übergescheit' und 'überzärtlich' sein und auch mich von jeder Schuld freisprechen. Natürlich gelingt Dir das nur scheinbar" (s.S.293). Du sprichst hier für mich, Franz für Hermann, der Sohn schreibt dem Vater vor; für wen schreibe ich? Versuche ich mich in die wenig beneidenswerte Lage des Vaters zu versetzen, an den der „Brief an den Vater" gerichtet ist? Oder bin ich selber als Vater angesprochen und bemühe mich, die Lage des Sohnes zu verstehen? Oder stelle ich mir vor, wie ich mit einem vergleichbaren Schreiben eines unserer Söhne zurandezukommen vorgebe? In der Fiktion des realen Antwortschreibens sind alle Verständnismöglichkeiten und Versatzstücke denkbar, denn ich selber schreibe ja im Lebens- und Verstehenshorizont meines eigenen Sohn- und Vaterseins - angeregt und angereichert durch Verständnishilfen und Lebensberichte in Form von autobiographischen und literarischen Texten, von Briefen und Briefsammlungen. Und da gibt es Sympathien für beide Seiten - für den Kläger wie den Beklagten, die durch die Anklageschrift in Briefform ausdrücklich in die Frage nach der Schuld verstrickt werden.

Nidau, am 10. Juni 1994

Lieber Franz,

ich habe in Deinen „Tagebüchern" geblättert und gelesen. Mit Lesen und Blättern habe ich im November 1919 eingesetzt, als Du in der „Pension Stüdl in Schelesen" (Wagenbach 1964, S.115) den „Brief an den Vater" geschrieben hast. Hier klafft im Tagebuch eine fünfmonatige Lücke, die wiederum auf Umstände zurückzuführen ist - den Verlust eines vollgeschriebenen Heftes etwa oder den Verzicht auf Tagebucheinträge während der Arbeit am Vaterbrief. Schließlich fehlen auch Einträge fürs ganze Jahr 1918; und am 5. Dezember schreibst Du: „Wieder durch diesen schrecklichen langen engen Spalt gerissen, der eigentlich nur im Traum bezwungen werden kann. Aus eigenem Willen ginge es allerdings im Wachen niemals." (Kafka 1992, S.394) Und vier Tage später: „Aber wohin ich mich wende, schlägt mir die schwarze Welle entgegen." (ebd.) Ich lese vorwärts und blättere zurück, suche nach Vatersätzen, nicht um der schwarzen Welle oder dem dunklen Mutterschoß zu entfliehen, sondern um mich Dir und Deinem Vater zu nähern; fündig werde ich am 28. September 1917 - zwei Jahre und zwei Monate vor Deinem Brief: „Dem Tod also würde ich mich anvertrauen. Rest eines Glaubens. Rückkehr zum Vater. Großer Versöhnungstag." (ebd., S.90) Der Tag, an dem der Sohn zum Vater zurückkehrt, der Versöhnungstag, der große Versöhnungstag, der Tod, dem Du Dich anvertraust: Da bekommt Dein Vater göttliche Züge - nicht zum erstenmal, sein Bild überwindet diesseitige Vaterschaft, während die umfassende Gestalt eines Vaters im Jenseits mit den Zügen des leiblichen Vaters verschmilzt. Hier verrätst Du den Rest eines Glaubens; Versöhnung heißt hier Trennung und Vereinigung, es ist der Abschied vom Vater, der die Rückkehr zum Vater ermöglicht. Seit Deinem Tod sind auf den Tag und eine Woche genau siebzig Jahre vergangen, ein Anlaß, der Dich in den Schlagzeilen der Tagespresse erscheinen läßt. Gemäß geltendem Urheberrecht sind Deine Schriften seit einer Woche nicht mehr geschützt; ohne Dich zu fragen oder zu entschädigen, können Deine Werke nachgedruckt werden. Schade, daß wir beide nichts davon haben. Und dann bin ich - eine weitere Tagebuchwoche zurücklesend - auf den „Traum vom Vater" (Kafka 1992, S.388f) gestoßen. Du siehst mich „auf dem Boden sitzen und ans Kanapee lehnen. Erschrocken frage ich ihn, was er macht. Er denkt über seine Idee nach." (ebd., S.89) Du triffst mich nachdenklich und erschrickst; im Traum begegnest Du einem fremden Vater, wie Du ihn aus dem wachen Erleben nicht kennst, nicht Dir vorzustellen vermagst, denn Dein Bild vom Vater - nicht von mir, auch von Deinem Vater nicht - ist stärker. Diese Stärke schließt die Schwäche des nachdenklichen, anlehnungsbedürftigen, zum Bodensitz erniedrigten Vaters aus. Gewiß tragen wir Väter unwissentlich dazu bei, daß unsere Kinder - also auch die Söhne - starke Vaterbilder mit sich tragen, daß sie sich den Vater gründlich einbilden; darin sind wir weder stark noch schwach. Schwäche zeigen wir erst, wenn wir uns auf die eingebildete Stärke der Söhne eigene Macht und Kraft einbilden, zwischen uns und unseren Kindern nicht zu unterscheiden vermögen. Darin sind wir Väter nicht stark, vermute ich, im Unterscheiden eigener und fremder Bilder, im Verzichten auf unangetastete Ansprüche und Machtverhältnisse, sodaß Söhne wie Du einen lebenslangen Kampf gegen den Vater, gegen das Bild des Vaters kämpfen und dem Vaterbild einen Vaterbrief entgegenhalten müssen. Mich beschäftigt also die Frage, wie Väter und Söhne aus dem zuallererst unermeßlichen, sich stetig verringernden Machtgefälle, das aus der Zeugung durch Empfängnis und Geburt, diesen: „langen engen Spalt, der eigentlich nur im Traum bezwungen werden kann" (ebd., S.94), ins erste und in weitere Lebensjahre führt, herausfinden - miteinander oder gegeneinander und meinetwegen zur Versöhnung oder wenigstens zum Waffenstillstand. Hier finde ich das Netz von Macht und Schuld gebreitet, in das sich Eltern und Kinder, Väter und Söhne als erzogene und erziehende verstrikken. Auch Du beurteilst offensichtlich erzieherische Anschläge, wie Du sie Deinem Vater verdankst, in den Maschen dieses Schuldengeflechts und im Rahmen dieses Machtgefälles als Fehlschläge: Sie sind von vorneherein zum Scheitern verdammt, weil sie dem Sohn keine Chance geben; sie schlagen Dich nieder, solange Du unten bist und damit Du unten bleibst, während Dein Vater oben ist und oben bleibt. Vater und Sohn verdanken einander Sohneswohl und

Vaterschaft, und diese Dankesbeziehung versetzt sie über die gegenseitige Abhängigkeit in ein Schuldenverhältnis. Schuldet der Sohn dem Vater Dank für das erhaltene Wohl, für das Leben, fürs Wohlleben? Welches Wohl schuldet der Vater dem Sohn? Schuldfragen, die aus der Vater-Sohn-Beziehung entstehen und zugleich über das anfängliche Machtgefälle zwischen Sohn und Vater hinausweisen, wenn sie nicht gänzlich in die Irre führen, „denn Du hast dreierlei bewiesen, erstens, daß Du unschuldig bist, zweitens, daß ich schuldig bin, und drittens, daß Du aus lauter Großartigkeit bereit bist, nicht nur mir zu verzeihen, sondern, was mehr oder weniger ist, auch noch zu beweisen und es selbst glauben zu wollen, daß ich, allerdings entgegen der Wahrheit, auch unschuldig bin." (s.S.293) Du suchst also die Entschuldigung, indem Du mir, dem Vater, die Schuld zuschiebst, um sie - als wäre ich ein Schiebkarren mit Kippvorrichtung - schließlich wegzukippen; ich schlage Dir stattdessen vor, die beiderseitige Schuld anzuerkennen, unsere Korrespondenz als Schuldbriefe oder Briefwechsel zu betrachten und über ihre Einlösung, über die Teilung und Tilgung der Schulden mit mir zu verhandeln. Denn ich werde den Verdacht nicht los, daß es ohne Schuld uns gar nicht gäbe, so wie es ohne uns unsere Verschuldung nicht gibt. Das riecht zugegebenermaßen nach Erbschuld, und mit der Erbsünde wird der Geruch zum Gestank. Nur, wer Vater wird, macht sich schuldig, geht eine Beziehung ein, aus der er sich nur durch Abtretung von Machtansprüchen und Auslösung von Schuldenlasten zurückziehen wird; und unschuldige Söhne gibt es nur in pädagogischen oder klerikalen Phantasien. Also ist es gerade die Schuld, die uns verbindet - von Anfang an, weil wir beide Teilhaber sind. Und Erziehung ist das gedankenlose Abwälzen der ganzen oder das bedenklichere Aushandeln der geteilten Schuld, Erziehungsmaßnahmen sind demnach entweder Übernahmeverhandlungen zur Herstellung eines erträglichen Schuldenausgleichs oder aber Zwangsversuche zur dauerhaften Schuld(schein)entlastung des Vaters - alles im Sinne einer pädagogischen Ökonomie. War das die Idee, bei der Du mich im Traum ertappt hast? Kaum, denn sie paßt allzu sehr zur Krämerseele Deines Vaters, zum Geschäftemachen und zur Buchhaltung, denkst Du. Damit hast Du nicht unrecht, und als Sohn eines Geschäftsmannes - übrigens hat auch mein Vater im Handelsgeschäft gearbeitet - ist Dir die Buchführung mit Soll und Haben vertraut genug, daß Du Deinem Vater einen ordentlichen Schuldbrief ausgestellt hast, in dem Du ihm nichts schuldig bleibst, und der sich neben jedem vergleichbaren „Brief an meine Erzieher" (Rauter 1980) sehen und lesen läßt. Welche Art von Antwort schulde ich Dir noch?

Nidau, am 29. April 1994

Liebster Sohn,

Du bist davon überzeugt, und Deine Überzeugung ist unverrückbar, daß ich, Dein Vater, Macht und Stärke verkörpere. Mit dieser Überzeugung bist Du in guter Gesellschaft, das heißt, eine ganze Reihe von Söhnen, die wie Du das Bücherschreiben einem anständigen Berufe vorgezogen haben und zu denen auch der erwähnte Arthur gehört, der freilich mit der Aufnahme seiner brotlosen Studien bis zum vorzeitigen Tod des Vaters zugewartet hat, betrachten ihre Väter ebenfalls als unnahbare Tyrannen, als „Riesen" (Wiesner 1979) oder gar als „Kinderfresser" (Chessex 1979); vermutlich steckt hinter dieser Einschätzung der väterlichen Gewalt nichts anderes als das „Drama des begabten Kindes" (Miller 1983), das auf der „Suche nach dem wahren Selbst" (ebd.) allerlei Umwege macht und schließlich dem eigenen Vater die Verantwortung für das berufliche und übrige Versagen in die Schuhe schieben und für diese plumpe Schuldzuweisung sich auch gleich wieder entschuldigen will, wie Du dies in Deinem Vorschlag für meinen Antwortbrief tust. Zum Erfolg führen aber nur Arbeit und Ausdauer. Das habe ich Dir schon bei anderer Gelegenheit geschrieben oder gesagt, denn gerade zahlreich werden die Briefe nicht gewesen sein, die Du von mir erhalten hast, auch wenn es sie gegeben hat. Wie Du siehst, bestätigt sich hier die Annahme, daß es auch die andere Stimme gibt, daß also nicht nur der Sohn, sondern auch der Vater korrespondiert hat, wenngleich weniger mit literarischer als vielmehr mit pädagogischer Ambition. Damit macht sich Dein Vater aus der Sicht von Kritikern pädagogischer Bemühungen von vornherein schuldig - des Verbrechens der Erziehung: „Jeder, der einmal Mutter oder Vater war und nicht in einer perfekten Verleugnung lebt, weiß aus eigener Erfahrung, wie schwer es einem Menschen fallen kann, bestimmte Seiten seines Kindes zu tolerieren" (Miller 1983, S.17) - jene Seiten vor allem, die mit dem väterlichen oder mütterlichen Selbstbild im Widerspruch stehen, die dem elterlichen Schatten zuzurechnen sind: Dank meiner Arbeit hast Du bisher ohne Entbehrungen gelebt und Deinen Neigungen gefrönt. Not kennst Du keine, hast Du nie kennengelernt. Ich hingegen, ich erinnere mich - etwa so glaube ich Deinen Vater ausholen und ansetzen zu hören als vielleicht verhinderter Bücher- oder wenigstens Briefeschreiber, der nur allzugern über das Geschäftliche hinaus seine Korrespondenz dehnen möchte, sich dabei aber auf die Zunge beißt und dem eigenen Sohn entsprechende Mahnungen und Warnungen, Droh- und Scheltworte verpaßt - und Schuldgefühle weckt. Wem klingen nicht solche wohlgemeinten und übelbeleumdeten Leitsätze und Merksprüche in den Ohren, wenn er an seine Eltern, an Lehrer und Erzieher denkt. Wieder und wieder wiederholt als väterliches Ostinato zur familiären Disharmonie, klingen solche Sätze lebenslänglich nach, bleiben tonangebend gegenwärtig. In welcher Familienkonstellation auch immer Kinder heranwachsen, ihre Selbstwerdung vollzieht sich zu einem guten Teil in der Muttersprache, der Sprache der Eltern, denn „Sein, das verstanden werden kann, ist Sprache" (Gadamer 1960, S. 450). Neben, hinter oder vor der Sprache der Mutter gibt es auch jene des Vaters, in der solche Sprüche, Wörter und Sätze ebenfalls und erst recht beheimatet sind. Du erinnerst Dich und denkst da an Bemerkungen, die in meinem Gehirn förmlich Furchen gezogen haben müssen, wie: „Schon mit sieben Jahren mußte ich mit dem Karren durch die Dörfer fahren. Wir mußten alle in einer Stube schlafen. Wir waren glücklich, wenn wir Erdäpfel hatten. Jahrelang hatte ich wegen ungenügender Winterkleider offene Wunden an den Beinen. Als kleiner Junge mußte ich schon nach Pisek ins Geschäft. Von zuhause bekam ich gar nichts, nicht einmal beim Militär, ich schickte noch Geld nach Hause. Aber trotzdem, trotzdem - der Vater war immer der Vater. Wer weiß das heute! Was wissen die Kinder! Das hat niemand gelitten! Versteht das heute ein Kind?" (s.S.262). Solche Erzählungen hätten unter anderen Verhältnissen ein ausgezeichnetes Erziehungsmittel sein können, wenn nicht von vornherein das Macht- und Kräfteverhältnis geregelt und die Versuche des schwächlicheren Sohnes, es dem mächtigeren Vater gleichzutun, immer schon aussichtslos gewesen wären. Vatersätze als Gehirnfurchen, gründlich eingepflügt in und mit der Sprache, mittels der Sohnesworte sich daraus zu befreien suchen - damit ist die Schreibarena abgesteckt: „Mein Schreiben handelte von Dir, ich klagte dort ja nur, was ich an Deiner Brust nicht klagen konnte. Es war ein absichtlich in die Länge gezogener Abschied von Dir" (s.S.278), der im Brief gipfelt, im offenen, veröffentlichten Brief-Buch. Peter Weiss hat auf diese Weise „Abschied von den Eltern" (Weiss 1982) genommen; andere Söhne haben es vor- und nachgemacht, indem sie aus dem verwirrenden „Spiegelland" (Drawert 1992) der Vater-Sohn-Beziehungen schreibend einen Ausgang gesucht haben, um monologisierend das Verstummen zu durchbrechen. Du, Franz, gehörst zu den ersten, bist vielleicht der erste. Mit Deinem Brief hast Du offensichtlich Schule gemacht. Da verfalle ich schon wieder aufs Sprücheklopfen, weiß mich gefangen in meinen eigenen Sätzen. Den „Spruch an der Wand" (Gudjons et al. 1986, S.131) als Hinweis aufs „Lebensmotto der Herkunftsfamilie" (ebd.), geflügelte und geprügelte Worte von Eltern und Erziehern als Sprengsätze zur Befreiung erwachsener Zöglinge und Kinder zu sehen und zu nehmen, mag für Dich eine erwünschte Rute beim Freilegen verschütteter Quellen sein, wenngleich mir solche Freiheit zu verwünschen und die Rute anders zu verwenden näher liegt, obschon ich letzteres tatsächlich nie getan habe, wie Du mir gerechterweise bescheinigst. Ich habe Dich und Deine Geschwister nie geprügelt, was Du mir ja auch nicht vorwirfst: Meine väterliche Überlegenheit hat sich in und mit der Sprache weit eindrücklicher und tiefer niedergeschlagen, als dies Schläge mit Gurt oder Rute vermocht hätten. Meine Sprachschläge haben Dir die Sprache verschlagen; verschlagen und niedergeschlagen also bleibt der Sohn ein Leben lang - gegenüber dem Vater, im Umgang mit andern Menschen und zuletzt - oder zuallererst - in der Beziehung zu sich selbst; das väterliche Wort ist im Sohn Fleisch geworden, seine Sätze haben Gestalt angenommen und kehren zurück - aufgezeichnet, geschrieben, gedruckt. Und ich habe es immer gut gemeint mit Euch, ein Satz, auf den kein Vater verzichten will, wenn er sich von seinem Sohn enttäuscht weiß. Hier geht es um Männer, um Väter und Söhne, um gegenseitige Täuschungen und Enttäuschungen, die schließlich zur Krankheit des Schriftstellers ebenso wie zum „Tod eines Handlungsreisenden" (Miller 1992) führen. „Noch nach Jahren litt ich unter der quälenden Vorstellung, daß der riesige Mann, mein Vater, die letzte Instanz, fast ohne Grund kommen und mich in der Nacht aus dem Bett auf die Pawlatsche tragen konnte und daß ich also ein solches Nichts für ihn war." (s.S.249). Solche Qual verursacht Dir die Vorstellung des Vaters, die Ein-Bildung Deines Vaters, die Erinnerung an mich, daß Du einen „Vorfall aus den ersten Jahren" (ebd.), den ich selber längst vergessen habe, dergestalt zu schildern vermagst, daß mir die Erinnerung daran wiederkehrt. Doch zurück zu den Worten. „Du aber schlugst mit Deinen Worten ohne weiteres los" (s.S.253), scheinbar oder tatsächlich ohne Rücksicht und Mitgefühl. „Aber so war Deine ganze Erziehung. Du hast, glaube ich, ein Erziehungstalent" (ebd.), gestehst Du und erwähnst eine ganze Reihe von Erziehungsmitteln, von denen ich Gebrauch gemacht habe oder haben soll: „Deine äußerst wirksamen, wenigstens mir gegenüber niemals versagenden rednerischen Mittel bei der Erziehung waren: Schimpfen, Drohen, Ironie, böses Lachen und - merkwürdigerweise - Selbstbeklagung." (s.S.256). Da erkenne ich mich wieder und erkenne zugleich, wie ich meinen Vater in mir wiedererkenne. Gibt es also doch die väterliche Erbschuld, die vom Vater auf den Sohn weitergegeben wird? Dann wäre Erziehung tatsächlich ein Schuldenhandel, denn bereits „Am Anfang war Erziehung" (Miller 1983), und das Schuldigwerden hat seither kein Ende gefunden. „Manchmal stelle ich mir die Erdkarte ausgespannt und Dich quer über sie hin ausgestreckt vor. Und es ist mir dann, als kämen für mein Leben nur die Gegenden in Betracht, die Du entweder nicht bedeckst oder die nicht in Deiner Reichweite liegen. Und das sind entsprechend der Vorstellung, die ich von Deiner Größe habe, nicht viele und nicht sehr trostreiche Gegenden" (s.S.290), schreibst Du, während Du an die erfolglosen Eroberungsfeldzüge und die gescheiterten Heiratsversuche denkst, und ich dazu bereit bin, Deinen Absichten zuzustimmen und mit Dir über die Teilung des Landes und der Schulden zu verhandeln, zu spät für Dich, für mich nicht. Zum Abschluß meines Antwortbriefes ein Verhandlungsangebot? Ein Anfang zur Abtretung von Land, zur Teilung der Schulden und zur Begegnung in der Sprache?

Nidau, am 20. Juni 1994

Lieber Franz,

Du erinnerst Dich, „es hat mir stets Vergnügen bereitet, irgendwelche kleine Anekdoten über meine Vorfahren zu sammeln" (Franklin 1983, S.7), anhand von Geschichten meine Geschichte zu entdecken oder wenigstens zurechtzulegen; diese Entdeckungsreisen erinnern an Eroberungsfahrten, an Versuche der Landnahme in der Welt der Eltern, ihrer Eltern und deren Vorfahren. Mich hat die Größe des Vater-Landes nicht daran gehindert, den eigenen Weg zu gehen; Du hingegen hast Deinen Raum in der Sprache nur mit größter Anstrengung Dir erkämpft, indem Du Dich zum Vater durch- und zugleich von ihm wegzuschreiben versucht hast. Ob Dein Brief beim Vater angekommen ist, weiß ich ebensowenig, wie ich über den Verbleib seines Antwortschreibens Bescheid weiß; hingegen weiß ich, daß Dein „Brief an den Vater" mich erreicht hat. Im Briefgespräch mit Dir habe ich begriffen: Väter machen sich breit, beherrschen die Szene - zumindest in der Familie und aus der Sicht der Kinder, wo sie zusammen mit den Müttern das Sagen haben, auch wenn gerade diese Familie, wie Du sie erlebt hast, nicht mehr die Regel, sondern weit eher die Ausnahme darstellt. Kinder fügen sich in die Verhältnisse, in die sie geboren werden und die sie antreffen, ein - und brechen aus; ihre Ausbruchversuche werden teils belächelt und bewundert, teils abgelehnt und bestraft. Denn die „natürliche Dissidenz" (Saner 1979) der Kinder bedroht die Vorherrschaft der Eltern, stellt die väterliche Macht infrage. Anstelle von Verhandlungen zur Teilung von Schuldenlast und Landbesitz, von Lebensraum und Sprachgewalt, die zu einer Art Generationenvertrag führen, treten das Beharren auf Machtansprüchen und das Festhalten an überholten Abhängigkeiten. „Wir Väter" (Gustafsson 1993) kommen nicht darum herum, uns darüber Gedanken zu machen, „was Männer an ihren Kindern haben und Kinder von ihren Vätern brauchen" (ebd.). Mein eigenes Vatersein muß ich dabei weiterentwickeln - zu einer versöhnlicheren Beziehung, wenngleich und gerade weil das Wort „Versöhnung" wenig mit „Sohn" und viel mit „Sühne", mit „Buße" und „Wiedergutmachung" zu tun hat. Noch einmal macht sich der unangenehme Geruch von religiös verbrämter Schuldhaftigkeit und klerikal verordneter Bußfertigkeit bemerkbar, mit welchen die Vater-Sohn-Beziehung beweihräuchert wird, nachdem sich sowohl in jüdischer wie christlicher Überlieferung Leben und Sterben in dieser Beziehung begegnen. Um diese Diesseitiges überschreitende Dimension unserer Korrespondenz geht es mir nicht; das Jenseitige liegt mir fern, das Nahe näher, auch wenn Du, lieber Franz, dem ich beim Schreiben ein klein wenig nähergekommen zu sein vermeine, denkbar weit entfernt bleibst. Trotzdem wende ich mich an Dich mit diesem Schreiben, und Du nimmst meinen Brief entgegen, wenn die Umstände es erlauben, anstelle meiner Söhne, deren älterer eben erst das Entziffern von Wörtern lernt, während der jüngere sich mit einer Handvoll Buchstaben begnügt. Mit den eigenen Söhnen nehme ich hingegen die Versöhnungsverhandlungen auf, zu denen ich mich bereitgefunden habe - zu spät für dich, für mich nicht, wie Du Dich erinnerst. Verhandlungsgegenstände sind vorläufig die Sprache, der Raum und die Schuld - als Angelpunkte des Zusammenlebens von Söhnen und Vätern, von Eltern und Kindern; dabei geht es für mich um eine Reihe von Fragen: Wieviel Schuld ertragen und verkraften die verschiedenen Verhandlungsteilnehmerinnen und -teilnehmer? Wieviel Raum beanspruchen und benötigen sie? Wieviel Sprache verstehen und verwenden sie? Ist es die antipädagogische Verrechtlichung der Beziehungen zwischen Heranwachsenden und Erwachsenen, die mit dem Ende der Kindheit auch das Ende der Erziehung zum Ausgangspunkt für einen neuen Generationenvertrag nimmt? Oder ist mit den Verhandlungen eine andere Art des Zusammenlebens von Vätern und Söhnen in Aussicht gestellt? Fragen über Fragen, und darüber hinaus die Zweifel, denn ich bin es, der Vater, der eine Verhandlungslösung anstrebt und damit die Auseinandersetzung mit Dir, mit den Söhnen, aufnimmt, der eigenen Machtbefugnis unterstellt, wodurch der Vater einmal mehr zur vorletzten Instanz erhoben und der Neigung der Kinder, die väterliche Macht letztinstanzlich zu überhöhen, Vorschub geleistet wird. Ich habe also meine Zweifel und ich weiß, daß alle „Kindheitserinnerungen" (Leman/Carlson 1990) auch durch „Vaterspuren" (Gauch 1982) geprägt sind, daß das „Suchbild" (Meckel 1983) des Erinnerns auch den „alltäglichen Tod meines Vaters" (Kersten 1980) im „Schattenhaus" (Schmidli 1969) zum Vorschein bringt, weil es in der Beziehung zwischen Vätern und Söhnen um Leben und Tod geht, um Sprache, Raum und Schuld als Dimensionen des Lebens und Sterbens. Der Auseinandersetzung mit diesen Dimensionen vermag ich mich weder als Vater noch als Sohn zu entziehen. Dein Brief, lieber Franz, hat mich tief hineingezogen, hat mich verstrickt in Vater- und Sohn-Gedanken und -Gefühle. Schreibend habe ich versucht, mich aus der Verstrickung zu befreien und Dir zu entgegnen mit meiner Wahrheit. Ich habe mich auf Deine Sprache eingelassen mit meinen Wörtern und Sätzen: Da sind wir uns zugleich vertrauter und ferner, als Du und Dein Vater es je zueinander gewesen sind. Ich habe Deinen Schuldspruch vernommen mit meiner Schuldigkeit: Da sind wir uns fremd und doch wieder nahe, weil ich glaube, daß wir von Anfang an verschuldet sind und es bloß den gemeinsamen Weg aus geteilter Schuld gibt, soll die Schuldenlast nicht den einen oder anderen von uns beiden erdrücken, wie Du unter dem Gewicht der Sohnesschuld zugrundegehen mußtest. Einfacher als die Schuldenteilung scheint mir das Teilen des Raumes zu sein, auch wenn gerade das mir besonders schwerfallen muß: Raum geben und schaffen für die Kinder, die Lebensräume öffnen und zugänglich machen für die dissidenten Phantasien der nächsten Generation, Euch also Euren Raum - nicht bloß räumlich - zuzugestehen, das verlangt von mir zunächst auch Verzicht und zunehmend Selbst-Beschränkung. In diese Richtungen sind während der vergangenen Wochen und Tage meine Gedanken gewandert, habe ich meine Antworten auf Deinen Brief entworfen. Dabei will ich es bewenden lassen, denn das Schreiben ist für mein Empfinden und meine Gewohnheit ohnehin zu lang geworden, und mit allzu vielen Vorsätzen und Vorstellungen überspanne ich nicht nur den Briefbogen, sondern auch die dehnbare Haut dieses Schreibens, das ich mir ja zunächst als Ballon gedacht habe - mit Zeichen bedruckt, die erst beim Aufblasen und Ausdehnen sicht- und erkennbar werden; den Ballon will ich nicht steigen lassen, den Brief auch nicht abschicken, wie es vermutlich Dein Vater weder getan hat noch hätte, obwohl die gegenteilige Vermutung am Anfang meines Briefschreibens mir notwendig schien, sondern ganz einfach und trotz allem weiterblasen, bis die Haut platzt und zusammen mit der allzu eng gepreßten Luft in alle Himmelsrichtungen zerstiebt. Nur so, denke ich, hat dieses Schreiben überhaupt eine Chance, bei Dir anzukommen.

(7. Juli 1994 Johannes Gruntz-Stoll)

Christoph Wulf

Lieber Franz,

wenn ich Deinen Brief erhalten und Du nicht versäumt hättest, ihn mir zuzuleiten, wenn ich ihn gelesen und mir nicht die Kraft gefehlt hätte, Dir in seine Welt zu folgen, wenn ich Dir hätte anders antworten können, als Du es von mir erwartetest, wenn ich Dir also geschrieben hätte, dann hätte ich Dir vielleicht so, vielleicht aber auch anders geantwortet:

Was weißt Du, Franz, von mir, Hermann? Du leidest. Dir ist Sprache gegeben, zu klagen. Man versteht Dich, stimmt Dir zu und bedauert Dich. Und ich? Mich sieht man, wie Du mich in Deinem Brief entwirfst. Doch der, von dem Du sprichst, der bin ich nicht. Auch ich kenne Leid. Stumm, ratlos, ohne sagen zu können, warum. Ich will nicht leiden. Deswegen entwickle ich diesen Lebens-, Geschäfts- und Eroberungswillen. Was Dir als Stärke, Gesundheit, Appetit, Stimmkraft, Redebegabung, Selbstzufriedenheit, Weltüberlegenheit, Ausdauer, Geistesgegenwart, Menschenkenntnis, Großzügigkeit erscheint, ist mein Versuch, der Schwäche und dem Leid zu entgehen. Alles hätte auch anders kommen können. Meine Kindheit im Dorf. Ich gehörte nicht zu den Kindern der Bauern, nicht zu denen der Landarbeiter, ich war Jude, Sohn eines Metzgers, ein Nichts, oft von den anderen Jungen gehänselt. Nicht einmal Tscheche, ein Jude, stets in Gefahr, nicht dazuzugehören. Allein, ausgesetzt der Mißachtung, der Einsamkeit, vor der ich mich fürchtete. Ich mußte versuchen, dieser Gefährdung zu entkommen. Nie wieder allein, nie wieder einsam, nie wieder ein Nichts. Mein Lebens-, Geschäfts- und Eroberungswille war das Ergebnis des Kampfes, auf jeden Fall dieser Not zu entgehen. Viele haben es nicht geschafft, mir ist es gelungen. In mir war immer die Furcht, alles Erreichte könnte vergehen, und ich müßte zurück in die Situation dieser frühen Jahre. Wieviel schmerzlicher noch wäre es heute auf den Trümmern eines zerbrochenen Lebens. Viele Tschechen sind heute abhängig von mir. Wäre es nicht gelungen, dieses Geschäft zu gründen, Unternehmer zu werden und mit höheren tschechischen und österreichischen Kreisen Umgang zu haben, man würde uns noch deutlicher spüren lassen, daß wir, weder Tschechen noch Deutsche, sondern Juden sind, ungemocht, beargwöhnt und angefeindet. Angesehen sind wir nur, weil wir etwas darstellen. Anderenfalls gäbe es nur Häme, Verachtung und Ausschluß. Wie ich darunter gelitten habe, Du ahnst es nicht. Du hattest immer Deinen Ort: in der Familie, in der Schule, im Studium. Deine Stellung als Jurist war für Dich immer Schutz vor Ausgrenzung und Ausschluß als Jude.

Wir wurden wie sie. Ich vergaß das Dorf, den Beruf des Vaters, die Verletzungen meiner Kindheit und auch den Unterschied. Es war zu schmerzlich, anders zu sein. Ich konnte nicht bleiben, wer ich war. Heute sind wir wohlhabend, angesehen, selten gemieden. Man scheint vergessen zu haben, daß wir Juden sind; doch ich traue dem Schein nicht. Wenn die Situation es begünstigt, werden sie uns zeigen, daß sie uns nicht mögen, wir in diesem Land nicht zu Hause sind, wir keine Heimat haben. Ich habe sie kennen und fürchten gelernt. Ich will diese Furcht vergessen, um ohne Sorgen zu leben. Was mir Geschäft und Vermögen an Möglichkeiten bot, nicht in der Not der Kindheit zu bleiben, sollte das Studium, die Promotion, der Beruf dir geben. Daher mein Insistieren. In diesen Zeiten benötigt man einen Beruf und eine Familie, um leben zu können. Zu oft wolltest Du dies nicht wahrhaben und stießest Dich in die Einsamkeit des Schreibens, in fortwährende Selbstbefragung und Selbstbezweiflung. Du gefährdest Dich. Nicht ich bin Grund Deiner Not, allenfalls manchmal ihr Anlaß.

Bist Du nicht alt genug, für Dein Leben selbst Verantwortung zu übernehmen? Seit ich Dich kenne, klagst Du. Für

Deine literarische Arbeit ist Klagen vielleicht eine notwendige Voraussetzung, nicht jedoch für Dein Leben. Hör auf, in mir den Grund Deines Geschicks zu suchen. Schau Dich an, versuche Deine Unfähigkeit zu mögen. Zwar sprichst Du von Schuld mich frei, doch glaubst Du Dir? In meinem Ohr verbirgt sich hinter dem Freispruch eine gewaltige Anklage. Ich glaube Dir Deine Worte nicht. Der Ton Deines Briefes verrät Dich. Du machst mich verantwortlich für Dein Unglück, obwohl Du weißt, daß dies Dir nicht einmal hilft.

Sechsunddreißig Jahre bist Du, doch in Deinem Brief klagt das Kind, für das der Vater nicht so ist, wie es sich ihn gewünscht hätte. Wer hat schon den Vater oder die Mutter, die er sich wünscht? Sicherlich nur der Einfältige, der keine Sehnsucht, keine Vielfalt kennt. Hättest Du den Vater Deiner Wünsche, wäre an ihm der Riß nicht aufgebrochen, hättest Du nie das Schreiben als Deine Form zu leben entdeckt. Du brauchst mich, um der zu werden, der Du bist. Nun klagst Du, daß ich Dir dazu verholfen habe. Ohne Leiden kein Leben, keine Entwicklung, keine Literatur. Warum also die Klage? Ich habe versucht, dem Leiden zu entgehen, Du hast es gesucht, um mit seiner Hilfe Autor zu werden. Warum gestehst Du Dir es nicht ein? In manchen Momenten mußt Du es wissen.

Wir sind schuld aneinander, an unserem Gelingen, an unserem Versagen. Warum auch nicht? Leben heißt schuldig werden, nicht nur an Menschen, auch an Tieren, Bäumen und Steinen. Du mußt Dich bemühen, mit meiner und Deiner Unvollkommenheit zu leben. Durch einen wortreichen Freispruch kommst Du aus der Schuld nicht heraus, die auf sich lädt, wer mit anderen lebt. Ich habe Fehler gemacht, impulsiv und unberechenbar gehandelt, mich an der Wirkung erfreut, die ich auf Dich, die Mutter und die Mädchen hatte. Manchmal war ich blind gegenüber dem, was ich damit bewirkte; doch nie war ich hinterhältig und böse.

Mir sei es nie um Dich gegangen? Bist Du sicher? Ich wollte Dich anders, als Du Dich wolltest. Gewiß, doch ist es nicht mein Geschick, Dich zu wollen? Liegt hier nicht die

Chance der Söhne? Sich wollen zu lassen und durch den Wunsch des Vaters zu werden? Nein zu sagen und einen eigenen Entwurf vom Leben zu finden? Dieses Nein ist dem Vater geschuldet, bezieht sich auf ihn und enthält eine Bejahung. Nicht einmal im Nein entkommt man der Anähnlichung. Auch dieses verlangt erst die Angleichung. Sonst entsteht kein Wunsch zur Abstoßung. Du entkommst nicht der Verstrickung. Du schuldest Dich mir, willst mich in Dir vernichten, selbst wenn mein Tod Deinen zur Folge hätte? Unser Verhältnis ist ein Kampf von Wünschen und Bildern, eine Auseinandersetzung zwischen Erinnerungen und Entwürfen. Verfaltungen, Verschiebungen, schlingernde Bewegungen - imaginäre Figuren, die miteinander ringen. Kein fester Grund, auf dem Ordnung entstünde.

Du nennst mich einen Tyrannen, der, redegewandt, mit gewinnendem Wesen, Druck und Drohung, Zorn und Verachtung seine Weltsicht durchsetzt und Dir das Vertrauen in Dich nimmt. Du vergleichst Dich mit einem Wurm, der, hinten von einem Fuß niedergetreten, sich mit dem Vorderteil losreißt und zur Seite schleppt. Welch eine Überschätzung meiner, welch eine Unterschätzung Deiner. Wieviel einfältiger bin ich als Du, der Du das Gymnasium besucht, studiert und promoviert hast, der sich in Gesetzen auskennt und mit Kultur vertraut ist. Ich bin ein Geschäftsmann mit Fähigkeiten in den praktischen Dingen des Lebens, ohne Zugang zur Kultur. Du vermagst zu lesen, Dir andere Zeiten und Menschen zu erschließen, ich habe nur mich, meine Familie und mein Unternehmen. Andere Menschen langweilen, erzürnen und belustigen mich. Immer bin ich ihr Maßstab. Auch Euch Kinder beurteile ich nach meinem Vermögen. Werdet Ihr mein Erbe erhalten und mehren? Oder werdet Ihr abstürzen in Abgründe, aus denen ich mich und Euch befreit habe?

Du schreibst. Wenn mir auch Deine Werke fremd sind und verdächtig, da sie Dich hindern, ein gutes Leben zu führen, so bewundere ich Dich ihretwegen nicht wenig. Mit Deiner Fähigkeit zur Schrift bist Du mir überlegen. Hier spüre ich Deine Intensität. Zwar möchte ich nicht, daß mein Sohn so schreibt, so schreiben muß, und doch können weder ich noch Du es verhindern. Warum bist Du nicht mehr wie ich? Ist das der vergebliche Wunsch jedes Vaters? In Dir spüre ich nur den Willen, auf keinen Fall so zu sein wie ich. Das kränkt. Je älter ich werde, desto mehr schmerzt Deine Verschlossenheit und Kälte. Wenn manchmal unbeobachtet Dein Blick mich trifft, weiß ich, daß Du meinen Tod wünschst. Nicht mehr soll ich sein, damit Du von meinem Anspruch befreit bist. Ich soll Dein Opfer werden. Nicht Abraham opferte Isaak, sondern Isaak Abraham. Die Umkehr des Opfers. Nicht mehr gilt die Klage der Väter über das Fehlen verläßlicher Erben, die ihr Leben und Werk fortführen und so ihnen Dauer verleihen. Heute klagen die Söhne, daß sie nicht die Väter haben, die ihre Lebenserwartungen erfüllen.

In Deine Klage mischt sich Kritik an meiner Art, Jude zu sein. Warum darf ich nicht sein, wie ich bin? Hast Du den gültigen Maßstab? Als Jude willst Du deutscher Schriftsteller, will ich tschechischer Geschäftsmann sein. Uns verbindet wenig. Mit der gesellschaftlichen Schicht ändert sich auch die Form des Judentums. So wichtig mir die Achtung vor Thora und Tradition, so weiß ich auch, wie viele Formen es gibt, Jude zu sein. In der Diaspora sichert nur die Befolgung der Riten, Sitten und Traditionen das Überleben, das immer von Auflösung bedroht ist.

Du schreibst von Deiner Angst, von den Versuchen, Dich zu verstecken, obwohl Du ja schon erwachsen warst. Bin ich ein Monster? Kannst Du nicht versuchen, Deiner Angst Herr zu werden, anstatt mir sie anzulasten? Mißerfolge über Mißerfolge. Wovor fürchtest Du Dich? Vor mir, der Ehe, der Laufbahn des Beamten - vor allen Anforderungen des Lebens? Manchmal, glaube ich, brauchst Du die Furcht, um intensiv Dich zu spüren. Bloß keine Sicherheit und keine Geborgenheit. Du fliehst, maskierst Dich vor mir, Dir und anderen. Ein verlorener Sohn, für den es auch dann keine Rettung gäbe, wenn der Vater ihn aufnähme. Du möchtest nicht aufgenommen werden, Du ziehst es vor, verloren zu sein und den Vater dafür zu beschimpfen. Wir sind verloren, wir müssen es sein und diese Not aushalten. Einerseits fürchtest Du diesen Schmerz und möchtest Dich befreien. Andererseits hält Dich der Abgrund mit seiner Verwirrung und seiner Beklemmung. Intensität, die Du nicht missen möchtest. So richtest Du Dich in der Angst ein, die Katastrophen ankündigt, und darin Dich vor dem Schlimmsten bewahrt.

Obwohl mir die Bilder und Gefühle, die Du, einem Magier vergleichbar, beschwörst, fremd sind, habe ich eine Ahnung von ihnen aus den Erfahrungen meiner Kindheit. Die Welt darf nicht so sein, wie Du sie beschreibst. Auch für Dein Leben wäre es besser, nicht nur ihren Schrecken zu ersinnen.

Du widersprichst mir, weist darauf hin, wie gerne Du ohne Scheu, Mißtrauen und Angst leben möchtest? Täglich erfolglose Versuche. Einen Halt suchst Du, um Dich aus dem Morast zu ziehen. Ich sei dieser Halt nicht gewesen und hätte Dir die ersehnte Hilfe entzogen. Auch Beruf, Judentum, Bildung seien vergebliche Versuche, dem Unglück zu entgehen. Oft hast Du Selbsttötung erwogen. Doch bisher war es nur Selbstzerstörung. Du hast sie in vielen Formen entwickelt: Schwindsucht, Tuberkulose, Herzbeschwerden. Ich wollte auf keinen Fall ihr erliegen und die Erfahrung machen, daß alles vergeblich, daß kein Schutz gegen Sturz, Schwindel, Auflösung und Verschwinden möglich.

Mich bewahrten Mutter, Familie und Arbeit vor Taumel und Schwinden, manchmal auch die kleinen Riten des Alltags. So aß ich gern; um mich mit der Fülle der Speisen gegen die Leere des Inneren zu schützen. Du hingegen mäkeltest oft. Meine Lust schien Deinen Widerwillen und Ekel zu erhöhen. Mir half die Mutter, wenn sie mir Schwäche nachsah und Stärke erlaubte. Dich, ihren einzigen (überlebenden) Sohn, hat sie wie keinen verwöhnt. Doch auch sie konnte Dir nicht den ersehnten Schutz geben. Oder doch? Wo wärest Du ohne sie, die Dich bei der Hand nahm, wenn Du Dich verirrtest. Vielleicht gönnst Du Mutter und mir nicht unser Glück? Wenn Du es beschwörst, spricht ein Moralist, der Aggression hinter Zustimmung verbirgt.

Warum kam es zu diesem Bündnis zwischen Ottla und Dir? War sie Dir ein sicherer Punkt? War es ihr Nein, das es Dir ermöglichte, auch dort nein zu sagen, wo Du vielleicht lieber zugestimmt hättest? Wirklich bejaht hast Du nur Dein Schreiben, nicht andere Menschen, nicht Freunde, nicht Ottla, nicht Deine Frauen. Immer wieder sah ich Dich Annäherungen versuchen, für deren Gelingen die bindende Kraft fehlte. Du wolltest nicht werden wie ich, auch wenn Du die Formen meines Lebens ersehntest. Zu stark war Dein Zweifel an mir. Warum ließest Du mich nicht, wie ich mich bemühte, Dich zu lassen? Oder versuchtest Du es und gelang es Dir ebensowenig wie mir? Wir können einander nicht lieben, ohne uns ineinander zu verstricken. Ohne die Übernahme von Schuld gibt es keinen Weg aus der Verirrung. Du ahnst nicht, wie schwer es ist, der verhaltenen Kälte des eigenen Sohns zu begegnen. Sie zerstört die Hoffnung auf einen Sinn im Gewesenen. Sie zeigt mir den Schmerz, den Du Dir zufügst. Mit meiner Ablehnung zerstörst Du Kräfte, die Dir vielleicht die ersehnte Bindung und Beständigkeit gäben. Ohne Frieden mit mir wirst Du den Riß in Dir nicht überwinden und keinen Weg zu anderen beginnen.

Deinen Körper findest Du nur über den Körper des Vaters. Deine Sinnlichkeit erzeugt sich nur über mein Begehren. Stattdessen ordnest Du mir zu, was Du Dir entziehst, entwirfst mich, als gäbe es nicht den Verfall meines Leibes, nicht seine Hinfälligkeit und sein Verschwinden. Dich erlebst Du als körperliches Debakel, entkräftet und schwach, gehemmt und voll Scham. So kann Dein Leben nicht gelingen. Die Zukunft ist Dein, mir gehört das Vergangene. Übermächtig war ich für Dich als Kind, wenn ich Dich aus dem Bett auf die Pawlatsche trug und Dich dort allein vor der geschlossenen Tür ein Weilchen im Hemd stehen ließ. Doch bald wird die schwindende Zeit mich vernichten. Ich bin nicht der, den Du siehst. Versuch mich anders zu begreifen. Es könnte Dir helfen, mehr Dich zu mögen: Der Ekel vor meinem Begehren trifft härter Dich als mich. Mach Dich nicht zum Opfer, mich nicht zum Täter. Aus einer solchen

Falle gäbe es kein Entrinnen. Meine Sinnlichkeit ist nicht ohne Risse und Brüche. Sie eröffnen Raum für die Entfaltung Deines Begehrens. Vielfalt und Differenz sind mehr als Einfalt und Gleichheit. Jeder finde sein eigenes Begehren, sein eigenes Versagen.

Du bist für die Erfüllung Deines Begehrens zuständig, Du mußt mit dem, was Du hast, was Du bist, leben. Mißgunst und Neid versperren Dir Wege. Selbst wenn es keine Hilfe gäbe, müßtest Du damit leben. Dir hilft es nicht, wenn Du mir Unmittelbarkeit und Stärke neidest. Im wesentlichen waren Mutter und ich einig. Hier lag der Grund unseres Glücks. Was Dir fehlt und was Du begehrst, ahne ich. Dein Unglück nimmt mir die Rede. Hilflosigkeit in mir und in Dir. Du mußt eine Lösung finden. Nichts schlimmer als endloses Leid; das lähmt und nimmt jede Perspektive.

Dir wie mir erscheint die Gründung einer Familie als Ausweg. Allerdings bezweifele ich die Wahl Deiner Gefährtin. Das Ergebnis entscheidet, ob Dir ein Ausweg gelingt, oder ob Du noch mehr Dich verrennst. Julie Wohryzek ist nicht aus unseren gesellschaftlichen Kreisen. Ich spreche aus, was Du weißt, selbst wenn sich im Mittelpunkt Deiner Gedanken andere Überlegungen finden. Denkst Du an die Ansprüche gemeinsamer Nächte, Deine Krankheit, Dein literarisches Schaffen? Fürchtest Du, Sehnsüchte nicht zu erfüllen. Neben den Wünschen nach gemeinsamem Leben quält Dich das Verlangen nach asketischer Strenge. Bisher hast wiederholt Du Dich für das einsame Leben entschieden. Was zählen die Gründe? Du wählst Dir vertraute Formen des Lebens. Mutter und ich müssen das billigen, auch wenn wir das Opfer Deines asketischen Lebens werden.

Oft habe ich mir die Frage nach unserem Verhältnis gestellt, ohne sie beantworten zu können. Warum schreiben wir Briefe, anstatt miteinander zu reden? Du fürchtest mich noch, und in Furcht ist ein Gespräch über so schwierige Dinge nicht möglich. Die Schwierigkeit liegt nicht darin, zu erkennen, wie ich bin oder Du bist, sondern darin, welche Bilder wir voneinander entwickeln und wie wir uns in ihnen bewegen. Viele innere Bilder machen wir uns, andere entstehen ohne unseren Willen. Wir bemerken nicht einmal ihr Entstehen. In Briefen sprechen wir nicht, Franz mit Hermann, Hermann mit Franz, sondern entwerfen Sätze von, über- und füreinander. Wir schaffen uns eine Bühne, auf der wir erscheinen, ohne spielen zu müssen. Was wir uns schreiben, soll gelten, selbst wenn wir uns nur als Schemen in dem Gesagten befinden. Wenn wir schreiben, lesen wir uns, doch hören uns nicht. Vielleicht suchst Du gar nicht mein Ohr, sondern nur Deine verborgenen Bilder und Sätze. Wäre es Dir um Dich und mich gegangen, hätten wir sprechen und einander hören müssen. Uns fehlt ein Gespräch, in dem das Hören Ziel ist. Hören ist rückbezüglich; es folgt dem Sprechenden, der sich im Reden selbst vernimmt. So bilden wir neue Gedanken und nehmen den Anderen mit seinen Gedanken, seiner Stimme und ihrem Ausdruck in uns auf. Wenn wir einander hören, sind wir miteinander, wenn wir einander lesen, folgen wir den geschriebenen Gedanken und Bildern. Wir müssen sprechen und hören, um uns zu berühren.

Du wirst diesen Brief nie zu Gesicht bekommen. So wie ich Deinen nicht erhalten habe und nie etwas von ihm wußte. Du bist nicht mehr auf dieser Welt, wenn ich Dir diese Antwort schreibe. Dein Brief wird für spätere Zeiten ein Zeugnis Deiner bleiben. Meine Antwort ist nur ein Stammeln aus der Sprachlosigkeit meines Lebens. Die Zeit trennt Väter und Söhne und reißt uns auseinander. Brücken, über die man sich retten könte, zeigen sich nur in Märchen. Außerhalb ihrer gibt es nur unüberschreitbare Klüfte. Ursprung der Dinge ist das apeiron; daraus entstehen sie und darin vergehen sie mit Notwendigkeit; denn sie leisten einander Buße vor dem Unrecht der Zeit.

Heinrich Ost

Lieber Franz,

atemlos sah ich Dich schreiben, niedergebückt unter der Lampe heute Nacht. Was mochtest Du zu sagen gehabt haben, - und mir? Denn das wußte ich klar: Der Adressat Deines Schreibens war ich. Da riß das Traumbild ab, und ich erwachte. Noch pocht eine Stunde danach heute morgen das Entsetzen in mir, wenn ich das Ungeheuerliche mir vorzustellen versuche, Du habest Gerichtstag gehalten in dieser Nacht und hießest den Tag ihn vollstrecken, den Spruch, falls Du Dich bis zu ihm habest durchringen können. Ich traue es Dir zu, mein geliebter, hundertmal verschlagener Sohn, der verklagt, woher es ihn gibt: Das Leben, von dem Du weißt, Du hast es von mir. Oder wird es noch weitere Nächte geben mit ihren Winkelzügen, Unterstellungen und liebreichen Anreden, auf welche - das muß ich Dir, der Du mich an Tüchtigkeit, wie Du oft zugegeben hast, nicht erreichst, lassen - Du Dich so gut wie kaum einer sonst von diesen Advokatenschlingeln, in deren Umkreis Du Dir Dein Brot verdienst, verstehst. Längelang dehne ich eben meinen Körper in hilfloser Streckung auf meinem Bett. Aber nun richte ich mich, stelle ich mich auf, zuerst den rechten Fuß platt auf den Bettvorleger, dann den linken. Diesen Morgen weiß ich auf meiner Seite. Ich will mit Dir kämpfen. Ich werde Dir zuvorkommen müssen. Denn gesetzt, er sei wahr, der Traum, und der beladene Brief bereits an mich unterwegs, wie sollte ich dann noch imstande sein, Deine Vorhaltungen Punkt für Punkt zu entkräften oder Dir recht zu geben und den Schuldspruch gelten zu lassen. Ich will mich vor Dir bekennen als der, der ich bin, und nicht als der von Dir in vermessener Willkür Erfundene, den Du mit Deinen zugespitzten Argumenten wie mit Messern bewirfst. Franz, bleiben wir fair, wie wir in meiner Welt sagen. Mache jeder seine Rechnung mit sich und nicht gegen den anderen auf. Daran zweifle ich nicht, daß auch Du mir zugestehst, ich (D.V.) habe ein eigenes Recht auf Glück, zumal auch gegen Dich, was immer Du magst unter mir zu leiden gehabt haben. Und ich hätte nicht gelitten um Dich, meinen vielgeliebten Sohn? Rasch fühlte ich zwar heute morgen das Traumbild entschwinden, aber noch habe ich genug Kraft, es aufzunehmen mit Deiner angenehmen, geschmeidigen, in Wirklichkeit kalten, dünnen Stimme, die Du nicht aus meiner Linie hast. Vielleicht bist Du auch ganz und gar ahnungslos und mir nichts als wohlgesonnen, aber wie lange noch? Wann wird sich Deine Ungeduld mit der Welt, die ich an Dir schon, als Du noch ein Kind warst, bemerkt habe, auf das härteste, undurchdringlichste Gegenüber, das es für Dich in Deinem armen Leben geben kann, quälerisch verengen? Nein, mein Früchtchen, wie oft habe ich mit dieser Anrede zu scherzen versucht, und wie oft, wenn auch nicht immer, hast Du es auch so verstanden, und wir haben gelacht, dahin lasse ich es nicht kommen. Kein Wort der Widerrede! Erinnerst Du Dich? Das war ernst. Das gilt noch immer. Vergiß aber, Franz, darüber nicht Deinen alliebenden Vater, der Dir wohlwill alle Tage Deines Lebens. Du meinst, ich spotte des Gottes? Du irrst. Ich komme noch darauf, später, zurück, wenn ich ein paar nicht so wichtige Sachen gegen Dich losgemacht habe wie Kettenhunde, die der Bauer vom Draht läßt. Ich weiß, Tiervergleiche liebst Du nicht. Du hast mir deswegen oft Vorwürfe gemacht. Aber wie hältst denn Du es damit? Wimmeln in Deinen Geschichten nicht Käfer und Affen? Du findest mich unverschämt? Nun, so bedenke, was mir vor zwei Jahren mit Deiner gedruckten Geschichte - hieß sie nicht Die Hinrichtung? - widerfuhr. Damals habe ich geschwiegen. Aber heute, da Du mich womöglich unter dem Vorwand der Versöhnung bedrohst, weise ich Dich hin auf jene unsägliche Stelle, wo Du den Schlafrock des Vaters in tückisch veranstalteter unwillkürlicher Bewegung sich öffnen läßt. Das kannst Du nicht ungeschehen machen. Das hast Du zugelassen, das liegt auf Dir und weiche nicht von Dir, solange Du atmest. Ich bin ganz benommen, verzeih. - Deine Geschichte hat dann dieser Infamie das einzige gerechte Urteil gesprochen. Da hängt er, dieser Georg Bendemann, hängt am Brückengeländer, so wie Du von mir abhängst, und läßt sich in die Tiefe fallen unter der Übermacht seiner Schuld. Was dies also angeht, so stehen unsere Rechnungen glatt. Richtig, ich bin ein Kaufmann, ein vermaledeiter, das hast Du mir auch vorgeworfen, zumindest hörte ich es aus Deinen Worten heraus, ja, ich habe meine Tüchtigkeit und meine Erfolge teuer erkauft. Aber bist nicht auch Du - wie Deine Geschwister - Nutznießer dieses Opfers gewesen? Du hast es Dir gefallen lassen und gutgehn und hast mit Deinen Genossen fröhlich studiert. Und jetzt betreibst Du in Deiner Assekuranz, und das nicht zu Deinem Schaden, wie es sich für meinen Sohn zu verstehen hat, das Geschäft mit der Angst. Auch Ottla hast Du versucht zu Dir herüberzuziehen. Aber da verrechnest Du Dich. Du meinst vielleicht, aus der Liebe das Haben ableiten zu können. Ich, D.V., ich leite aus dem Recht, das ich jedermann, auch meinen Kindern zugestehe, das freie Gedeihen ab. Jedes meiner Kinder soll etwas aus sich machen dürfen und sich nicht, und schon gar nicht von einer undurchsichtigen Studiertenseele, darin beirren lassen müssen. Ich bin sicher, mein Sohn, Du siehst ein, auch ein Vater hat ein Recht sich zu schützen vor seiner vernichtenden Brut. Nein! So stelle ich mir die Versöhnung nicht vor, die Du mir in dem von mir nicht ohne Grund an die hellichte Wand gemalten Brief antragen würdest. Ganz ohne Deine Fähigkeit zur Sprache (Deine Muttersprache ist das Deutsche), hole ich aus. Meine Keule, mit der ich Dich treffe, ist kein dünkelhaftes Geschwätz, wie es Deine Freunde und Dich amüsiert, sie ist, ich kann es Dir bei aller Zuneigung, die ich für Dich empfinde, nicht ersparen, die gefährliche Wahrheit. Damit es nicht für Dich eine tödliche wird, spreche ich sie jetzt aus, rechtzeitig, bevor sich Deine verstörte Schlauheit an weltblinden Mitteln vergreift. Nun, wo bleibt denn das Licht des Tages und die erfüllte Tätigkeit, die auch anderen nützt, wenn Du Dich in Dein Innen zu Deinen Dämonen verkriechst und in Deinen, das erkenne ich wohl, makellosen deutschen Sätzen den Menschen mit ihnen drohst? Lieber Franz, das sage ich Dir, Du tust unrecht, und das wie mir scheint - unfehlbar bin ja auch ich nicht - mit dem besten Gewissen von der Welt, das sich auf sein Elend, mehr als reell ist, zugute hält. Mit dem besten Gewissen von jener Welt, in der Du Dich auskennst. In verkapptem Hochmut, in gespielter Demut beziehst Du von da gegen mich Dein vermeintliches Recht. Und noch einmal erwachen jetzt die Geister in mir, gegen das, was, wie ich mir vorstelle, Du geschrieben hast, mit der Feder gekratzt, wie rasend unter der Lampe, wie ich Dich sah traumhaft hell, halb Verzweiflung, halb Übermut und voll innig angefeuertem verwildertem Haß gegen mich, Deinen Vater, der Dich mehr liebt, als Du ahnst. Mein Sohn, mein Bürschchen, mein mir allzuschnell erwachsen gewordenes Kind, o täusche Dich nicht, die Fallstricke sind ausgelegt, so leicht rebelliert es sich nicht gegen seinen Vater, den Allerhöchsten, wie Du ihn möglicherweise heimlich benennst, im Glauben, mir damit etwas antun zu können, und so komme ich jetzt, gegen Schluß zu dem ungeheuerlichsten Vorwurf, auf den ich von Dir gefaßt bin, ich hätte Dir den Gott der Juden verstellt, Verrat durch Anpassung begangen, das Tempelgehen reine Formsache, Übereinstimmung muß sein, wenn das Geschäft blühen soll. Ja, richtig, es muß blühen, das Geschäft, und kein Gott hat etwas dagegen. Du aber, in Deiner verblendeten Inbrunst, hast Dich hinter meinem Rücken mit dem von Dir und Deinesgleichen wiedererweckten Gott der Juden verbündet, Du hast, lieber Franz, über all Deinem Eifern nicht bemerkt, unser Gott ist ein Gott der Geschichte geworden und ist nicht mehr ein Gott der Erfahrung. Und so besteht eben darin die durch nichts zu entschuldigende Blasphemie, daß Du es besser zu wissen glaubst. Dein Beharren ist töricht. Wir haben mit Gott unseren Frieden gemacht, den Frieden der Tüchtigen, Gott Wohlgefälligen mit der Geschichte, der es ermöglicht, daß wir Juden endlich als Menschen gelten und dazugehören. Und das, mein Sohn, sabotierst Du und verlängerst das Leiden Israels. Ich komme zum Schluß: Angenommen, Du habest in der Nacht unter der Lampe Deinen Brief wirklich geschrieben, so wie ich jetzt aus Vorsicht den meinen traumgebannt vorweg. Was wäre damit gewonnen? Deine Beschuldigungen, meine Beschuldigungen. Einigen wir uns darauf, daß wir es uns beide leichter gemacht haben mit dem, was wir anders nicht mehr ertragen konnten. Aber verschonen wir einander mit der todbringenden Wahrheit. Obwohl ich weiß, Du wirst weiter mit Deinen Geschichten die Menschheit erschrecken. Mithin lege ich diesen Brief beiseite und verberge ihn in meiner heimlichsten Lade, aus Vorsicht, aber bereit zum freundlichen Gespräch unter Ebenbürtigen, wo immer wir einander begegnen.

D.V.

Hartmut von Hentig

„Die leichte Möglichkeit des Briefeschreibens muß - bloß theoretisch gesehen - eine schreckliche Zerrüttung der Seelen in die Welt gebracht haben. Es ist ja ein Verkehr mit Gespenstern, und zwar nicht nur mit dem Gespenst des Adressaten, sondern auch mit dem eigenen Gespenst, das sich einem unter der Hand in dem Brief, den man schreibt, entwickelt und gar in einer Folge von Briefen, wo ein Brief den anderen erhärtet und sich auf ihn als Zeugen berufen kann ..."

(Brief an Milena, Ende März 1922)

Die eine Antwort auf den Brief von Franz Kafka kann nur der Vater selbst geben. Alle anderen Briefschreiber, die eine mögliche Antwort an des Vaters Stelle erfinden, müssen auch dessen Absicht erfinden: Will er sich rechtfertigen? Will er dem Sohn helfen? Will er richten, es ihm gar „heimzahlen"? Will er sich selbst in Zucht nehmen und zu sagen versuchen, was ein vernünftiger Mensch zu sagen hätte, selbst wenn er ein solcher zu sein nicht in der Lage ist? Und so fort, denn es sind dies nur die offenkundigsten Möglichkeiten.

Die erste der genannten kommt für mich oder für diesmal nicht in Frage, denn ich bin kein Germanist, kein Kafka-Kenner und will meine Zeit nicht mit Nachforschungen über diesen und seinen Vater verbringen; ja, ich habe mir streng vorgenommen, keine Zeile - kein Vorwort, kein Nachwort, keinen Essay, keinen Lexikonartikel - über unseren Brief, seinen Autor, seine Geschichte, seine „Rezeption" durch wen auch immer zu lesen, sondern ausschließlich auf seinen Wortlaut zu reagieren. Aber zwischen der zweiten Reaktion, der des Pädagogen, als der ich wohl gebeten worden bin, mich an diesem Buch zu beteiligen, der dritten, die man als die eines Richters über das - mit oder gegen Kafkas Absicht - publizierte und berühmt gewordene Werk bezeichnen kann, und der vierten, eines wandlungsfähigen, durch den Text gewandelten, sich pädagogischer Anwandlungen enthaltenden Mannes vermochte ich mich nicht zu entscheiden. Ich habe also alle drei Briefe geschrieben. Ganz sauber waren meine Vater-Reaktionen auf diese drei nicht zu verteilen. Aber anders als der wirkliche Vater, der wie der Sohn sich Wiederholungen und Widerspruch hätte leisten können, fühlte ich mich zu Eindeutigkeit verpflichtet und an die vorgegebene Umfangsbegrenzung gebunden.

Daß mir die Rolle des um Verstehen Bemühten lieber ist als die des Helfers, der die verletzende Wahrheit unterdrückt und sich um Ermutigung und Versöhnung bemüht, oder die des Kritikers, der gleichsam alle Wahrheit nachträgt, die der Therapeut seinem Patienten verbirgt, der nur schreibt, was einer ebenfalls kritischen Öffentlichkeit standhält, und der alles schreibt, was diese interessieren könnte, - dies beides macht, daß der letzte Brief dem am nächsten kommt, was ich selber gerne geschrieben hätte, wäre ich der angeklagte Vater dieses schwierigen Sohnes.

I. Ein Versuch zu helfen

Lieber Sohn.

Diesen Brief brauchte ich nun eigentlich nicht mehr zu schreiben. Der Deine hat seine Wirkung getan - in Dir selbst und auf mich. Du bist frei; Du hast den Ballast einer jahrzehntelangen Qual benannt und gebannt; Du durchschaust meine bewußten und unbewußten Schwächen, meine Anmaßungen, meine auf zugleich lächerliche und tragische Weise klassische Vaterrolle, aber auch Deine eigenen Fehler; Du setzt Deine Unterlegenheit überlegen in die Analyse unseres falschen Verhältnisses ein. Das ist das eine. Du hast mich erreicht, mich bewegt, mich paradoxerweise zu dem gemacht, was ich immer mit Selbstverständlichkeit zu sein glaubte: zum Vater. Oder vorsichtiger: Nun könnte ich aus dem Alptraum-Vater wieder ein Vater werden, der diesen Namen verdient. Das ist das andere.

Ich sage, ich „könnte" - nämlich wenn Du es willst. Keinesfalls möchte ich Dich auf dem Weg Deiner Befreiung beirren oder Dich aufhalten, vor allem nicht dadurch, daß ich mich erschrocken, zerknirscht, reuig zeige - und Dich auch damit noch erdrücke. Vermutlich könntest Du mir eine solche Reaktion gar nicht glauben, müßtest in ihr einen tückischen Versuch sehen, Dich erneut zu unterwerfen. Aber auch das Gegenteil wäre nicht gut: Dich erleichtert („Na endlich!") oder gleichgültig („Nun denn!") ziehen zu lassen.

Dein Brief hat etwas in mir ausgelöst, was wir beide bisher nicht erwartet haben: eine ernste Nachdenklichkeit. Ihr vor allem gilt dieser Brief; ihr komme ich am besten, wie Du, schreibend nach; ihr schenke Deine Aufmerksamkeit und prüfe, ob Du ihr auch Vertrauen schenken kannst.

Ich habe anfangs - im dritten Satz - unser Verhältnis „falsch" genannt. Ist es das wirklich? Ist es nicht vielmehr normal? - eine normale Spannung zwischen Vater und Sohn, die zum Haushalt der Natur gehört: Härtung durch Konkurrenz, Befreiung durch Abstoßung, Vorbild durch Widerstand, Förderung durch Forderung? Und ist die gewaltige Anstrengung, zu der es Dich getrieben hat, nicht selber Beweis seiner steigernden Kraft?

Du wirst das leugnen, die Schädigungen aufführen, die Dir aus diesem Verhältnis entstanden sind, hast das ja schon auf vielen vielen Seiten getan. Und hast insofern recht: Was so quälend ist, kann nicht normal oder natürlich sein. Auf der

Suche nach dem, was Deine Not mit mir soviel größer gemacht hat als die anderer Söhne mit ihren Vätern, stoße ich in Deinem Brief auf zwei Denkfiguren, die Du selber in dieser Funktion gar nicht erkennen kannst. Dein besonderes Unglück besteht nicht in dem, was wir einander antun und vorwerfen, sondern darin, daß Du meine Irrtümer so ernst nimmst, so bohrend bedenkst. Diese Tatsache wird durch Deine Wahrnehmung verschlimmert, daß ich unschuldig schuldig bin. Beide ergeben zusammen eine Falle. „Ernstgenommen" schmerzt meine Verkennung Deiner Person (Du seiest kalt, fremd, undankbar; s.S.246); „nicht ernstgenommen" wird daraus das Ärgernis der unschuldigen Schuld, die unerträglich ist, weil man sie nicht bekämpfen und abtun kann.

Damit dieser ärgste Stachel durch diesen meinen Brief nicht noch tiefer hineingetrieben wird - wie Du jetzt meinen könntest -, weil wir dem Bannkreis der Wahrheit nicht folgenlos entrinnen, in den Du uns gezogen hast, will ich Dir einige meiner Gedanken - Einsichten und Eingeständnisse - preisgeben, zu denen Dein Brief mich gebracht hat:

- Es waltet wohl tatsächlich eine Rivalität zwischen uns, zwischen zwei Lebensprinzipien. Geben wir uns zu, daß sie nicht miteinander vereinbar sind. Räumen wir einander das Recht ein, jeder so zu sein, wie er ist. Vielleicht gelingt es sogar, Freude an der Verschiedenheit zu empfinden. Es muß nicht alles dem moralischen Urteil unterworfen werden. Es genügt, wenn etwas „gefällt" oder „interessiert" oder „erstaunt" oder „erheitert" - es muß nicht alles „gut" oder „löblich" oder „förderlich" sein, um mit ihm auszukommen.

- In dieser Rivalität habe ich wohl tatsächlich ein Mittel verwendet, das ihren Ausgang von vornherein entschied: Ich habe Dir die Schuld zugeschoben für das Mißlungene, Krankhafte unserer Beziehung. Mit Deinem Brief, in dem Du dies bloßlegst, hast Du aufgeholt: Nun vermag ich Deiner Schuldzuweisung nicht zu entrinnen, und damit hast Du getan, was Du mir vorwirfst. Laß uns erkennen, wie menschlich das ist!

- Dem anderen Selbständigkeit zu gewähren fällt schwer, wenn man zugleich so stolz ist auf das, was man für sich und die anderen geleistet hat (s.S.262). Durch Deinen Brief erkenne ich, wie ich diesen natürlichen Stolz durch „herrisches Temperament", „Beschimpfung", „Drohen" und am schlimmsten wohl durch „Ironie" verdorben, unleidig gemacht habe. Man kann stolz sein ohne jene falschen Gebaren. Der Verzicht auf sie fällt freilich leichter, wenn der andere dem Stolz gelegentlich zustimmt. Kannst Du mir das „Rühmen" ein wenig lassen, wenn ich Dir die „Demütigung" (s.S.263f) erspare?

- Geleistetes und Nichtgeleistetes haben auch mein Verhältnis zum Judentum verzerrt. Die Wahrnehmung, daß ich mit meinem Judentum schlecht umgegangen bin, hätte mich auch weiterhin nicht bekümmert. Nun, da ich aus Deinem Brief ersehe, daß ich es doppelt verkannt habe - als mein Schicksal und, mehr noch, als Deines -, beunruhigt mich das Thema. Ich will fortan genau hinhören, wenn ein Zeichen von Dir kommt, genau lesen, was Du über diesen Gegenstand schreibst. In einem Punkt kann ich beruhigt sein: Du wirst mir nicht vorwerfen, ich habe, wie andere Väter das im Judentum tun, meinen Sohn dem jüdischen Gott geopfert. - Ich bin bereit zu dem Gespräch, mein Alter erlaubt es mir. Aber es sollte nicht in erster Linie Deiner „Emanzipation" dienen wollen, sondern dem, was unser gemeinsames Schicksal ist.

- Schlimm, daß ich unbeherrscht herrisch, anmaßend, im Ursinne des Wortes häßlich zu Mitarbeitern und Untergebenen gewesen bin; schlimmer, daß Du's gesehen hast und mir vorhalten mußt. Die Leute sind so etwas gewöhnt. Ein klein wenig gehört es zu ihrer Lebenssicherheit, daß sie zwar die schwächeren und erfolgloseren, aber doch die besseren Menschen sind - gemessen an einem wie ich. Dich hat es der wichtigsten Lebenssicherheit beraubt. Hilf Du mir, indem Du künftig tapfer auf die Seite der Beleidigten trittst und sagst: „Frau X, machen Sie sich nichts daraus. Mein Vater ist auf Ihre Tüchtigkeit und Treue angewiesen. Morgen wird er Abbitte leisten." Ich verspreche Dir, daß ich es auch tue.

- Das Geleistete, meist (wie Du herausgespürt hast) ungern Geleistete, das sich im Stolz, in der Rivalität und in der Herrschsucht geltend macht, hat auch das schwierigste Problem in unserer Beziehung verursacht, ein ungleich schwierigeres als das, welches sich am Judentum oder an Deiner Berufswahl entzündet hat: meine verständnislose Haltung zu Deinen Heiratsversuchen. Ich habe Dir - das lese ich jetzt deutlich hinter dem, was Du auf den Seiten 287 bis 291 schreibst - in der Tat nicht zugetraut, das zu leisten, was eine Ehe fordert. Ehe heißt Erwachsensein, und Erwachsensein heißt Übernahme aller, nun auch der härtesten bürgerlichen Pflichten: Man muß Frau und Kinder, die unsere Gesellschaft durch die Institutionen Ehe und Familie in die Abhängigkeit vom Manne stellt, verläßlich ernähren, behausen, schützen, die Ehefrau beteiligen, die Kinder erziehen können. Genügten meine eigenen Leistungen schon meinem Anspruch nicht, wie konnte ich hoffen, daß Du damit zurechtkommst - ohne „ordentlichen" Beruf und ohne erkennbare Erfahrung mit den Frauen, aber getrieben von der ja nicht erst in Deinem Brief gezeigten Vorstellung, die Ehe sei Deine letzte Rettung vor mir, vor der Verfallenheit an Deinen Unterdrücker, vor der eigenen Lebensschwäche. - Das kann und darf sie nicht sein. So, vor allem, darf man sie nicht beginnen. Ein Vater soll die Freunde und Freundinnen seines Sohnes achten. Er sollte dessen Wahl der Menschen, mit denen er sein Leben teilen will, achten. Er sollte dessen Gefühle, vor allem das größte und irrationalste, die Liebe, achten. Ich habe das offensichtlich nicht getan, weil ich - wie Du mich in der erdachten Antwort am Ende Deines Briefes schreiben läßt - Dich für „lebensuntüchtig" hielt oder - wie ich selber sagen möchte - weil ich Dir nicht zutraute, die Folgen zu schultern. Sexuelle Bedürfnisse allein, das war in meiner Intervention eingeschlossen, legitimieren diese strenge Bindung nicht; die kann man anders befriedigen - ein „väterlicher" Rat, wie man ihn in unseren Kreisen und in unserer Zeit gibt. Er ist zugegeben weder edel noch weise, aber er wollte Dich und die Liebe nicht in den „Schmutz" stoßen (s.S.286).

- Ich hoffe also, daß ich keinem dritten Heiratsversuch im Wege stehe - weder einer Vernunftheirat noch einer Liebesheirat. Das „Größte", was man erreichen kann, ist die Ehe jedoch nicht - nicht absolut, nicht für (s.S.289ff) jedermann, nicht in jeder Zeit. Wenn Du nicht heiratest, kannst Du Dir vielleicht andere Gipfel wählen. Von alledem nehme ich meine offenbar erdrückenden Erwartungen.

- Entschieden widerspreche ich jedoch Deiner Vorstellung davon, was einen guten Ehemann und Vater ausmacht (s.S.292). Du vergißt dabei, daß eine Ehe von zwei Personen geschlossen wird, die sich in ihren Stärken brauchen und durch dieses Brauchen potenzieren - und die ihre Schwächen ausgleichen, einander abnehmen. Und später beteiligen sich hieran die Kinder!

- Einen Erwachsenen, das hätte ich mir sagen sollen, kann man nicht bevormunden, ohne seine Tüchtigkeit noch weiter zu mindern. Ich hätte Dich anders erziehen sollen - zu Selbstvertrauen und Selbstverantwortung. Das habe ich versäumt.

- Man sollte vor allem nicht mehr Stärke zeigen, als der andere ertragen kann („Nur eben als Vater warst Du zu stark für mich"; s.S.247); die Stärke des einen darf nicht zur Schwäche des anderen werden, gar zu „Schuldbewußtsein" und Verlust der Selbstachtung führen (s.S.272). Ich merke nun freilich beim Lesen Deines Briefes auch, daß, die Stärke aus pädagogischen Gründen „väterlich" zu verbergen, so falsch wäre, wie es falsch ist, sie aus pädagogischen Gründen hervorzukehren, vor allem dann, wenn der Sohn das Verhältnis zum Vater so „bohrend bedenkt".

- Auch der Vater wächst am Sohne. Ich lerne jetzt - sehr spät und darum schmerzlich - die Notwendigkeit loszulassen und dieses Loslassen nicht zu einem Wegstoßen geraten zu lassen. Daß Dir die „innere Ablösung" als nicht beendbar erscheint (s.S.272), zeigt, daß Du Dich zu einem Bundesgenossen meiner Versäumnisse machst. Nein, sie ist beendbar, und sie ist es vor allem, nachdem man sie einmal gründlich bejaht hat.

- Es bewegt mich, von Deiner Überzeugung zu lesen, Du wärst „wahrscheinlich auch sonst ein menschenscheuer, ängstlicher Mensch geworden" (s.S.272). Der Grund, den Du dazu in mir gefunden hast, sollte, seit Du diesen Brief geschrieben hast, außer Kraft gesetzt sein. Du hast den Zwingherrn Deiner Seele damit erschlagen. Es war ein Götzenbild, und Götzen sind bei uns Juden mehr als ein Spuk, sonst hätte unser Gott nicht so gegen sie geeifert.

- Den einen hast Du erschlagen. Aber nur den einen. Welches sind die anderen? Welche Briefe mußt Du noch schreiben, um frei und stark zu werden? Geht es mit Briefen allein? Es ist Dir da etwas noch schwer zu sagen. Ja, rätselvoll schreibst Du, daß Du auch später einiges werdest verschweigen müssen (s.S.272). Ich habe nicht viel Phantasie, aber genug, um mir hierbei Schlimmes vorzustellen. Mir ist bange um Dich. Denn schmerzlos - davon spricht Dein Brief auf jeder Seite - ist die Selbstbefreiung nicht.

- Berührt hat mich Deine Selbstauffassung, die Selbsterkenntnis zu nennen ich mich scheue. Erkenntnis erhebt Anspruch auf Mitteilbarkeit. Das, was Du auf den Seiten 279 und 280 über Dich offenbarst, sind gewiß Mitteilungen, ja, ganz handfeste Beschreibungen Deiner schwächlichsten Eigenschaften und Verhaltensweisen. Aber diese Mitteilungen werden zum Mysterium, da sie doch Deinen Aufstand gegen mich begründen sollen. Weißt Du selber, warum Du Dir so groß und so klein zugleich erscheinst? - Darüber freilich sollten wir nicht miteinander reden. Das berede mit Dir selbst oder Deinem liebsten Freund.

Dein Brief wird vielen Söhnen helfen - und auch einigen Vätern -, nicht all das darin geschilderte Unglück zu vermeiden, wohl aber ehrlicher damit umzugehen. Ich werde Deine Bücher von nun an mit großer Aufmerksamkeit lesen. Sie gehen mich an, wie ich mit Bewunderung und Schaudern sehe: „mit Bewunderung" für Deine Eindringlichkeit, Deinen psychologischen Scharfsinn, die Genauigkeit Deiner Sprache; „mit Schaudern", weil mit diesen äußerst wirksamen Mitteln mir eine Schuld nachgewiesen wird. So ende ich mit dieser letzten Bitte: Glaube doch auch mir so etwas wie ein Gewissen - die Fähigkeit, mich schuldig zu fühlen, die Kraft, mich jener schlimmen Gewohnheit zu entringen, die Du mir zuschreibst: aus einer „zweifellosen Schuldlosigkeit einen ungerechten Vorwurf gegen andere zu drehen" (s.S.276).

Es umarmt Dich

Dein Vater

II. Ein Versuch zu urteilen

Lieber Sohn.

Ich bin kein Erzieher. - Dieser Satz will etwas anderes sagen als: Ich bin ein miserabler Erzieher oder ein Erzieher zum Falschen oder ein Erzieher nur für meinesgleichen, wie Du erkannt zu haben glaubst (s.S.253) und woraus alsbald eine Monstrosität wird (s.S.253). Dieser Satz sagt vielmehr: Ich bin eines pädagogischen Verhältnisses zu meinen Mitmenschen nicht fähig, zu Kindern nicht und vollends nicht zu Erwachsenen.

Daß Du so viel von meiner „Erziehung", meinen „Erziehungsmitteln" (s.S.249, 256, 261, 262, 263) sprichst und davon, daß Du meinen „Erziehungsmaßnahmen" nie ausgewichen seist (s.S.256), was die Existenz einer Erziehung zu beweisen scheint, gibt eine optische Täuschung wieder. Ich habe nicht erzogen, sondern befohlen, angeordnet, geherrscht. Kinder und ihre natürliche Barbarei haben mich gestört. Ich habe sie mir vom Leibe zu halten gesucht; ich habe - das ist eine Deiner vielen richtigen Beobachtungen - unter der Spontaneität der Kinder gelitten (s.S.259) und ihrer Unterwürfigkeit mißtraut.

Weil ich eine Vorstellung davon, womit ich Dir in Deinem Alter helfen könnte, nicht habe, kann ich meine Antwort darauf nicht ausrichten. Ich kann nur die Wahrheit sagen. Darüber, ob die Wahrheit schadet oder nützt, habe ich mir nie Gedanken gemacht. Die Wahrheit ist die Wahrheit, hat ihr Maß in sich. Nur selten bin ich im Zweifel, ob ich ihr oder einer Täuschung, einer Eitelkeit folge. Ja, die Eitelkeit, die sich „Pädagogik" nennt, glaube ich stets erkannt und mühelos gemieden zu haben: es fehlte mir jeglicher Sinn dafür.

Daß mein heutiger Brief die verunglückte Beziehung zwischen Dir und mir verschlechtern könne, habe ich nicht zu befürchten. Heilen wird er sie auch nicht. Vielleicht stärkt er Dich möglicherweise schon dadurch, daß ich ihn Dir zumute: Dir also die Wahrheit zu ertragen zutraue, eine andere Wahrheit jedenfalls als die, die Du zu erkennen meinst. Dazu ermutigt mich eine Einsicht, die ich Dir verdanke. Dein Brief enthält viele Gedanken und Beobachtungen, oft ganz widersprüchliche. Eine Figur zieht sich durch das Ganze, kommt beinahe auf jeder Seite vor: der Vorwurf, ich habe Dich nicht richtig gesehen, weshalb Du mir nun die Augen öffnen müssest. Das sollte, denke ich, umgekehrt auch für mich gelten dürfen.

Dein Brief an mich ist Literatur. Literatur enthält zwar Wahrheit, ist aber nicht die Wahrheit. Als Werk der Dichtung folgt Dein Brief einem Gestaltungsprinzip. Dieses kann man nach zehn Seiten selber fortschreiben. Du spielst die Erklärung Deines Leidens an meiner ungeheuerlichen Person nach einem dramaturgischem System durch. Das System ist das einer sanften Spirale. Nimm die Vergeblichkeit, bei Deiner Mutter Schutz zu finden (s.S.261).

Erste Windung: Ihre vernünftige Rede lieferte Dich mir stets wieder aus; Du mußtest nun weitermachen, konntest nicht ausbrechen aus meinem Bannkreis.

Zweite Windung: Ihr Schutz konnte Dir nur im Geheimen zuteil werden, wodurch Du als ein lichtscheuer Knabe, als Betrüger erschienst (was Du „natürlich" nicht warst) und in Schuldbewußtsein getaucht wurdest.

Dritte Windung: Aus beidem nahmst Du die Gewohnheit an, auch das zu suchen, worauf Du - Deiner eigenen Meinung nach - kein Recht hattest.

Vierte Windung: Und das steigerte wieder Dein Schuldbewußtsein.

Du läßt dabei hier - wie auch sonst - ein Wort fallen, das Dich von dem Odium der Bosheit reinwäscht, zum Beispiel eines der Bewunderung für meine vielen Talente (s.S.264), eine Versicherung des Respekts, der in dem Spaß lag, den Du an meinen Späßen hattest (s.S.260f), die Behauptung, Du habest Dich solchermaßen gegen mich zu behaupten gehabt (s.S.260f). Sie alle sagen: Wenn ich nur einen anderen Ausgang ermöglicht hätte, dies hätte auch mir zum Vorteil gereicht.

Also: Steigerung des Unglücks, Umschlag des Unglücks in Schuldgefühl, Umkehrung des Schuldgefühls in Anklage, Veredelung der Anklage durch Verständnis für den Angeklagten, ja, Heiligung derselben durch Selbstkritik, die bei Dir sogleich zur Selbstbezichtigung wird („je mehr mir gelingt, desto schlimmer es schließlich wird ausgehen müssen"; s.S.281), und am Ende die wackelige, nur Dich entlastende Feststellung (auf die ich später zurückkommen werde) einer „beiderseitigen Schuldlosigkeit" (s.S.286). Was für ein Kunstwerk! Man wird es in den germanistischen Seminaren studieren und die Antinomie des „verschuldeten Schicksals", das „Hiobs-Pathos", die „exkulpatorische Strategie" bewundern.

Literatur ist ein Spiel mit Möglichkeiten, ein bewußter Umgang mit Wirkungen. Du baust das Monument eines Unholds auf, indem Du

- widerwärtige Szenen schilderst („Bei Tisch durfte man sich nur mit Essen beschäftigen, Du aber putztest und schnittest Dir die Nägel"; s.S.254)
- Dich als Opfer hinstellst („Ich war ja schon niedergedrückt durch Deine bloße Körperlichkeit"; s.S.250)
- wie auch mich, zur Beglaubigung Deiner Redlichkeit, als Opfer meiner Natur („Deinem Wesen entsprechend"; s.S.285; „... ohne es zu wissen, nur kraft Deines Wesens"; s.S.288)

- mir dabei jede self-control absprichst („Du lachtest, als hättest Du etwas besonders Vortreffliches gesagt, während es eben nur eine platte, kleine Unanständigkeit war"; s.S.260)
- ja, nach jeder dritten Infamie, die Du mich begehen läßt, beteuerst, ich könne nichts dafür („die Unschuld in Deiner Menschenführung beweisend"; s.S.271; „... daß ich niemals im entferntesten an eine Schuld Deinerseits glaube"; s.S.248)
- meinen intimen Ratschlag ausplauderst, Dich eines Bordells zu bedienen, und mir vor aller Welt unterstellst, dies nicht etwa getan zu haben, um Dir in Deiner Not Abhilfe zu schaffen oder auch um unser Haus vor einer abträglichen Verbindung zu schützen, sondern in der „Hauptsache", um selber rein, außerhalb der Dir angesonnenen Erniedrigung bleiben zu können (s.S.285f)
- auch meinen freundlichen Seiten - zum Beispiel meinem gutheißenden Lächeln - attestierst, sie hätten „im übrigen ... auf die Dauer nichts anderes erzielt" als Dein Schuldbewußtsein zu vergrößern (s.S.260)
- Dich selber einsichtig und nachsichtig zeigst („Natürlich kann man nicht für jede Kleinigkeit Begeisterung von Dir verlangen"; s.S.252) und so dafür sorgst, daß Deine Anschuldigungen nie als Akt der Rache oder der Gehässigkeit erscheinen (Racheakte behältst Du anderem vor)
- selbst Deine Anklagen mir anlastest („das ist ... wieder gar kein Vorwurf, sondern nur eine Abwehr Deiner Vorwürfe"; s.S.276).

Am Ende schreibst Du selber vorsorglich noch meine mögliche Antwort, läßt mich, der ich Deinen Brief nicht erhalten sollte, zu Worte kommen, auf daß ich meinerseits der Welt zu bescheinigen scheine: So ein Rechthaber bin ich allezeit.

„Der Welt ..."! Daß Du Deinen Brief immer zugleich an das allgemeine Publikum richtest, ist eine Folge davon, daß Du hier Literatur schreibst. Das will ich Dir nicht weiter vorwerfen. Dein Brief ist zugleich Zeugnis einer so großen Entfremdung, daß es töricht wäre, Diskretion oder andere Rücksichten - auf meinen Ruf, meine Person, einen vernünftigen Fortgang der Dinge - zu erwarten. Warum aber, so frage ich einfältiger Mann, muß einer seinen Vater öffentlich so bloßstellen, wenn er ihn nur loswerden will?! In dem Fall geht man, wie ich Dir oft geraten habe (s.S.288), wenn nicht nach Amerika, so doch nach Wien oder Berlin oder Preßburg. Man hört auf, Briefe zu schreiben. Die siebzig Seiten lange Abrechnung schiebt den anderen nicht ab, sie fesselt ihn. Undenkbar, daß Du das nicht gewußt hast! Hast Du es also gewollt? Das würde gut zu der erbarmenswürdigen Unentschiedenheit des ganzen Briefes passen. Die Ambivalenz Deiner Gefühle ist Dir nicht verborgen: „Es ist so, wie wenn einer gefangen wäre und hätte nicht nur die Absicht zu fliehen, ... sondern auch noch ... das Gefängnis in ein Lustschloß für sich umzubauen." (s.S.289). Du willst den Drachen töten, und Du willst ihn Dir gewogen machen, ihm nicht Unrecht tun. Einem Drachen, mein Sohn, kann man nicht Unrecht tun!

Vielleicht ist der Brief anders gedacht - als ein Therapeutikum, ein Mittel, mit dem Du Dir selber etwas Ruhe verschaffst. Aber auch das wird er Dir nicht geben: weil Dir dies nun auch bewußt ist. Du durchschaust den „Umgang mit den Gespenstern". Auch ich kann nicht sicher sein, daß ich mich mit meinem Brief nicht, wie Du, vor allem vor mir selbst zu rechtfertigen suche. Damit sich dieser Fluch in Grenzen hält, bewahre ich keine Kopie von ihm. Wenn ich Seitenzahlen angebe, dann nicht für spätere Philologen, sondern für Dich. Du sollst zum Beispiel die verräterische Stelle aufschlagen, an der Du schreibst, Du erhoffest eine bestimmte Wirkung von Deinem Brief (s.S.269). Ich rekonstruiere sie: Du sollst als ein besonnen Urteilender erscheinen, ich als Ungeheuer. Diese Wirkung würde nun „aufs Spiel gesetzt" durch ein so krasses Urteil wie das, welches Du hier folgen läßt: „Du (hast) für sie (Ottla) nur Haß" (s.S.269). Indem Du beides mitteilst, das Urteil und Deinen Vorbehalt, präsentierst Du mich dem Tribunal der gesitteten Welt, was Dir Genugtuung verschafft. Mir schreibst Du diesen Brief offensichtlich nicht.

Was Du im weiteren über mein Verhältnis zu Ottla schreibst, zeigt Dich unterhalb Deiner Urteilskraft. Das ist nicht „Haß", das ist Unglück. Daß ich Hauptthema Eurer Gespräche war - welch ein Alptraum! Befreit Euch davon. Väter sind diese Intensität der Beschäftigung nie wert - das sind die Geliebten, die Feinde, die Unbekannten. Und (weil es auf derselben Seite steht): Selbstverständlich bin ich nicht der „Richter" (s.S.270), als der ich erscheinen möchte, sondern „Partei". Aber mit solchen Selbstverständlichkeiten sollte sich ein Schriftsteller Deines Ranges nicht abgeben.

Täusche ich mich, wenn ich meine, Deine Behauptung, die innere Ablösung könne „natürlich" nicht beendet werden (s.S.272), sei eine Rückversicherung, die Du auf Deine Unschuld, Deine Opferrolle abgeschlossen hast?

Du schreibst: „Du warst eben stark genug, es zu ertragen" (s.S.273) und meinst „fühllos genug".

Du schreibst auch von meiner „Tyrannei" (s.S.269 zum Beispiel), meinst damit aber Deine Ohnmacht.

Du fragst vorbeugend: „Leugne ich denn, daß Du mich liebhast?" und leugnest es mit jedem Satz davor und danach.

Du eröffnest den Brief - über die Konvention hinaus - mit „Liebster Vater" und meinst den unliebsten.

Du versicherst: „Nun habe ich, Vater, im ganzen niemals an Deiner Güte mir gegenüber gezweifelt" (s.S.246) und zeigst mich nur als Scheusal.

Du behauptest, ich hätte von vornherein gegen jede Deiner Beschäftigungen eine Abneigung gehabt (s.S.277) - und also auch dagegen, daß Du Dich mit dem Judentum beschäftigtest; aber wie Du es darstellst, kommt mir der Verdacht, es sei umgekehrt: Du habest Dich mit dem Judentum beschäftigt, weil Du meine Schwäche in ihm erkannt hattest (was Du etwas weiter unten als Hypothese zuläßt).

Es kommt Dir nicht in den Sinn, daß Deine Selbstschonung und Dein Selbstmitleid, Deine Verwöhntheit tatsächlich kränkend oder wenigstens eine Zumutung für uns waren, die wir harte Zeiten erlebt haben. Ich hoffte, die Schilderung dessen, was Dir erspart worden ist (s.S.262), könne Dir's erleichtern, Deinerseits kleine Zumutungen zu ertragen, die Dir nicht zu ersparen sind: Dein Geld zusammenzuhalten, morgens aufzustehen, zu essen, was die Mutter gekocht hat. Aber Du machst aus meinen Schilderungen Folterwerkzeuge.

Du unterstellst mir, alles, aber auch alles zu Deiner Unterwerfung getan zu haben, indem ich Dir das Bewußtsein einpflanzte, untauglich, ein Schmarotzer an meiner Welt zu sein. Es bleibt bei einer Unterstellung. Beweisen kann man eine solche Absicht ja nicht. Aber Du fängst Deinen Leser mit Insinuationen ein - Insinuationen beispielsweise, wenn in Klammern steht „Wie Du Dir später einreden wolltest" (s.S.263) oder „Vorausgesetzt, daß Du Dich dazu hättest überwinden können" (s.S.263). Mit solchen Mitteln und ohne der altera pars Gehör zu geben, zieht man sich leicht die Opferrolle zu.

Die literarische Konstruktion eines Ungeheuers, die zweifelhafte Selbstbefreiung, die therapeutischen Irrtümer, die wenig überzeugende Opferrolle wollte ich zwar bloßlegen, mit dem gewichtigen Wort „Wahrheit" (s.o.140) aber hätte ich sie nicht bedacht. Die Wahrheit, die Dir zu schaffen machen dürfte, lautet: 1. Du bist entweder überspannt oder illoyal, 2. Du bist ein Egoist, 3. ich kann Dir nicht glauben.

1. Ich will nicht abstreiten, daß ich irgendwann Deine Bemühungen, selbständig zu werden, nicht nur „Undankbarkeit, Überspanntheit, Ungehorsam" genannt habe, sondern auch „Verrat" und „Verrücktheit" - lächerliche Wörter, wenn, wie Dein ganzer Brief nahelegt, der Kriegszustand herrschte, ernste Anklagen hingegen in einer normalen Familie, einer Gemeinschaft, in der Dankbarkeit, Vertrauen, kindliche Folgsamkeit, Loyalität und Vernunft erwartet werden dürfen. Weil das letztere bei uns der Fall war, mochten diese Tadelwörter einen Sinn haben. Berechtigung hatten sie darum noch nicht - bis zu Deinem Brief, den nun die ganze Welt liest. Sollte ich Deine in ihm zum Ausdruck gebrachten Haltungen kennzeichnen, ich sagte in Güte: „Ein armer Teufel, dieser mein 'übergescheiter' und verrückter Franz!", und ich sagte im Zorn: „Ein undankbarer Kerl, dieser Franz, der

mein Franz nicht mehr sein will!" Ich sagte dann wohl auch „Verräter" - Verräter einer Beziehung, die man so nicht den Menschen preisgibt.

2. Du bist ein Egoist, wie ich keinen anderen kenne - einer, der sich und seine Leiden über alles Maß wichtig nimmt. Stünde in Deinem Brief ein einziger Satz über eine Dir wichtige Sache, eine unbestreitbare Aufgabe, eine Hilfeleistung an einem anderen Menschen, die Dir zu schaffen gemacht haben, ich käme beschämt zu Dir und täte Abbitte: daß ich Dir nicht geholfen, Dich nicht in Deiner Anstrengung, Deiner Not, Deiner guten Absicht erkannt habe. So aber dreht sich alles um Dich und um eine Erklärung dafür, warum Du so herrlich nicht bist, wie Du sein möchtest - zu wenig für eine Lebensbilanz, zu wenig für eine Abrechnung mit dem Vater, zu wenig für die Wahrheit, die „uns beide ein wenig beruhigen und Leben und Sterben leichter machen kann" (s.S.295).

3. Die schwierigste Wahrheit ist, daß ich Dir nicht glaube. Genauer: Ich kann Dir nur die Hälfte glauben. Du magst meinen, die andere Hälfte sei schlimm genug. Ich antworte: Vielleicht schlimm genug, aber nicht genug - nicht genug, um zu verstehen. Was wir nicht verstehen und einordnen können, nennen wir krank. Krankheit ist einer von vielen Zuständen des Menschen, ein manchmal äußerst fruchtbarer, ein meistens bemitleidenswerter, ein nie verdammenswürdiger. Aber wenn die Krankheit über die Normalität richtet, wird man sie in die Schranken weisen.

Ein guter Mensch bin ich wahrhaftig nicht, aber auch kein Monstrum, zu dem Du mich aus schierer Hypochondrie machst.

Ob Du mir wirst antworten wollen, kann ich nicht wissen. Wünschen möchte ich's Dir nicht. Besser wäre Dir, Du rissest Dich wirklich von mir los, nähmst Deine eigene Person mit ihren Schwächen und großen Stärken an und kämst erst wieder zurück zur Beerdigung dessen, der war und bleibt

Dein Vater

III. Ein Versuch zu verstehen

Lieber Sohn.

Dein Brief hat mich zunächst ratlos gemacht. Nicht, was ich zu tun hätte. (Ich meine: gar nichts. Du bist ein erwachsener Mann und mußt Dir selber helfen.) Nicht, ob ich ihn für die Wahrheit halten soll. (Ich meine: die könnten wir allenfalls gemeinsam herausfinden.) Er läßt mich fragen: Kann ich diesen Menschen verstehen? Nachdem ich mir klargemacht habe, daß das wohl nicht geht, solange ich der bleibe, der ich bin, gelingt mir die eine oder andere Einsicht. Auch von mir selbst habe ich nicht immer ein klares Verständnis. Dein Brief nötigt mich, es suchen.

Keine meiner Wahrnehmungen ist abgeschlossen. Aber einige lassen sich auch so mitteilen. Ich will nicht damit zögern. Denn ich stelle mir vor: Wer einen Brief geschrieben hat wie den Deinen, braucht Antwort - ob er das weiß oder nicht weiß, ob er das will oder nicht will.

Ich „verstehe", daß Du - der Schreiber des Briefs - mit zwei Tatbeständen zurechtzukommen versuchst: mit der tiefen Kluft (der„Entfremdung"; s.S.263, 269) zwischen Dir und mir, dem Sohn und dem Vater; und mit der Schuldhaftigkeit und Schicksalhaftigkeit dieser in sich unglücklichen und über sich selbst hinaus Unglück bereitenden Beziehung. Immer wieder mischen sich die beiden Tatbestände, und immer wieder verwundert mich, wie eindeutig in Deinen Augen das Unrecht und das Unglück von mir ausgehen, aber wie wenig Du zu sagen bereit bist, ich sei schuldig. Im Gegenteil - als wäre ich ein Held der griechischen Tragödie - begehe ich die Schuld unschuldig: unbewußt und zwanghaft (aus meinem „Wesen" heraus). Was geht da vor sich - im andern, in mir, in unserem gegenseitigen Verhältnis?

Was Dein Brief mich verstehen läßt, will ich kurz zu sagen versuchen. Ob aus einem besseren Verstehen mehr als das philosophische Sichabfinden, nämlich auch die Möglichkeit der Veränderung und Hilfe erwächst oder doch wenigstens eine Einordnung der eigentümlichen Tat - Deines Briefes -

als wahr oder unwahr, berechtigt oder unberechtigt, klug oder unklug vorgenommen werden kann, lasse ich ganz offen.

Ich fand nach mehrfachem Lesen, daß die „einfache" Begründung unseres Miß-Verhältnisses, die Du mir gleich am Anfang in den Mund legst, die Sache gut trifft:

„Du (Vater) hast Dein ganzes Leben lang schwer gearbeitet, alles für Deine Kinder, vor allem für mich geopfert, ich habe infolgedessen 'in Saus und Braus', gelebt, habe vollständige Freiheit gehabt zu lernen, was ich wollte, habe keinen Anlaß zu Nahrungssorgen, also zu Sorgen überhaupt gehabt; Du hast dafür keine Dankbarkeit verlangt, Du kennst 'die Dankbarkeit der Kinder', aber doch wenigstens irgendein Entgegenkommen, Zeichen des Mitgefühls; statt dessen habe ich mich seit jeher vor Dir verkrochen, in mein Zimmer, zu Büchern, zu verrückten Freunden, zu überspannten Ideen; offen gesprochen habe ich mit Dir niemals, in den Tempel bin ich nicht zu Dir gekommen, in Franzensbad habe ich Dich nie besucht, auch sonst nie Familiensinn gehabt, um das Geschäft und Deine sonstigen Angelegenheiten habe ich mich nicht gekümmert, die Fabrik habe ich Dir aufgehalst und Dich dann verlassen ..." (s.S.245).

Das war, unbeschadet einiger Übertreibungen, meine Ansicht von Deiner Person und damit von unserem Konflikt und ist es im Grunde geblieben. Ob richtig oder falsch - Anlaß zu der Seelenkatastrophe, die Dein Brief in dem Maß ist, wie er sie beschreibt, mußte sie nicht werden. Was hat sie dazu gemacht?

Ich sehe fünf miteinander verbundene Momente, die die alles andere als ungewöhnliche, die eher klischeehafte Figur mit Zerstörung aufgeladen haben: Erstens die Kränkung, die die Banalität des so verstandenen Konflikts Dir angetan hat; zweitens unser beider gestaltetes (und unnötiges) Leiden an unserer Verschiedenheit; drittens ihre poetische Verfestigung und Veröffentlichung; viertens die falsche Ausflucht in die „beiderseitige Schuldlosigkeit"; fünftens die unausgesetzte

Konversion Deiner Schwächen in Unterdrücktsein - in eine unentrinnbare Machtkonstellation.

Erstens: Du kennst sicher die Scherzfrage mit tieferer Bedeutung, ob man lieber der Sohn eines berühmten Vaters oder der Vater eines berühmten Sohnes sein wolle. Väter, die schon berühmt sind, entscheiden sich gern für das erste; vielversprechende Söhne nehmen hinter dem zweiten Deckung. Hätten wir miteinander dieses Problem, wir könnten über beides kaum lachen. Nun, da wir es nicht haben, warum lächeln wir nicht wenigstens? Nie habe ich mich um Ruhm oder Berühmtheit gekümmert. Ich war nur bemüht, mein Geschäft und mein Haus ordentlich und einträglich zu führen. Die Lorbeeren, nach denen Du aufgrund Deines Talents und Deiner Berufung trachtest, sind mir gleichgültig. Und das kränkt Dich - mehr, viel mehr als mich Deine Luxusexistenz, Deine Kälte, Deine verächtliche Distanz zu meinem bürgerlichen Ehrgeiz. Erst jetzt, beim Lesen Deines Briefes, habe ich wahrgenommen, wie fürchterlich es für Dich allezeit gewesen ist, daß ich Dein Leiden und meines gleichstellte und das heißt: es gleich gewöhnlich machte.

So hast Du erst aus meinen bedrohlichen Erwartungen, dann aus Deinem schlechten Gewissen und schließlich aus den zitierten Vorwürfen den Haß eines Beleidigten gesogen - einen Haß, dem Du gar nicht gewachsen bist.

Daß die Kränkung des Dichters durch den Banausen ungleich tiefer dringt als die des Arbeiters durch den Tunichtgut, des Anschaffers durch den Schmarotzer, weiß auch ein Philister wie ich: Dem Dichter, dem Menschendeuter, dem Verstehenden schlechthin ist bewußt, daß er über solchen Regungen stehen sollte; nun aber merkt er, daß er in sie verstrickt ist wie jeder andere, daß, mit Verlaub, siebzig Seiten scharfsinniger Analyse ihn nicht in seine Überlegenheit wiedereinsetzen, sondern ihn bloßstellen: einen schwierigen, überanstrengten, einsamen und qualvoll abhängigen Mann.

Zweitens: Deshalb hast Du Dich auch nie daran trösten können, daß es mir eigentlich nicht besser ging als Dir, daß auch ich zu meinem Teil wirklich litt und nicht nur Leid verursachte.

Wenn die bloße Verschiedenheit des anderen schmerzt, muß ein Anspruch auf Nähe im Spiel sein. Die Vorliebe des Rentners von gegenüber für Comics, die er jeden Morgen am gleichen Kiosk kauft wie ich meine Zeitung, stört mich nicht, so wenig wie ihn meine Freude an langen Waldspaziergängen - weil wir diesen Anspruch nicht haben. Sohn und Vater aber haben ihn. Mit welchem Recht eigentlich? Und wenn er Not verursacht - ist er nicht leichter aufzugeben als die Verschiedenheit?

Ich sage nicht, daß die Verschiedenheit nicht wirksam sei. Aber warum können wir sie nicht bejahen?! Zumindest sollten wir sehen, welchen Preis wir zahlen, wenn wir es nicht tun, wenn wir also die Verschiedenheit mit solchem Eifer bekämpfen. Nun ist nicht nur die Verständigung mit dem anderen schwierig, wir geraten dauernd in Panik, wenn sie nicht gelingt. Auf jeder zweiten Seite Deines Briefs stellst Du einen Irrtum, eine Unkenntnis, eine Fehldeutung fest: „Das stimmt nicht im entferntesten" (s.S.279); „hättest Du darüber einen Überblick, würde es Dich entsetzen" (s.S.280); „Ich fürchte ..., daß es mir auch nicht gelingen wird, Dir diese Heiratsversuche verständlich zu machen" (s.S.282); „Dein meiner Meinung nach völliges Mißverstehen der Sache ..." (s.S.283); „an sich war es ja unverständlich, daß Du ..." (s.S.286); „Ich begreife Dich nicht ..." (s.S.287); „ein Zeichen Deines völligen Mißverstehens" (s.S.288) und so fort. Das Scheitern des inständigen Begreifenwollens ist der erste Schritt zur Verurteilung. Sollten wir nicht lieber anerkennen, daß Verschiedenheit selbstverständlich und harmlos ist und Verständigung eher ein Glücksfall!

Warum wir an unserer Verschiedenheit leiden, ist damit natürlich nicht erklärt. Das geschieht ja nicht aus barem Mutwillen. Die üblichen Erklärungen - der Neid oder die Furcht, es mit der Tüchtigkeit und der Intelligenz des anderen nicht aufnehmen zu können - werden Dir wieder zu banal sein. Ich für mein Teil kann mühelos zugeben, daß ich mich von Dir herausgefordert fühle: von Deiner Phantasie, von Deinem ernsteren Judentum, von Deiner erstaunlichen Schreibtätigkeit. Wie hat es mich umgetrieben, als ich begriff, daß Du schreibst, was Du an meiner Brust nicht klagen konntest! Aber auch Dir scheint ein solcher Schrecken vor meinen Stärken nicht fremd zu sein. Du vermutest diese freilich an seltsamen Stellen, zum Beispiel in der Ehe. Ach, daß die Väter verheiratet sind (und die Söhne noch nicht), macht die Ehe doch nicht zu ihrem „eigensten Gebiet" (s.S.290)!

Drittens: Der Gegensatz - Du das unfertige Kind, ich der fertige Erwachsene; Du zart und zögernd, ich robust und entschieden; Du ein Mann des Wortes, ich ein Mann der Tat - verführt zu poiesis. Poiesis macht aus dem Riß, der durch die Welt geht, ein ästhetisches Ereignis - sie neutralisiert die Moral. So formt und variiert der Poet die Muster, verfestigt sie, macht sie erregend und nimmt ihnen das Entsetzen zugleich.

Dieses Moment ist einer gründlicheren Untersuchung würdig, als ich leisten kann. Daß aber das Gestaltete nach einem Publikum verlangt - dieser für die Wahrheit heikle Tatbestand sei doch erwähnt. Es ist Dir nicht bekömmlich, daß Du Zuflucht in der öffentlichen und zugleich in der intimen Anklage suchst - „öffentlich", indem Du mich zunächst davon ausgeschlossen hast, und „intim", indem der Anklagegegenstand eigentlich nur von Dir und mir beurteilt werden kann. Es wird nicht lange dauern, bis man die Herren Professoren der philosophischen Fakultät auffordert, sich in einer Antwort an meiner Statt zu versuchen.

Viertens: Wo und wie poiesis am Werk ist, wirst Du gar nicht immer gewahr werden. Das ist Deine Unschuld, ein Pendant zu der ganz anderen, die Du mir zuschreibst.

Mit Grund wirst Du Dich gegen diese Unschuld wehren wie ich gegen die meine. Die meisten Taten habe ich willentlich getan, die allermeisten Worte bewußt gesagt - nicht „unbewußt" (s.S.287) und „ohne es zu wissen" (s.S.288) oder als Ausfluß meines „tyrannischen Wesens" (s.S.269) und seiner „umbiegenden Macht" (s.S.271). In mir sträubt sich alles gegen diesen Determinismus - sei er psychologischer oder metaphysischer Art. Und Du gewinnst mit ihm auch nichts, der Konflikt wird nicht entschärft, die von Dir empfundene Kränkung nicht erhabener, wenn Du Schicksal aus ihr machst. Meine Worte und Taten waren für Dich unbequem oder verletzend - wie Deine Worte und Taten für mich. Dies wäre mein - wohl wieder einmal zu einfaches - Urteil hierüber. Aber es geht in den von Dir selber dargestellten Fällen auf. Dir hingegen gelingt es „nur scheinbar", mich von Schuld freizusprechen. „Mehr willst Du ja auch nicht" (s.S.293), läßt Du mich in der fingierten Antwort sagen womit Du zugleich unterstellst, daß ich dies wissend in Kauf genommen habe. Nun, ich mache mir diese Äußerung zu eigen. Denn sie zerstört jedenfalls die von Dir erfundene armselige „beiderseitige Schuldlosigkeit" (s.S.286). Ich gehe noch weiter. Ich behaupte: Dies hast Du letztlich selber gewollt und kunstvoll herbeigeführt. Natürlich geht es Dir nicht um Rettung, es geht Dir darum, ein Netz zu knüpfen, dem wir beide nicht entrinnen. - Wenn mich die Lektüre Deines Briefes etwas gelehrt hat, dann: daß ich mich dagegen mit aller Kraft meines Geistes und der Seele zu wehren habe. Wo sich die Menschen die Schuld streitig machen, nehmen sie sich die Hoffnung auf Wiedergutmachung und behalten nur das Elend. Und wo Menschen sich in Schuld gleichmachen, gehen sie unter. Crimen quos inquinat aequat.

Fünftens: Die vier bisher erörterten Verderber unseres unoriginellen Vater-Sohn-Verhältnisses, die Erreger, die die gutartigen Wucherungen „maligne" gemacht haben, werden übertroffen und gekrönt durch Dein manisches Bedürfnis, jede an Dir wahrgenommene Schwäche als Antwort auf meine Unterdrückung zu erfahren. Und die ist bei Dir nicht der Prozeß, den das Verbalnomen „Unterdrückung" suggeriert. Für Dich ist unser Unglücksverhältnis statisch. Unterdrückung müßte Unterdrücktsein, Entfremdung müßte Fremdheit heißen. Sie waren von vornherein da, sind aus nichts entstanden. Und darum ja auch wiederholst Du immerfort: Schuld könne das nicht sein (s.S.246, 257, 267, 271, 276, 286).

Auch hier kehrt sich mein Verstehen in eine Verwerfung um: Das Bild von der Unveränderlichkeit kann ich nicht hinnehmen. Wir können unseren Schwächen zuleibe rücken, wenn wir sie erkannt, das heißt, wenn wir sie von der conditio humana unterschieden haben.

Nehmen wir die Fremdheit: Wenn ein Kind sich in einer Familie „fremd" fühlt, müssen die Eltern dem nachgehen, es zurückholen in die Freundlichkeit. Dies nicht gekonnt, nicht getan, nicht zuwege gebracht zu haben, ist Schuld. Ich kann nicht sagen, wann die Chance dafür vorbei war, wann aus einer Erfahrung Schicksal geworden ist. Für Dein reifes Alter - Du warst mir mit sechzehn Jahren geistig gewachsen, mit zwanzig Jahren überlegen - trägst Du selber Verantwortung, vollends für den Zustand, in dem Du warst, als Du mir Deinen Brief schriebst. Da ging - und jetzt geht - es nicht mehr darum, wie man diesen Zustand erklärt, sondern wie man mit ihm fertig wird. In der Pädagogik und in der Therapie, beim Kind und beim Kranken, bei Jean-Jacques Rousseau und bei Sigmund Freud erscheint das Erkennen und Bekennen der eigenen Schwäche als Heilmittel; man meidet die Überforderung, ruht aus, sammelt Kräfte - reculer pour mieux sauter. Du aber benutzt die Schwäche als Vorwand, Dich der Erstarkung zu entziehen, als Mittel, die Stärke zu verdächtigen, als Grund, sie zu vermeiden: reculer pour ne pas sauter. Wenn Du das verstanden hast, bist Du frei, Dich dafür oder dagegen zu entscheiden.

Ich gebe Dir zwei Beispiele für die von mir verteidigte Veränderbarkeit, eines, das mich, eines, das Dich angeht:

- Mein größter Fehler war, daß ich Dir nicht zugehört, genauer: Dir keine Gelegenheit gegeben habe, zu sagen, was Dir mißfällt. Meine Grobheiten, meine Lieblosigkeiten; meine Eitelkeiten, meinen Zynismus (wenn ich meine Angestellten meine „bezahlten Feinde" nannte) hätte ich vielleicht als solche wahrnehmen können und von mir aus wenigstens vor Euch - der Familie - unterlassen sollen. Seltsamerweise habe ich Dir (und den anderen) nicht zugetraut, das bürgerliche Leben zu meistern, wohl aber zugetraut und zugemutet, meinen Unarten zu widerstehen, wenn sie unerträglich wurden. Ich habe Euch überschätzt und büße das jetzt. An Dir kann ich es nicht wiedergutmachen. Aber es gibt immer wieder neue Beziehungen, in denen das möglich ist.

- Dein größter Fehler ist Dein perfektionistischer Anspruch an Personen und Verhältnisse: Ich muß, wenn nicht der großartigste Mensch, so doch der verständigste Vater sein, das Judentum echt, die Ehe „das Höchste", der Beruf die ganze Erfüllung und Beanspruchung Deiner Gaben. Du selber suchst - wie andere das vollendete Glück - das vollendete Unglück. Lies unseren Kohelet: Und mir glaube: Das Törichtste, was man tun kann, ist, Stärke, die man nicht hat, zu mimen. Darin war ich Dir ein schlechtes Beispiel, wie Du trefflich erkannt hast. Aber eben darum widerspreche ich entschieden, daß Du mir nicht entkommen könnest, daß Du an unser „Unglücksverhältnis" (s.S.289) gebunden seist. Es ist nicht „Wahnsinn", hier herauskommen zu wollen (s.S.289f), sondern, nach allem, was Du schreibst, wäre es Wahnsinn, hier nicht herauskommen zu wollen. Daß Dein Brief selber ein Ausfallstor gewesen sein könnte, glauben wir wohl beide nicht. Aber der Disput, den der Brief ersetzt hat und der jetzt möglich wäre, - der könnte es sein.

Es steht bereit Dein Dich von Herzen grüßender

Vater

Jörg Trobitius

Mein lieber, lieber Franz,

ich will mich natürlich nicht in Dein Leben drängen, aber ich glaube, ich habe gute Neuigkeiten für uns. Höre rasch: Ich habe viel darüber nachgedacht, wie Dir nach den letzten Ereignissen zumute sein muß, vor allem habe ich mir überlegt, daß Du doch jetzt Deine Familie ganz besonders brauchst. Deshalb hatte ich mich nach reiflichem Nachdenken entschlossen, Deinen Brief an Vater ihm lieber nicht zu geben, denn ich befürchtete das Schlimmste. Nun hat Vater den Brief aber doch gefunden, ich hatte ihn nicht gut genug verwahrt, und mir schwante das Entsetzlichste. Zu meiner Überraschung hat er nichts gesagt, er hat sich nichts anmerken lassen, sich zurückgezogen und gesagt, er habe noch zu tun. Und was soll ich Dir sagen, später habe ich die folgenden Notizen im Papierkorb gefunden. Er hat ja nun doch mehr Zeit, und die hat er sich genommen, um Dir zu antworten. Das fällt ihm natürlich nicht leicht, und bisher sind es lediglich Entwürfe. Wer weiß, wie lange es braucht, bis er die Antwort abgeschlossen hat und Dir zukommen läßt, und so denke ich, ich tue nicht unrecht, wenn ich Dir die Notizen schicke, sie können ja vielleicht helfen, Dich Deinem Vater versöhnlicher zu stimmen. Ich muß rasch schließen, er könnte jeden Augenblick hier sein.

          Deine Dich liebende Mutter

Blatt 1

Lieber Sohn!

Ich bin nicht so geschult im Schreiben wie Du, das weißt Du

ja. Ich habe vielleicht auch gar nicht alles verstanden in Deinem Brief, aber auf das, was ich verstanden habe, will ich wohl zu antworten versuchen. Denn zunächst einmal habe ich zu verstehen gemeint, daß Du unser Verhältnis mit Deinem Brief doch bessern willst, er soll uns, wie Du schreibst, ein wenig beruhigen und das Leben leichter machen.

Nun kommt es mich hart an, über Deine Angriffe um dieses Zieles willen hinwegzugehen, aber Du hast Deine Anstrengung unternommen, so will ich das meine zu tun versuchen.

Blatt 2

Lieber Sohn,

Deinen Brief habe ich zufällig im Nachttisch Deiner Mutter gefunden - ich habe mich doch sehr wundern müssen, daß Du Dich nicht direkt an mich hast wenden können, aber das kennen wir ja schon seit unausdenklichen Zeiten.

Dennoch erstaune ich mich, wie Du über Deine Mutter schreibst, schreibst, sie sei ein Treiber in der Jagd, welche Jagd denn nur? ... und außerdem wollte sie mir den Brief doch vorenthalten, wohl um Dich zu schützen, sie ist also durchaus für Dich eingenommen.

Blatt 3

... Du schilderst Deine Kindheit und klagst, ich hätte Dich in meiner Körperlichkeit immer so sehr überragt - mein lieber Junge, mußt nicht auch Du Dich allmählich einmal mit den Tatsachen des Lebens abfinden? Das Kind und der Vater: Das ist doch unabdingbar, daß ein Kind ein Kind ist, ich war stolz, Dich an meiner Hand zu haben - wenn Du einen Sohn hättest, wüßtest Du, wie das ist. Und es ist doch mal unausweichlich, daß Kinder klein zur Welt kommen, daß die Erwachsenen groß sind und sie in die Welt einführen, so gut sie das eben verstehen. Es sei immer zu sehr meine eigene

Welt gewesen? Ja, in wessen Welt hätte ich Dich denn sonst einführen sollen? In die von Rabbi Kantorowicz?

... Du selbst schreibst, daß ich Dich in meinem Vaterstolz oftmals falsch eingeschätzt hätte, also überschätzt. Du sagst also selbst, daß ich eine gute Meinung von Dir hatte. Und hätte ich nicht stolz auf Dich sein sollen?

... Warum eigentlich konntest Du Deine Leistungen in der Schule (mit Auszeichnungen!) nicht als solche erleben? Das will mir nicht in den Kopf! Du hast doch immer nur Erfolg gehabt!

... Eine weitere Lebenstatsache, die doch nicht alles in allem verwerflich ist: Daß einem Vater, einer Mutter nicht jede Schwiegertochter auf Anhieb gefällt, und oft auch das ganze Leben lang nicht, das ist doch so alt wie die Welt! Weshalb sonst gibt es die zahllosen Witze darüber? Und daß für die eigenen Kinder in dieser Hinsicht auch kaum das Beste gut genug ist, ist das so tadelnswert? Kommt es denn nicht aus Liebe zum Kind, aus Stolz auch zuweilen?

... Es hat Dich beschämt, daß ich Dir damals diesen Rat gegeben habe, wie man in der Jugend ungefährdet mit den bewußten Dingen umgehen kann, solange man nicht verheiratet ist. Vielleicht hätten wir früher ein Gespräch darüber führen sollen, aber Du tatest doch, als wüßtest Du über alles Bescheid. Du warst nicht bei den Soldaten, Du weißt nicht, wie man dort über diese Dinge spricht. Und so weißt Du auch nicht, daß ein guter Rat von Mann zu Mann, wie ich ihn Dir gab, alles andere als ein Gegenstand der Scham sein muß. Bei den Soldaten geht das anders zu. Und ich wundere mich, daß Dein Vater hier moderner sein soll als Du. Wie kann man nur so zimperlich sein?

... Es hat Dich beschwert, daß ich der Erziehung, die ich Euch habe angedeihen lassen, nicht immer selbst gefolgt bin, vor allem was das Verhalten bei Tische anging. Regeln sind da nun einmal nötig, denn ja, um Himmels willen, wie sonst soll man die unerfreuliche Beschäftigung der gemeinsamen Essensaufnahme einigermaßen erträglich machen, wenn nicht durch gewisse Regeln? Nun ja, und es ist doch wohl so, daß

Erziehung von oben nach unten erfolgt und nicht umgekehrt. Oder wie hättest Du mich wohl erziehen wollen? Da, fürchte ich, hätte ich wohl nicht viel zu lachen gehabt bei Deinem Rigorismus ... (verzeih den Witz). Und daß der Erzieher sich nicht immer selbst an alle Regeln hält, muß doch erlaubt sein, er ist ja schließlich ein Erwachsener - solange er die Regeln kennt und es nicht verabsäumt, sie vollständig erzieherisch durchzusetzen. Sollte das den Kindern nicht auch Lust machen, erwachsen zu werden und auch einmal gewisse Privilegien genießen zu dürfen?

Blatt 4

Mein lieber Franz,

ich bin nicht so geschult im Schreiben wie Du, das weißt Du ja. Ich habe sicherlich nicht alles verstanden in Deinem Brief, aber auf das, was ich verstanden habe, will ich wohl zu antworten versuchen. Denn zunächst einmal habe ich zu verstehen gemeint, daß Du unser Verhältnis mit Deinem Brief doch bessern willst, er soll uns ein wenig beruhigen und das Leben leichter machen. Ich weiß, es geht Dir gesundheitlich nicht gut, und da wollen wir doch versuchen, versöhnlich zu sein.

Du schreibst ja wieder und wieder, daß Du weißt, daß ich Dich als meinen Sohn liebe. Gewiß, und es ist schwer zu verstehen, warum dieses Wissen dann doch so folgenlos bleibt. Und hast obendrein begriffen, daß ein Vater auch von seinen Kindern geliebt werden will. Wie sehr hätte ich mir einen Sohn gewünscht, der mich liebt, der mir zur Seite steht, mich unterstützt. Wieviele Söhne gibt es, die im väterlichen Geschäft mitarbeiten, und doch haben sie sich gelöst von ihren Eltern, haben eigene Familien. Nun gut, das haben wir schon lange hinter uns, warum soll es nicht einen anderen Weg für Dich geben?

Aber wenn man von seinen Kindern nicht geliebt wird ... Wofür tut man denn das alles? Wozu tut man denn so, als sei man stark, als könne man die Welt bewältigen? Ja, da staunst Du denn doch vielleicht ein wenig, denn was Dir als Dein starker Vater erschien, dem alles aufgrund seines Naturells in den Schoß fiel - und so sehen ja wohl viele Kinder ihren Vater, und so soll es ja auch sein - das mußte halt erkämpft werden, und zwar mit vielerlei Verhalten, welches Dir als Kind so mißbilligenswert vorkam. Heute weißt du das ja wohl auch besser.

Immerhin, so schilderst Du mich ja zwischendurch auch immer wieder: ich sei großzügig, geduldig, ein gütiger und weicher Mensch, hätte zuweilen ein stilles, zufriedenes, gutheißendes Lächeln. Warum sind wir dann einander nicht nähergekommen? Es ist wie ein böser Geist, der immer wieder zu Mißverständnissen führte. Ja, es stimmt, ich habe meine Gefühle nicht immer gezeigt, aber das mußte für das Geschäft auch so sein. Da mußte ich doch stark sein, den Kommandierenden geben, alles in die Hand nehmen. Hätte ich mich da als schwach, nachgiebig, leichtgläubig zeigen sollen? Ohne das Mißtrauen, über das Du so klagst, wäre ich nicht so weit gekommen. Und ich wollte Dich auch nicht verzärteln, schien mir doch, daß das Deine Mutter schon genug tat. Und Du machst es einem ja auch nicht leicht: die Scherze der Kindheit: „Ich zerreiße Dich wie einen Fisch", Du selbst sagst doch, daß Du wußtest, es tritt nicht ein, ich jage dich um den Tisch, zum Scherz, und Deine Mutter rettet Dich - wie oft habe ich gesehen, welch helle Freude Kinder an solchen Spielen haben, an Felix sehe ich es noch ständig. Und hast es selbst gemerkt, daß es nicht ernst war - nein für Späße bist Du nicht zu haben, mit Humor ist es nicht weit her bei Dir, sonst hätte ich jetzt spaßhaft gesagt: Franz, mir graust vor Dir ...

Und das nicht ohne Grund. Ich habe Dir zwar, und auch gern, ermöglicht, Jus zu studieren. Aber doch nicht dazu, daß Du mir in Deinem Brief den Prozeß machst. Ich mußte mich ja direkt fürchten, wie Du da von „Mangel an Beweisen" schreibst, von Prozeß, Richter, und Formulierungen wie: „kommt verschärfend in Betracht". Wollte ich mich da

Deiner übertriebenen Betrachtungsweise anschließen, so müßte ich spaßen: „Mein Sohn will mir klarmachen, daß das Leben kein Gericht ist: Im Leben gibt es keine mildernden Umstände ..."

Aber Scherz beiseite, wie Du mich an bestimmten Stellen schilderst, läuft es darauf hinaus, daß alles wunderbar an mir war und vielleicht ist, und wenn ich nur nicht Dein Vater gewesen wäre, dann hättest Du mich lieben, verehren, bewundern können - ohne schädliche Folgen für Dich. Vielleicht ist dem ja so - denn Du schreibst ja wieder und wieder, wie sehr Du mich auf ein Piedestal gehoben hast. Nur sei das alles nicht gut für Dich gewesen. Dazu gibt es eine recht unglaubliche Geschichte. Deine Mutter sagt, sie höre von Verwandten, daß es in Wien einen jüdischen Doktor gebe, der solche Dinge, wo sie krankhafte Ausmaße annehmen, zu seinem Fachgebiet gemacht hat - wenn ich richtig verstanden habe, bietet er sich seinen Patienten als Quasi-Vater an, mit dem sie dann sprechen und das, was zwischen ihnen und ihrem wirklichen Vater steht, überwinden könnten, und dann würden sie von ihren krankhaften Vorstellungen - und Du von Deinen vielleicht auch - geheilt. Ob das wohl stimmt, ich habe meine Zweifel, es wird wohl wieder so ein Hokuspokus sein, und bezahlen läßt sich der dafür auch nicht schlecht, aber (wer weiß, ob Deine Mutter es nicht zu gut mit Dir meint) so wie Du Dich schilderst in Deinem Verhältnis zu mir, da klingt es so, als könne das eine Hilfe für Dich sein. Wenn es Dir hinterher gelingt, mich so lieben zu können, wie Du behauptest, es zu wollen, freuen sollts mich schon. Aber, wie gesagt, da steckt Deine Mutter dahinter, und zu unserer Zeit haben wir solchen Unfug auch nicht gehabt und sind auch zurechtgekommen.

Wie Du alles auch mißverstehen kannst! Wenn Du eine Schrift von Dir brachtest, und ich sagte: „Leg's auf den Nachttisch", hast Du nicht gespürt, daß ich Dir damit die größte Anerkennung zollen wollte? Daß ich mich nicht nebenbei damit befassen wollte, sondern des Abends bei endlicher Muße? Gut, es ist vielleicht nicht deutlich geworden, aber im Grunde bin ich doch stolz auf Dein Schreiben, auch wenn ich es nicht deutlich genug gewürdigt habe und vielleicht auch nicht alles verstehe. Wobei es mich in Staunen versetzt, daß Dein Schreiben von mir gehandelt haben soll. Das habe ich nun wirklich nicht gemerkt. Da muß ich mich wohl noch einmal an die Lektüre machen. Jedenfalls, warum soll das nicht Dein Weg sein? Ich höre, daß man mit dem Schreiben auch viel Geld verdienen kann. Es gibt ja sogar einen Nobelpreis dafür. Nur zu!

Ende der Entwürfe

Die Antwort

Mein Sohn,

es kommt mich schwer an, Dir zu antworten, und das aus vielerlei Gründen. Erstens habe ich den Brief gar nicht von Dir bekommen. Ich mußte ihn erst „finden". Ich weiß nicht, was Du und Deine Mutter da hinter meinem Rücken auszuhandeln habt. Aber Du hast ja immer hinter Deiner Mutter gesteckt, bis heute ist das nicht anders, sogar diesen Brief hast Du ihr gegeben, wie Du eben auch früher nur über Deine Mutter mit mir sprachest. Wie mir das gefiel, lassen wir jetzt einmal beiseite. Was wagst Du jetzt über Deine Mutter zu schreiben: sie habe die Rolle eines Treibers in der Jagd gehabt. Nein, da ist nichts zu machen, auch Gutes frommt Dir nicht. Aber ist das nicht typisch für verwöhnte Kinder? Und es bleibe dahingestellt, ob es denn gut war.

Zweitens hat mir die Lektüre Deines Briefes angesichts all Deiner Angriffe so zu schaffen gemacht, daß ich schwerste Herzbeschwerden bekam, und nun erst recht, als ich mich an die Antwort machen wollte. Mehrere „Antwortversuche" (um mich Deiner Ausdrucksweise zu bedienen) wurden abgebrochen und in den Papierkorb gegeben - und als ich sie wieder hervorziehen wollte, um doch irgendwie daran weiterzuspinnen, war der Papierkorb geleert. Ich bin mir der Lächerlichkeit der Szene völlig bewußt, und allerdings treibt es mich in den Zorn, zu denken, daß jemand Bestimmtes die Notizen an sich genommen haben könnte. Aber wundern würde es mich nicht.

Drittens, es war meine Absicht, Versöhnliches zu schreiben, angesichts Deines Gesundheitszustandes, aber der meine scheint es mir nicht zu erlauben. Es kommen mir Schwindelzustände, wenn ich anfange, zu antworten, und es läuft immer wieder auf Rechtfertigungen Dir gegenüber hinaus. Nein, so weit bringst Du mich nicht.

Ich habe, angesichts all Deiner Angriffe, nach Briefstellen gesucht, wo Du auch einmal ein gutes Haar an mir läßt, vielmehr, wo ich Deine Sympathien habe. Und wie sieht das aus? Wenn ich müde war, wenn ich eingenickt war, wenn ich traurig war oder litt, dann konntest Du mich lieben. Mit anderen Worten: wenn ich mich Dir als schwach zeigte. So hätte ich also die ganze Zeit sein sollen, um Deine Zuneigung zu erringen? Ja, und wie hätte ich dann Deine Mutter und Dich und Deine Geschwister durchbringen sollen? Indem ich so gewesen wäre wie Du?

Du mokierst Dich über meine angebliche Autoritätsgläubigkeit, daß ich mich gegenüber (vermeintlich) Höhergestellten klein gemacht hätte (und klein hättest Du mich doch gern gehabt) - ja, was tust Du denn eigentlich mir gegenüber?

Wie sehr hätte ich mir einen Sohn gewünscht, der mich liebt, mir zur Seite steht, mich unterstützt - aber was tut er: Er ist immer und prinzipiell auf Seiten der anderen: im Geschäft, zu Hause - immer muß er das Gegenteil sein und tun - wieviele Söhne gibt es, die im väterlichen Geschäft mitarbeiten, und doch haben sie sich gelöst von ihren Eltern, haben eigene Familien. So etwas kannst Du aber nicht, und ich soll schuld sein, nein, nicht schuld, das versuchst Du ja großzügigerweise immer von mir zu halten, aber dann eben ursächlich. Wie enttäuschend Deine Kläglichkeit ist, wie schwer es mir fällt, sie mit anzusehen - wieder sagst Du es schon selbst - ein solcher Sohn wäre auch Dir unerträglich - und ich wäre schuld daran, nein ursächlich?

Und jetzt mache ich es einmal wie Du: ich nehme Deine Worte vorweg. Du wirst mir sagen, ja, und wie war das mit Deinem Vater? Hast Du denn den so geliebt? Und da antworte ich Dir: Ja, ich habe ihn respektiert und geachtet und also auch geliebt, der Vater war immer der Vater, wie Du ja selbst schreibst, aber dann habe ich mich auf meine eigenen Füße gestellt, und ich habe erwartet, daß es mit meinen Kindern auch so wäre. Nebbich.

Aber das führt nicht weiter. Denn all das nimmst Du in Deinem Brief längst vorweg. Nun ist es aber doch so, daß ich mich um Dich sorge. Es ist nicht gut um Dich bestellt, das war es auch nie, und ich fürchte, das wird es auch nie sein. Dein Brief legt nur allzu deutlich Zeugnis davon ab.

Es ist etwas in Deinem Erleben der Dinge, das ich nicht anders als krankhaft bezeichnen kann. Ich sagte oben schon: Gutes frommt Dir nicht. Ich will Dir Beispiele geben. Du schreibst, Du seiest als Kind nicht oder kaum beschimpft und geschlagen worden. Was folgt für Dich daraus: Umso schlimmer! Was haben freundliche Eindrücke bewirkt? Dein Schuldbewußtsein vergrößert! Du wurdest nicht bestraft, „die Hosenträger blieben auf der Stuhllehne" (wie ja wohl eigentlich immer) - was wird bei Dir daraus? Das sei noch ärger als die Strafe, Vorbereitungen zum Gehenktwerden sind das für Dich, die Schlinge hängt vorm Gesicht!!! Wenn ich dementsprechend Eure Erziehung hätte gestalten sollen, oh Gnade mir Gott! Wenn Du einen Henker aus mir machst, und was nicht noch, dann ist es wohl begreiflich, daß Du Furcht hast, aber ich sehe meinen Platz in dieser Darstellung überhaupt nicht. Wenn Gutes Dir nicht frommte, dann also vielleicht Schlechtes? Ja, Du erweckst den Eindruck, als suchtest Du es, aber zu welchem Zwecke? Zwei weitere Beispiele aus Deinem Brief: Wieso hätte ich Dich „einfach niederstampfen sollen, daß nichts von Dir übrigbleibt", wieso hast Du „den ersten Stoß von mir ganz allein aushalten" müssen - Deine Worte! Was für Vorstellungen sind denn das? Was für eine abwegige Phantasie? Der Tyrann, den Du aus mir machen willst, existiert nur in Deiner Vorstellung, aber so klein, wie Du Dich machst - aus der Perspektive muß ja wohl alles bedrohliche Ausmaße annehmen!

Zu welchem Zwecke das alles? Suchst Du in dieser Haltung etwa Deine Einzigartigkeit - in der Einzigartigkeit Deines Schuldbewußtseins? Ich würde es eher Deine Starrköpfigkeit nennen, und Dein Brief gibt hier einen verräterischen Hinweis: „Diese Frage stellte ich mir natürlich nicht ausdrücklich, sonst hätte sich ja das gewöhnliche Denken der Sache bemächtigt" und - sinngemäß - hätte alles viel harmloser ausgesehen! Das gewöhnliche Denken ist wohl zu gewöhnlich für Dich? Deine Haltung ist eine gesuchte Starrköpfigkeit! Auf diese Weise willst Du etwas Besonderes sein?

Je länger ich über Deinem Brief sitze, desto schwerer fällt es mir, Dir all das zu glauben, was Du da vorbringst. Mich befallen immer mehr Zweifel, ob das überhaupt ein Brief ist, den ich da vor mir habe. Jedenfalls ist es kein Brief, auf den sich wirklich antworten läßt, denn Du nimmst mir ja schon alle möglichen Einwände, Richtigstellungen, Erklärungen weg. Für eine Antwort bleibt gar kein Raum in Deinem Brief. Gegen Ende legst Du mir gar noch eine Antwort in den Mund! Und sagst obendrein höhnisch: „Die Antwort, der Einwand stammt aber von mir!" Eine Frechheit! Es kommt Dir eben gar nicht auf Rede und Gegenrede an. Aus dieser mir von Dir weggenommenen Antwort, der ich im übrigen nicht ganz folgen kann, bleibt mir das Wort „Schmarotzertum" (denn als „Liebedienerei" habe ich Deine Worte ganz gewiß nicht empfunden). Ja, ich schließe mich diesem Dir von Dir gemachten Vorwurf an, aber diesmal anders als Du denkst.

Ich höre, daß man mit dem Schreiben, wenn es sich denn richtig trifft, auch viel Geld verdienen kann. Es gibt ja sogar einen Nobelpreis dafür. Nun gut, das soll mir noch einleuchten, insofern habe ich vielleicht Dein Schreiben nicht genug gewürdigt. Nun ist, wie man in der Zeitung liest, seit ein paar Jahren ein Schriftsteller aus Deutschlands Norden als Kandidat für den Nobelpreis im Gespräch, und zwar für ein Buch, in dem er seine Herkunft und seine Familie skrupellos schriftstellerisch plündert. Ohne jeden Anstand. Schamlos, hemmungslos, rücksichtslos, schändlich. Und das ist mein Verdacht: Dein Brief ist kein Brief, Dein Brief soll wohl ein „origineller" Teil Deines „Werkes" sein. Dazu habe ich nur eins zu sagen: Wenn Du auf diese Weise, indem Du Deine Familie so bloßstellst, zu Ruhm und Ehren kommen willst - nein, mein Sohn, dafür kann ich nun keine Hochachtung empfinden. Da war meine Arbeit dann doch die ehrlichere.

Dein Vater

Wolfgang Schmidbauer

Lieber Franz! Mein lieber Sohn!

Ich hatte in dieser geistig-zeitlosen Welt, in die wir beide nun schon seit vielen Jahren hinübergewechselt sind, genügend Gelegenheit, mich über Deinen Brief zu grämen, zu erstaunen, mich schuldig zu fühlen und schließlich die Dinge so zurechtzurücken, daß ich imstande bin, mit ihnen zu verbleiben - zu leben, hätte ich fast gesagt, wenn es nicht ein unpassendes Wort wäre in der Lage, in der wir uns befinden.

Ich glaube jetzt, daß Dein Brief doch ein ganz wesentlicher Ausdruck einer Epoche ist, die ich nicht heraufkommen ahnte - wie sollte ich auch? - und nach der sich vielleicht die jetzt Lebenden schon wieder sehnen, so vertraulich und geborgen-altmodisch erscheint sie ihnen, mit ihren gestärkten Krägen und höflichen Umgangsformen, so ohne Geschrei und mit viel Raum auch für die Einwände des Toren. Was es mir am meisten erleichtert hat, Dich zu verstehen und Dir auch zu verzeihen, ist der Einfall, daß Du doch vor allem aus Neid geschrieben hast, daß aber dieser Neid, der sich für Dich in nichts anderem anschaulich machen konnte als in mir, diesem lauten und widerspruchsvollen, lebenslustigen und manchmal auch bösartigen Mann, kein persönlicher Neid ist, sondern einer, der sich auf Sicherheiten richtet, die verloren sind, unersetzlich verloren, womit sich vielleicht meine Enkel (die Du mir leider nicht gezeugt hast) abgefunden hätten, womit Du Dich aber nicht hast abfinden können oder wollen. Doch, Du hättest es gewollt, das glaube ich, aber Du hast es nicht gekonnt, weil die Angst zu mächtig in Dir war, und weil Du doch alles ganz alleine entscheiden wolltest, Dich niemandem anvertrauen, Dich auf nichts stützen, außer auf das, was Du selbst aus Dir heraus entworfen und auf das Papier gebracht hast. Das mag dann ein Spiegel gewesen sein, der Dir ein wenig Halt gab, aber es kam kein Echo aus ihm, es war ein Kreislauf, der Dich ermüdete, nicht belebte und bereicherte, obwohl andere, die gelesen haben, was Du schriebst, Dich doch so oft als jemanden empfanden, der ihnen etwas gab. Du konntest Dir von Deinen eigenen Gaben nichts nehmen, und Du konntest Dir nicht einmal vorstellen, daß sie jemand anderem etwas bedeuten, sonst hättest Du doch nicht Deinem Freund geboten, Deine Papiere zu vernichten, woran er sich, und die Welt dankt es ihm, als an die eigentliche Treue zu Dir, glücklicherweise nicht halten mochte. Aber daß es so mit Dir kam, das zeigt doch, wie wenig Du erkanntest, was Du zu geben hattest und was andere gerne von Dir angenommen hätten, und in diesem Punkt, in dem Du von mir, der ich so wenig zu geben hatte, etwas annehmen konntest, hast Du die Hände zur Faust geballt und in die Tasche gesteckt und bist ungesättigt gegangen, dem Hungerkünstler gleich, über den Du schreibst.

Wir haben uns verfehlt, kein Zweifel, wir sind miteinander gescheitert, und es mag richtig sein, wenn Du sagst, daß der Sohn an diesem Scheitern mehr leidet als der Vater, weil es sein Leben von Anfang an bestimmt, und der Vater über es einen größeren und dichteren Schatten wirft, als es der Sohn jemals in der anderen Richtung tun kann. Gleichzeitig ist es aber doch auch so, daß Deine Geisteskräfte jugendlich und frisch und gebildet waren, während ich schon längst über den Zenith der meinen gewandert war, als Du immer noch versuchtest, von mir etwas zu erfahren oder in meinem Leben die Versöhnung jener Widersprüche zu finden, die man doch nur ertragen, niemals aber bewältigen kann. Wie kannst Du von mir, einem alternden, ungebildeten, eigensinnigen Mann, der Dir geistig weit unterlegen ist, die Lösung jenes Rätsels erwarten, mit dem Du Dich so quälst - von mir, der ich offensichtlich nicht einmal wach genug bin, mir die Fragen zu stellen, die Dir Deinen Schlaf rauben? Es wäre doch so einfach gewesen, Du hättest mich nur ein wenig bewundern und loben und anerkennen müssen, und ich wäre dahingeschmolzen, es ist doch nicht schwer, mich um den Finger zu wickeln, schon gar nicht für einen, nach dessen Lob ich mich sehne und um das ich auf meine törichte Weise auch geworben habe.

Das habe ich jetzt erkannt, daß ich gerade dadurch, daß mein Vater so arm und hart war, wie ich mich bemühte, reich und gegen meine Kinder weich zu sein, eine viel größere Freude dem Leben gegenüber erworben habe, als Du es jemals konntest. Wer (Du hast es mir vorgehalten, aber ich habe es auch wirklich erlebt) schon als Kind mit dem Lumpenkarren über die Dörfer fährt und froh ist, wenn er eine Kartoffel findet, die der Bauer beim Roden übersehen hat, wer von seinem Vater mehr Schläge bekommt als gute Worte, der freut sich auf das Leben, auf die Freiheit, auch darauf, eine eigene Frau zu haben, weil er es fast überall besser findet als zuhause. Er hat es leicht, die guten Dinge zu nehmen und die schlimmen abzuschütteln, weil er genau weiß, wie hart das Leben sein kann und wie wenig es nützt, sich von innen her zu schwächen, weil die entscheidenden Gefahren doch von außen kommen - Haß, Neid und die anderen Bosheiten der Menschen, Krankheit, Schmerz und Tod. Von alledem habe ich versucht, nachdem ich etwas erreicht hatte, meine eigene Familie zu bewahren.

Du siehst, auch ich bin, wie wir alle, nachher klüger. Aber ich hoffe, daß auch Dir inzwischen klar geworden ist, daß jeder von uns nur in den Grenzen handeln kann, die ihm sein Schicksal gesetzt hat, und daß ich ebensowenig Dich freigeben konnte, wie Du mich freigegeben hast. Es wäre eine übermenschliche Leistung gewesen für mich in meiner Zeit, was meinem Vater doch so mühelos gelang, mir nämlich mein Zuhause so zu verleiden, daß ich nie und nimmer einen Gedanken an ihn und sein Leben verschwendete, sobald ich selbst ein Mann geworden war und die Frauen nach mir blickten. Du aber hast Dich aus lauter Angst, eine eigene Familie zu haben, an Mutter und mich gehängt, hast das Selbstverständlichste von der Welt, die Liebe zwischen Mann und Frau und die Zeugung von Kindern, zu etwas unendlich

Kompliziertem gemacht und Deine Befürchtungen durch unsere Unbekümmertheit gerechtfertigt, so recht ein umgekehrter Baron Münchhausen, der sich am eigenen Schopf nicht aus dem Sumpfe zieht, sondern tiefer hineintunkt.

Wie sehr Du in Deinen Ängsten Kind geblieben bist und Dich fürchtest, zu sein, was Du doch bist, ein erwachsener Mann, der längst getötet und gezeugt haben könnte, wie es doch Männersache ist, das zeigt auch Dein Neid auf die Liebe Deiner Mutter zu mir. Ich weiß nicht, ob ich sie verdient habe, und ich muß Dir gestehen, daß ich oft eifersüchtig war, wenn sie euch Kinder verwöhnte und - so schien es mir - schlecht vorbereitete auf das Geschäft, in dem jeder lernen muß, im rechten Augenblick hart zu sein. Aber vielleicht ist es gerade das: nicht diese bohrenden Fragen zu stellen, ob Liebe verdient ist, sondern sie zu nehmen, wo man sie bekommt, und zu geben, wo man sie fühlt. Du schreibst so, als ob einer von uns alles in der Hand gehabt hätte, und darin bist Du weder gerecht noch klug, sosehr Du diese Eigenschaften uns beiden wünschst.

Du hast mir die Jugenderinnerungen von Benjamin Franklin zu lesen gegeben, weil Du mir zeigen wolltest, wie ermutigendere Verhältnisse beschaffen sind als die unsrigen. Aber Du hast übersehen, daß Franklin den Schritt gewagt, daß er einen Sohn gezeugt hat. Dem Sohn ist auch dieses Buch über den Großvater gewidmet. Siehst Du nicht, daß Du in Deiner Angst vor dem Leben, die damit zusammenhängt, daß Du alle Deine Ideale verwirklichen oder aber an ihnen scheitern willst, kalt und abweisend bist und - weil Du Dir selbst nichts gönnst - auch andere kurz hältst? Wer Kinder hat, urteilt milder über die eigenen Eltern, denn er weiß, wie wenig besser als diese er es selbst machen kann. Du aber hast Dich Deinen Verlobten verweigert, die es doch mit Dir zusammen wagen wollten, in diesen ewigen Kreislauf einzusteigen. So mußt Du eben auch die Freuden entbehren, wenn Du die Leiden, die Beschämungen und Unvollkommenheiten nicht auf Dich nehmen willst. Hunger ist der beste Koch; was aber soll dem Verwöhnten, dem Übersättigten schmecken? Ich weiß es nicht, aber ich vermute doch, daß ich in einer ganz anderen Richtung, als es die ist, welche Du mir vorgeben möchtest, gefehlt habe. Ich habe mich zu viel gekümmert, ich habe Dich und Deine Geschwister zu sehr verwöhnt, und habe dann auch zuviel von euch allen erhofft. Ich wollte besser sein als mein eigener Vater, und das hat uns in diese Lage gebracht. Und auch Du willst ein besserer Vater sein, als ich einer war, und das hat Dich in Deine Lage gebracht. Aber Du hast Dich dafür entschieden, die Kette abreißen zu lassen, und das zeigt mir, daß Du einen Stolz hast, der noch weit über meinen Dünkel hinausgeht, denn Du glaubst wohl, wenn es Dir nicht gelingt, Dich mit Deinem Vater zu versöhnen, wird es Deinem Sohn ebenfalls nicht gelingen, und deshalb raubst Du ihm und mir diese Chance und legst sie mir als Buch auf den Nachtkasten, als ob ich etwas tun könnte - ich kann doch nicht meine eigenen Enkel mit Deinen unglücklichen Verlobten zeugen.

Was ich Dir jemals gesagt und getan habe, ist vorbei, vergangen. Überall gibt es Verzeihung, Erlaß von Schulden, die Hohepriester luden sie dem Bock auf, der in die Wüste geschickt wurde, die Christen beichten, die bürgerlichen Richter akzeptieren eine Verjährung. Was sind meine Verbrechen? Beleidigungen Deiner Seele. Mag sein. Ich wußte es nicht anders. Unkenntnis ist keine Entschuldigung, Unmündigkeit hingegen schon, das weißt Du besser als ich, der ich nicht Jura studieren konnte. Wann verjähren Beleidigungen? Ich vermute, nach einigen Jahren, es dauert gewiß nicht länger als Sachbeschädigung oder Diebstahl! Du bist ein unbarmherziger Verfolger, erinnerst Dich an alles und versuchst, Staatsanwalt und Richter in einer Person zu sein. Du wirfst mir vor, daß ich meine Kommis angeschrieen und über alle möglichen Leute geschimpft habe, aber nach diesen Gewittern war ich doch auch wieder freundlich, und ich habe in mir keinen so kalten und langdauernden Haß angesammelt wie Du; Du hast wohl auch gesehen, daß ich trotz meiner Launen beliebt war und hast keine Lehren daraus gezogen. Gerade weil Du meine kleinen Hilfsmöglichkeiten, meine

Wut loszuwerden, mit solchem Abscheu verfolgst und entwertest, weißt Du offenbar selbst nicht, wie Du mit den Frauen fertig werden sollst, die Dir Anträge machen. Du willst ganz rein und ganz gut sein, weil Dir bei jeder befreienden kleinen Bosheit, die doch auch in Dir steckt, Dein Vatermonster erscheint, und Du erkennen könntest, daß Du ihm doch nicht sittlich so turmhoch überlegen bist, wie es Dich dünkt, solange Du Dich von der Realität einer Liebe zwischen Mann und Frau so weit fernhältst, wie es Dir Deine Ängste gebieten. Nein, Deinen großen Anspruch willst Du nicht mit allzuviel Wirklichkeit beflecken. Du ziehst es vor, Dich in Deinen Luftschlössern und Traumburgen zu verschanzen und Dich über Deinem Versagen damit zu trösten, daß von denen, die sich da weit unter Dir bewegen, keiner genau das erreicht, was richtig wäre. Die wenigsten gewinnen einen Teil dessen, was sie sich vorgenommen haben. Aber diese dummen Würmer, deren Vitalität Du mit geheimer Lust verabscheust, haben immer noch Ideale, an die sie selbst sich nicht halten können und die sie doch weitergeben möchten.

Das ist es ja, was Du mir anscheinend am wenigsten verzeihen kannst, daß ich inkonsequent bin und über die Juden, die Deutschen und die Tschechen gleichermaßen schimpfen kann, daß ich von meinen Kindern gute Tischmanieren verlange und mich selber nicht daran halte. Du sagst, daß gerade dieser Einfluß, dieses Vorbild so bedrückend gewesen sei für Dich. Aber ich finde Dich darin nicht konsequent. Wenn ich wirklich in allem so gewesen wäre, wie ich es als guter jüdischer Familienvater hätte sein müssen, wenn es in meinem Vorbild für Dich gar keine Widersprüche und Ungereimtheiten gegeben hätte - dann wärst Du doch sicher noch weit stärker eingeschränkt und unterdrückt worden als durch die Art, wie ich mich nun einmal verhalten habe, schwach und unlogisch und voller Wertvorstellungen, die ich für richtige halten, dann aber doch nicht erfüllen konnte. Und daß ich mir Mühe gab und guten Willens war, das gestehst Du mir ja zu, aber es scheint alles noch schlimmer zu machen für Dich, vielleicht weil Du Dir auch Mühe gibst und guten Willens bist, und das mit einer Konsequenz und Lückenlosigkeit, die mir abgehen.

Damit hängt unser zweites und vielleicht ebenso großes Mißverständnis zusammen. Ich rede einfach so dahin und finde immer viel wichtiger, was ich tue, was ich kaufe oder verkaufe, auf der Haut und darunter spüre oder nicht spüre, als was ich sage. Worte sind doch etwas ganz Beliebiges, man macht im Geschäft viele Worte, ohne daß es darauf sonderlich ankommt, es ist nur wichtig, daß der Kunde das Empfinden hat, er werde gut bedient. Bei den Frauen ist das doch ganz ähnlich, es zählen doch nicht die schönen Worte, die kann jeder Schwindler drechseln, es geht darum, was ein Mann darstellt, was er will, wie er eine Frau befriedigen und eine Familie beschützen kann. Du aber hast Dir aus Deinen Worten ein Gefängnis gebaut, aus dem Du nicht mehr heraus konntest. Mit Deinen Worten hast Du Dich verlobt, aber um zu heiraten, hättest Du aus Deinem Wortkäfig treten müssen, es hätten Deine Taten gezählt, Dein Mut, Dich auf etwas einzulassen, was nicht vorauszusehen ist, was man nicht mit großen und kleinen Begriffen fein säuberlich beschreiben und bis ins Letzte festhalten kann. Wenn Du Dich einmal dafür interessiert hättest, was Du als meine vollständige Empfindungslosigkeit beschreibst, wenn Du Dich mit den Dingen beschäftigt hättest, die mir wichtig sind, und nicht einfach an denen gemessen, die Dir etwas bedeuten, dann hättest Du Dir das ganze Leid erspart, das ich Dir mit meinen losen Reden zugefügt habe, die ich schon längst vergessen hatte, während Du sie immer noch erinnerst und in Dir wiederholst, um mir und Dir meine Wertlosigkeit zu beweisen. Aber findest Du nicht, daß Du keinen Vater bräuchtest, sondern Jehova persönlich? (Obwohl ich mir vorstellen kann, daß Du auch ihm noch seine Widersprüche vorhalten würdest, er hat gewiß genug davon in seinem heiligen Buch stehen.)

Meine Schwächen haben Dich genauso belastet wie meine Stärken. Du argumentierst bald mit den einen, bald mit den anderen. So nimmst Du mich in die Zange und klagst zugleich darüber, wie unselbständig Du geblieben bist und wie wenig ich Dich losgelassen habe. Und wenn ich mir Mühe gebe und mich zusammennehme und Deiner Schwester sage, sie sei großjährig und wüßte doch selbst, was sie tut, dann sind es nicht mehr die Worte, die Du mir vorhältst, sondern es ist der beleidigte, der vorwurfsvolle Ton, in dem ich sie gesagt habe. Auf diese Weise kannst Du nur Recht behalten, denn Du entscheidest über meine Glaubwürdigkeit und meinen guten Willen, und wenn Du mir meine Tyrannei vorwirfst und meine Unfähigkeit, eine andere Sicht der Welt gelten zu lassen als die eigene, dann kann ich mich nur fragen: Was willst Du mir über mich sagen, das ich nicht schon von Dir her erlebe. Ich bin groß und mächtig, aber gleichzeitig abhängig von jedem banalen Scherz und beschränkten Uniformträger. Wenn ich eine Zote erzähle, ist es kein Scherz, sondern ein Zeichen für meine Minderwertigkeit und gleichzeitig für meine beschämende Vitalität. Wenn ich stolz bin auf einen Hofrat als Kunden, ist es ein Makel an mir, der Dich erfreut - denn so kannst Du auch ein wenig Macht gewinnen - und doch gleichzeitig auch schmerzt, denn ich müßte doch vollkommen sein. Ich fühle mich umzingelt, und wenn Du mich mit Göttern oder Königen vergleichst, dann bist Du doch das Auge des Allmächtigen selbst, dem nichts entgeht, das nichts vergißt und nichts vergibt.

Du sagst wenig über die Beziehung zu Deiner Mutter, aber ist es nicht viel entscheidender für Dein Versagen in diesen ewig angekündigten und dann doch nicht vollzogenen Hochzeiten, daß Du sie nicht loslassen konntest und jede der Frauen, deren Zuneigung Du fandest, an ihr gemessen hast? Ich erinnere mich, wenn ich an meinen Vater und meine Mutter denke, daß ich beide in manchen Seiten geliebt und in anderen abgelehnt habe. Ich weiß nicht, ob das anderen Söhnen so geht, und ohnehin verwundert mich mehr, daß ich noch immer eine solche Rolle in Deinem Leben spiele, als die Art, wie Du mich darstellst. Es scheint mir, als wolltest Du Deine Kindheit nicht loslassen, von der befreit zu sein für mich der erste, vielleicht als größtes Glück erlebte Sieg meines Lebens war. Ich ließ sie hinter mir, meine liebe, aber oft schwächliche Mutter, die nie wirklich begriffen hat, worum es in Geschäften geht, aber sich doch so gerne beklagte, wenn es nicht nach ihren Wünschen ging - nicht laut, nicht gegen den Vater, den sie fürchtete, aber leise, gegen mich, das mochte ich nicht, es schien mir unwahr und feige und erinnert mich ein wenig an Deine Art, mit mir umzugehen, an dieses Schriftlich-Umfassende, gegen das man sich nicht wehren kann. Du kannst es vom ersten bis zum letzten Wort ganz ungestört durch das, was ich wirklich bin, verfassen und Dich darin einspinnen wie in einen Kokon.

Deine Mutter und Du, das ist aber ein anderes Kapitel. Sie hat Dich immer sehr geliebt, mehr als die Mädchen, obwohl sie gerecht sein wollte und auch mir immer verbunden war. Du schreibst von dieser großen, unerträglichen Angst vor einer Ehe und erwähnst mit keinem Wort, daß Ehe doch heißt, sich mit einer anderen Geliebten zu verbinden als mit der, die eine ganze Kindheits- und Jugendzeit die einzige, die große und mächtige Frau war. Wenn Du jetzt in Deinem Brief versuchst, Dir selbst und auch mir diese Deine Angst zu erklären, erwähnst Du diese Frau nur als den Treiber, der mir, dem großen Jagdherrn, Dich als Beute zugetrieben hat. Ich bin die einzige Quelle Deiner Schuldgefühle, kein Wort gilt Deiner Furcht, einer anderen Frau die Liebe zu schenken und sie von ihr zu empfangen, die doch ohne Zweifel zwischen Dir und Deiner Mutter herrschte. In der Welt, die Du Dir da zurechtmachst, bin ich der Böse und Mächtige, die Mutter aber ist gänzlich gütig, jedoch zu schwach, sich durchzusetzen. So einfach kann das doch gar nicht sein, so klar können sich Licht und Schatten doch nicht trennen lassen bei zwei Menschen, die verheiratet sind.

Du willst mich in Dich verwandeln, um endlich haben zu können, was Du ersehnst, statt von mir zu lernen, wie man als Mann aus dem Elternhaus geht und eine eigene Familie gründet. Ödipus hat seinen Vater erschlagen und seine Mutter geheiratet. Dir fehlt dazu die Entschlossenheit, aber in

Deinem Verzicht, Deiner Selbstquälerei, Deiner Angst, die Du für so unüberwindlich hältst und für die Du mich als Sündenbock gewählt hast, steckt doch derselbe Wunsch. Du willst die Mutter ganz für Dich haben, Du willst mich aus Deinem Leben schaffen, und Du fühlst Dich schuldig, weil Du nicht endlich Vater und Mutter verläßt, um Dein eigenes Leben zu beginnen. Ob Du jetzt der große Käfer bist, in dessen Panzer jede lebendige Regung erstarrt, ob der Angeklagte in einem unerklärlichen Prozeß, ob der Hungerkünstler oder der Landvermesser, der so vergeblich auf seinen Bescheid wartet, immer ist es dieses Versäumnis, Täter zu sein und nicht Opfer, sich schuldig zu machen und nicht nur Schuldgefühle zu pflegen. Du siehst, ich habe Deine Bücher nicht auf meinem Nachtkasten liegen lassen, sondern auch in ihnen gelesen, ich habe sie bewundert und unter ihnen gelitten, denn Du bist mein Sohn, den ich auf meine Weise liebe. Du aber hast Dich in eine Welt zurückgezogen, in der ich nicht mehr ich selbst sein darf, sondern ein Kunstprodukt geworden bin, eine geometrische Figur, die Deiner Vermessung entspringt. Ich ahne schon, daß Du mir auf diese Weise ein wenig Unsterblichkeit geben wirst, eine von der Sorte, an der unsereinem, der gerne lebt, herzlich wenig gelegen ist.

Du sprichst von mir als einem herrschsüchtigen Tyrannen, der durch sein Gebrüll, durch Ironie, durch Anklage Macht ausübt. Denkst Du auch über Deine Macht nach? Über die Macht, Dich zurückzuziehen, Dich schuldig zu fühlen und andere, vor allem mich, schuldig werden zu lassen? Deine Schuldgefühle! Ich kann das Wort nicht mehr hören, es scheint mir eines, mit dem Du Mißbrauch treibst, es ist wie ein pazifistischer Dolch, den Du ganz friedlich Dir selbst ins Fleisch stößt, der aber auch alle verwundet, die Dir nahestehen und sich wünschen, daß Du endlich von dieser Wunde genesen Deinen Weg gehst. Wir sind, das sehe ich ein, beide sehr rechthaberisch und haben es nicht leicht, eine andere Meinung gelten zu lassen als die eigene. Aber ich mußte für meine Rechthaberei bezahlen, ich habe Kunden verloren, bin von meinen Angestellten ausgenützt worden, meine Kinder haben mich im Stich gelassen. Du hingegen wirst für Deine Rechthaberei bezahlt, weil Du sie in so wohlgesetzte Worte fassen kannst. Du wirst von Deinen Lesern bewundert, obwohl ich mir nicht vorstellen kann, daß es oft eine andere Bewunderung ist als die für einen gut gemachten Albtraum. Mein Vater hat oft gesagt, s'billige Vergnügen, wenn einer in der Frostnacht den nackten Fuß aus der Decke streckt, bis er so richtig friert, und ihn dann wieder hineinzieht ins warme Wohlsein. Ähnlich erleichtert ist man doch, wenn Deine Geschichten zuende sind, denn so arg, wie Du es machst, ist das Leben nicht. Du hast Dich immer zurückgehalten und gequält, das tut mir leid und weh, aber es ärgert mich auch, daß jemand so verschwenderisch mit den eigenen Gaben umgeht, so wenig aus ihnen macht, sie einsperrt und erstickt. Dein Brustübel, das Dich schließlich das Leben gekostet hat, das hängt doch auch damit zusammen, daß Du nie mit vollen Zügen geatmet und gelebt hast, sondern immer etwas zurückgehalten und erstickt, das dann in Dir faulte und Dich von innen heraus aufgefressen hat.

Wie wenig Du mich kennst, zeigt der letzte Teil Deines Briefes, in dem Du versuchst, mich zu Wort kommen zu lassen und Dich durch mich des Schmarotzertums, der Liebedienerei bezichtigst. Ach Franz, auch hier ist es doch wieder so, daß Du einfache Dinge kompliziert machst und Dir nicht vorstellen magst, daß es eine arg künstliche Unterscheidung ist, ob ich eigennützig oder uneigennützig, schmarotzend oder spendend liebe. Das geht doch immer alles durcheinander, wenn zwei Menschen zusammen leben und fühlen, daß sie zusammengehören. Du willst ein reiner Erwachsener sein und deshalb mußt Du Dich Deiner immerwährend schmarotzenden Kindlichkeit bezichtigen. In Wahrheit sind Erwachsene doch die, welche gelernt haben, mit dem unauslöschlichen Rest des Kindlichen in sich auszukommen, es nicht weiter tragisch zu nehmen, daß sie groß und klein, verantwortlich und unverantwortlich, töricht und weise, naiv und gerissen, Ritter und Ungeziefer in einem sind und damit rechnen müssen, daß es den anderen Erwachsenen ebenso geht. Das Leben ist, wie Du sagst, mehr als ein Geduldspiel, in dem am Schluß alle Teile zusammenpassen. Es ist mehr als Dein Wortbaukasten, den Du so virtuos beherrschst, der Dich aber auch so wehrlos macht, wenn Du es mit einem lebendigen Mann oder einer lebendigen Frau zu tun hast, die nicht Deine Mutter ist. Aber vielleicht hilft es uns beiden, wenn jetzt auch ich in diesen Baukasten gegriffen habe, uns der Wahrheit ein wenig zu nähern und zu erreichen, was Du weder möglich machen noch für unmöglich halten konntest - uns zu versöhnen.

Dein Vater

Dieter P. Meier-Lenz

Lieber Franz, mein lieber Sohn,

die Söhne von heute haben wohl alle einen Vaterkonflikt. Du machst da keine Ausnahme. An allem, was im Leben nicht gut geht, was Schwierigkeiten, was Arbeit, Mühe und Sorgen macht, ist eben der Vater schuld, der übermächtige Vater der Kindheit, der alle freien Triebe erdrückt hat, versteht sich.

Aber da machst Du es Dir in Deinem Brief sehr leicht, wenn Du in „Deiner" Konfliktsituation mit mir die Ursachen allen Übels siehst, denn das ist nur die eine Seite, Deine persönliche, unmaßgebliche Meinung. Meinerseits existierte ein solcher Konflikt nicht. Ich hatte keinen „Sohnkonflikt", da ich mich mit ganz anderen Sorgen herumschlug. Ich mußte das Leben meistern, das Geschäft zum Florieren bringen, für die Familie sorgen und hatte nur Hemmnisse aus dem Wege zu räumen. Mich umgaben nur kleine Geister, die an allem verzweifelten und in allem versagten, wie zum Beispiel auch Du. Aber Du warst kein Einzelfall. Überall mußte ich mit einer gewissen Strenge eingreifen, im Geschäft und in der Familie.

Da Du all die Härten des Lebens nicht erfahren hast, die ich in meiner Jugend ertragen habe und durch die ich erst in der Lage war, etwas Vernünftiges zu schaffen, wird es Dir sicher auch schwerfallen, meine Situation zu verstehen. Ich will jetzt nicht alle Stationen meiner schweren Jugend aufzählen, denn in Deinem Brief wird zur Genüge klar, daß Du davon gar nichts mehr hören willst. Aber all Deine Vorwürfe kränken mich überhaupt nicht, da Du mir auch gar keine Schuld gibst, Dir übrigens auch nicht.

Deshalb verstehe ich das ganze Theater nicht. Du hast angeblich keine Schuld. Ich habe keine Schuld. Aber trotzdem gibt es ein Opfer, das bist Du. Es gibt Vorwürfe, Kleinlichkeiten, Ungerechtigkeiten und immer den großen Schatten eines unmenschlichen Vaters, den Du wohl nie begreifen kannst, dem Du aber letzten Endes doch die Schuld in die Schuhe schieben willst. Als juristisch gebildeter Mensch führst Du hier einen unmöglichen Prozeß mit mir, den Du verlieren wirst.

Du bist als Kind viel zu ängstlich gewesen und hast Dir Nebensächlichkeiten zu Herzen genommen, an die ich mich nach dreißig Jahren überhaupt nicht mehr erinnern kann. Ich selbst gebe zu, davon keine Ahnung zu haben, daß Deine Jugend im Kreis unserer Familie eine „Strafkolonie" für Dich war und daß Du dich in Deinem Inneren durch Deine übergroße Sensibilität in einen „Käfer" verwandelt hast. Ja, Du siehst, ich habe einige Deiner Schriften gelesen. „Leg's auf den Nachttisch!" Das war kein leeres Wort. Aber erst durch Deinen Brief bin ich nachdenklich geworden, in dem Du sagst: „Mein Schreiben handelte von Dir, ich klagte dort ja nur, was ich an Deiner Brust nicht klagen konnte. Es war ein absichtlich in die Länge gezogener Abschied von Dir."

Deshalb bin ich aufmerksam geworden, auf das, was Du geschrieben hast. In der „Verwandlung", in dieser unglaubwürdigen Käfergeschichte, schilderst Du tatsächlich einige Situationen unserer Familie. Aber wie verirrst Du dich dabei, wie überschätzt Du Dich als Ernährer der Familie in Deiner Rolle als Handelsvertreter. Nichts ist davon wahr. Du machst Dich auf ekelhafte Weise zum Mittelpunkt der Familie, indem Du Dich in Deiner verstiegenen Phantasie in ein Tier verwandelst, das uns durch seine edle, sanfte Anwesenheit tyrannisiert.

Wie Du schreibst, warf ich mit Äpfeln nach Dir, die allmählich in Deinem Rücken verfaulten, schlug Dich mit dem Stock und teilte sogar „tödliche Schläge" aus. War ich Dein Mörder? Habe ich Dich umgebracht? Und mußt Du mich so diffamieren, indem Du mich öffentlich in Deiner Geschichte, die auch Fremde lesen werden, als Deinen Peiniger hinstellst? Aber es kommt noch schlimmer:

Du machst mich zum Diener, der sich bei fremden Leuten verdingen mußte, weil der Herr Sohn als Ernährer der Familie ausgefallen war. Nun bin ich also Dein Lakai, der in Livree auch zu Hause herumläuft. Was soll das? War das Dein Wunschtraum, die Machtverhältnisse umzukehren? Wolltest Du als kleiner Schwächling, der Du nun einmal warst, etwa die Familie lenken und ernähren?

Und was machst Du aus Deiner Mutter, die Dich innig liebt, die Du aber als weinerliche, hinfällige, von mir abhängige Alte darstellst, die in Ohnmacht fällt, wenn sie Dich als Käfer sieht?

Deine Schwester wird zu einer oberflächlichen, schlampigen Krankenschwester, die nicht in der Lage ist, Dich käfergerecht zu ernähren, die kein Einfühlungsvermögen hat, alles falsch deutet, weil Du als Käfer unfähig bist, Dich sprachlich auszudrücken, und die Dich damit auch quält und mißhandelt.

Und, als Du endlich gestorben bist, wirst Du von uns allen als der letzte Dreck weggeräumt, weil für uns nun endlich die Freiheit, die Freiheit von Dir, winkt. Wir können nun endlich ohne Dich ein menschenwürdiges Leben führen. Nehmen freudig eine neue Wohnung und richten unser Leben neu ein.

Und die Moral von der Geschicht': Wir sind mit ungeheurer Schuld beladen. Wir haben durch unsere Tyrannei zuerst Deine Verwandlung bewirkt und Dich dann zu Tode gequält. Armer Franz, wozu hast Du Dich da verstiegen!

Dein Brief ist da ganz anders, da kannst Du wenigstens noch sprechen. Du sprichst Dich aus mit mir und sagst mir etwas, allerdings nicht ins Gesicht. Im Dialog hättest Du es nie gewagt, so mit mir zu reden. Aber das verzeihe ich. Ich freue mich, daß Du überhaupt den Mut aufgebracht hast, mir zu schreiben, mir direkt zu schreiben.

Denn alle anderen „Werke" von Dir sind indirekte Briefe an mich, das bestätigt mir Dein Brief.

Das sagt aber auch Deine komische Geschichte „Das Urteil", in der Du wiederum den Vater und die häusliche Umgebung völlig verzerrt darstellst.

Auch hier bist Du wieder in Deiner Wunschvorstellung der große und starke Ernährer der Familie, diesmal nicht als Ungeziefer deformiert, sondern als erfolgreicher Geschäftsmann und Erhalter der Familie. Der Vater ist ein kränkelnder armer Wurm, eigentlich ist er der Käfer. Du pflegst ihn liebevoll und schämst Dich seiner schmutzigen Unterwäsche. Du „trägst" ihn, und hier muß ich lachen, Du trägst Deinen Riesen von Vater ins Bett. Darunter wärest Du wohl in Wirklichkeit zusammengebrochen. Aber hier in Deiner verschrobenen Phantasie ist das alles möglich. Du kehrst die Verhältnisse um: Ich werde zum kranken, pflegebedürftigen Sohnväterchen, und Du wirst zum starken, selbstbewußten, alles überblickenden Übervater. Deine Mutter hast Du einfach sterben lassen. Sie war ohnehin ein für Dich unnützes Lebewesen in unserer Familie, weil sie immer zu mir hielt. Also weg damit! Sie war übrigens der einzige Mensch, dem ich vertrauen konnte.

Dein Wunschtraum war schon immer, so wie ich zu werden. Aber ich war ja schon da. Zweimal konnte es so etwas in einem Haushalt nicht geben. Das wäre nicht gutgegangen. Also mußtest Du Dich in seltsame Wege versteigen, was Deine Geschichte „Das Urteil" dann wieder beweist: Du machst mich am Ende der Geschichte wieder zu Deinem Beherrscher, weil ich die Mittel in der Hand habe, Deine Verlobung mit einer untreuen Geliebten null und nichtig zu machen. Und Du läßt mich mein Urteil über Dich sprechen. Es lautet: Geh ins Wasser! Und Du dummer Junge machst das auch noch! Warum gibst Du der Geschichte diesen eigenartigen Schluß, der doch gar nicht mit Deinem Wunschtraum zusammenpaßt? Hättest Du Dir nicht einmal diesen Traum wenigstens auf dem Papier erfüllen können und den kränklichen Vater sterben lassen? Nein, das konntest Du nicht, dann wären ja alle Deine Leiden beendet gewesen. Mutter und Vater wären tot, Du wärest der alleinige Herrscher und Erbe aller Macht gewesen. Nein, diesen Wunsch konntest Du Dir nicht einmal in der Phantasie erfüllen. Du brauchst den Leidensdruck als Lebensinhalt. Deshalb muß die Geschichte so enden: Ich verurteile Dich zum Tode. Zurück bleibt nur die Schuld des Vaters am Tode des ach so armen, armen Sohnes.

Deshalb wird mir auch klar, weshalb Du in Deinem Brief immer wieder von unserer gegenseitigen Unschuld sprichst, weil Du mich damit schuldig sprechen willst. Man kann einen Menschen im Verlaufe eines romanlangen Briefes schuldig sprechen, indem man immer und immer wieder seine Unschuld beteuert. Ich weiß, was Du sagen willst: Deine Kindheit, Deine zarte Jugend habe ich wie in einer „Strafkolonie" verformt, käferhaft verwandelt. Ich habe Dich überhaupt nicht „erzogen". Aber ich habe Dich behandelt wie alle Familienväter ihre Kinder in unserer Epoche, streng, hart, mit dem Ziele, Dich für das Leben stark zu machen.

In Deiner Geschichte über die „Strafkolonie" wird das Gesetz, das Vaterprinzip, werde also ich zu einer anonymen Maschine, die das Urteil mit Nadeln ins Fleisch gräbt. Ja, ich hab es so gesehen. Du versteckst mich, raffiniert wie Du als ausgebildeter Winkeladvokat bist, in Deiner Hinrichtungsmaschine und verschanzt Dich selbst in dem Besucher der Strafkolonie, der dem makabren Hinrichtungsakt, der ja wohl gleichzeitig eine meiner Erziehungsmaßnahmen sein soll, beiwohnt. Wahrscheinlich kannst Du es mir nicht vergessen, daß ich Dich mal zur Strafe bei Kälte im Nachthemd für nur kurze Zeit auf die Pawlatsche verbannt habe. Ist das etwa die Ursache für die „Strafkolonie"? Die Andeutungen sind deutlich genug: Du glaubst, nicht nur Du, sondern die ganze Welt leide unter der Tyrannei eines unmenschlichen Gesetzes, unter der Gewalt der Väter, die ihre Kinder der Kälte preisgeben. Du als Besucher der Strafkolonie verhältst Dich neutral, leistest keinen Widerstand, wie Du häufig die Leideform geliebt hast, und wartest lieber ab, bis die ganze Maschinerie von selbst zusammenbricht. Den einzigen Anhänger und Verehrer der Maschine läßt Du aber eines grauenhaften Todes sterben. Das ist die Todesart, die Du wohl mir zugedacht hast.

Du schreibst weiterhin in Deinem Brief: „Ebenso wenig Rettung vor Dir fand ich im Judentum. Hier wäre ja an sich Rettung denkbar gewesen, aber noch mehr, es wäre denkbar gewesen, daß wir uns beide im Judentum gefunden hätten." Und kurz danach heißt es bei Dir: „Später als junger Mensch, verstand ich nicht, wie Du mit dem Nichts von Judentum, über das Du verfügtest, mir Vorwürfe deshalb machen konntest, daß ich (schon aus Pietät, wie Du dich ausdrücktest) nicht ein ähnliches Nichts auszuführen mich anstrenge."

Mein lieber Sohn, da hast Du sicher eine schwache Stelle bei mir entdeckt. Aber unser Leben mit Geschäfts- und Existenzsorgen ließ einfach nicht die Zeit für lange Gebete und Tempelbesuche. Ich habe lediglich als gläubiger Mensch meine Pflicht getan. Das war ein inneres Bedürfnis, eine große Schuld, ja so würde ich sagen, unvollständig oder ganz allmählich abzutragen. Aber was hast Du im Tempel gemacht während dieser wenigen Besuche? Du hast Dich gelangweilt, Dich herumgedrückt. Die Bundeslade mit ihren Thorarollen erinnerte Dich immer, wie Du schreibst, an Schießbudenfiguren ohne Köpfe. Und in Deiner kurzen Geschichte „Gespräch mit dem Beter" (es stand wohl in einem Hyperionheft, das ich in Mutters Schublade fand) lese ich, daß Du in einer Kirche Deinen Liebschaften nachgingst. Selbst wenn dies eine katholische Kirche gewesen sein sollte, gehört sich das? Und ich stelle mal wieder die Frage nach der Pietät.

Deine spätere Beschäftigung mit dem Judentum kommt ja gar nicht aus dem inneren Bedürfnis einer wirklichen Gläubigkeit. Du glaubst nur, eine schwache Stelle von mir entdeckt zu haben, und willst es nun viel besser machen, damit der Herr Sohn mir wenigstens auf einem Gebiet überlegen ist. Ich sehe darin nur eine Oppositionshaltung. Wäre ich ein übertrieben krankhaft gläubiger Jude gewesen, was hättest Du wohl gemacht? Du wärest Atheist geworden oder zum Katholizismus übergetreten!

Dein Brief und die wenigen Schreibversuche von Dir, die ich kenne, haben mir leider gezeigt, daß Du nicht die Kraft gefunden hast, aus Deiner Jugend etwas zu lernen. Die Jugend besteht nun einmal auch aus bitteren Erfahrungen, warum sollte es Dir da besser gehen als mir? Und bittere Erfahrungen können durchaus einen Menschen zur Reife bringen. Mir haben sich auch die spitzen Nadeln des Lebens tief in die Haut eingegraben. Aber dadurch ist mir das Fell gegerbt worden. Und was hast Du daraus gemacht: einen Leidensweg, der noch nicht beendet ist. Mit sechsunddreißig Jahren versuchst Du immer noch, einen Ausweg aus Deiner Kindheit zu finden. Das wirst Du wohl nie schaffen.

Du sagst: „Ich habe schon angedeutet, daß ich im Schreiben und in dem, was damit zusammenhängt, kleine Selbständigkeitsversuche, Fluchtversuche mit allerkleinstem Erfolg gemacht, sie werden kaum weiterführen, vieles bestätigt mir das."

Bravo, mit brotlosen Künsten wirst Du nicht weiterkommen. Du verrennst Dich in der Welt Deiner Phantasie, anstatt das Leben richtig anzupacken.

Und selbst wenn das große Literatur sein sollte, was Du schreibst, so verdankst Du das ja auch alles mir, weil Du ja nur wieder über mich schreiben wirst. Soll ich etwa stolz darauf sein, daß ich als Vater Dein lebenslängliches Thema geblieben bin? Aber ich habe mich daran gewöhnt, an allem schuld zu sein, auch an Deiner sogenannten Literatur.

Dein Vater

Yves Gilli

Lieber Franz!
Oder sollte ich eher sagen: lieber Herr Sohn, da Du selbst schreibst, ich würde Dich gern so nennen?

Deinen Brief habe ich mit größter Aufmerksamkeit gelesen. Ich hätte, sagst Du, großartige kaufmännische Talente. Das setzt meiner Meinung nach unter anderem voraus, daß ich zu zählen weiß, und gezählt habe ich auch, nämlich die vielen Wörter, die Du in diesem langen Brief angesammelt hast. Weißt Du, was bei der Rechnung herausgekommen ist? 48 (achtundvierzig) mal hast Du das Wort „Schuld" gebraucht und 29 (neunundzwanzig) mal das Wort „Recht", und zwar allein oder in Zusammensetzungen. Du schreibst beispielsweise vierzehnmal „Schuld" und sprichst dreizehnmal von „Schuld-Bewußtsein". Außerdem treten die Begriffe „Schuld" und „Recht" an manchen Stellen des Briefes, genauer gesagt an acht, gemeinsam auf.

Kurz und gut, mir scheint, es geht in Deinem Brief um Schuld und Recht. Darauf möchte ich Dir mit einer Geschichte antworten:

Zu einem Tore kommt ein Mann und trifft dort seinen Bruder. Er fragt ihn, ob der Vater hinter dem Tore sei, und ob er zu ihm gehen dürfe. Der Bruder entgegnet, daß er ihm heute den Eintritt nicht gewähren könne. Der Mann überlegt und fragt dann, ob er später werde eintreten dürfen. „Es ist möglich", antwortet der Bruder, „jetzt aber nicht". Da das Tor offensteht und der Bruder beiseite tritt, bückt sich der Mann, um durch das Tor zu sehen. Als der Bruder das merkt, lacht er und sagt: „Wenn es Dich so lockt, versuche doch, trotz meines Verbots hineinzugehen. Merke aber: Ich bin Dein Bruder, und das ist nur das unterste Tor. Dahinter stehen noch mehrere Tore und neun Söhne, einer mächtiger als der andere, und Du wärst der letzte, dem der Vater sich anvertraut. Du bist wohl der schwächste unter den Söhnen, aber täuschend in Deiner Schwäche, und den Vater freuen natürlich solche Eigenschaften nicht."

Derartige Schwierigkeiten hat der Mann nicht erwartet. Der Vater soll doch jedem und immer zugänglich sein, denkt er, aber als er jetzt den Bruder genauer ansieht, seinen geschwungenen Mund, sein linkes Auge, das kleiner als das rechte ist und viel zwinkert, entschließt er sich doch, lieber zu warten, bis er die Erlaubnis zum Eintritt bekommt. Der Bruder gibt ihm einen Schemel und läßt ihn seitwärts sich niedersetzen. Dort hockt er Tage und Nächte. Er macht viele Versuche, eingelassen zu werden und ermüdet den Bruder durch seine Bitten. Auch wenn er still bleibt, regt er den Bruder auf - „Was soll die stumme Frage, die Du damit stellst?", fragt er dann und behauptet abschließend immer wieder, daß er ihn noch nicht einlassen könne.

Ganz unerwartet kommt eines Tages ein Schutzmann in die Nähe. Der Mann läuft zu ihm und will, daß er ihm den Weg zum Vater freimache. Der Schutzmann lächelt und sagt: „Von mir verlangst Du das?" - „Ja", erwidert der Mann, „da ich selbst keinen anderen Weg finden kann." - „Gib's auf!", sagt der Schutzmann und wendet sich mit einem großen Schwung ab.

Da kommt der Mann auf den Gedanken, zu hungern. Dadurch glaubt er die Sympathie der Leute zu gewinnen, die für ihn dann Partei ergreifen und vielleicht sogar das Tor zum Vater sprengen würden. An den ersten Tagen beschäftigt sich tatsächlich die ganze Stadt mit ihm. Von Hungertag zu Hungertag steigt die Anteilnahme. Jeder will den Mann zumindest einmal täglich sehen. Und so lebt er lange in scheinbarem Glanz, von der Welt geehrt, bei alldem aber meist in trüber Laune, die immer noch trüber wird dadurch, daß niemand sein Hungern ernstnimmt, denn wer diesen Hunger nicht fühlt, dem kann man ihn nicht begreiflich machen.

Während der vielen Jahre aber, die der Mann vor dem Tore verbringt, beobachtet er auch den Bruder fast ununterbrochen. Er vergißt sogar die neun anderen Brüder. Dieser erste scheint ihm das einzige Hindernis für den Zugang zum Vater zu sein, und er verflucht laut sein unglückliches Geschick. Später, als er alt geworden ist, brummt er nur noch vor sich hin und wird kindisch. Da er beim jahrelangen Studium seines Bruders bemerkt hat, daß ihn manchmal ein Affe begleitet, bittet er auch diesen, ihm zu helfen und den Bruder umzustimmen - „Du mußt Dich in die Büsche schlagen", antwortet der Affe, „und lernen, wie Du Dir einen Ausweg verschaffen kannst. Ich habe aber Angst, daß Du nicht genau verstehst, was ich mit Ausweg meine: Ich gebrauche das Wort in seinem gewöhnlichsten und vollsten Sinne - ich sage absichtlich nicht Freiheit."

Schließlich wird das Augenlicht des Mannes schwach. Er weiß nicht, ob es um ihn wirklich dunkler wird oder ob ihn nur die Augen täuschen. Wohl aber erkennt er jetzt im Dunkel ein Licht, das unauslöschlich aus dem Schloß zu dringen scheint, in dem er den Vater vermutet. Nun lebt er nicht mehr lange, und vor seinem Tod sammeln sich in seinem Kopf alle Erfahrungen der ganzen Zeit zu einer Frage, die er bisher an den Bruder noch nicht gerichtet hatte. Da er seinen erstarrten Körper nicht mehr aufrichten kann, winkt er ihm zu. Der Bruder muß sich tief zu ihm hinunterneigen - „Was willst Du denn jetzt noch wissen?", fragt er, „Du bist unersättlich!" - „Wie kommt es, daß in den vielen Jahren niemand außer mir den Vater hat sehen wollen?" Der Bruder erkennt, daß der Mann schon am Ende ist, und um sein schwindendes Gehör noch zu erreichen, brüllt er ihn an: „Hinter diesem Tor ist Dein Vater, und hier kann niemand sonst Einlaß erhalten, denn dieser Eingang ist nur für Dich bestimmt. Ich gehe jetzt und schließe ihn."

Und nun frage ich Dich, lieber Sohn: Bei wem liegt eigentlich die Schuld? Wer täuscht wen? - der Vater etwa, dieser „riesige Mann", der vielleicht zu stark für seinen Sohn ist und vor dem sich dieser fürchtet, wie Du es angeben wirst, oder der Sohn, der selbst im Bruder, seinem zweiten Ich, einen Feind sieht, der ihm den Weg zum Vater versperrt? Überlege es Dir gut, sei nicht übereilt und täusche Dich nicht über den Sinn der Geschichte. Dann treffen wir uns am Tor!

In der Hoffnung, daß wir doch etwas erreichen, das, wie Du schreibst, der Wahrheit so sehr angenähert ist, daß es uns beide ein wenig beruhigen und Leben und Sterben leichter machen kann, verbleibe ich als

Dein Vater

Anmerkung

Diese Antwort enthält den kaum veränderten Text der Parabel, die der Geistliche im „Prozeß" K. erzählt. Der Kenner von KAFKAs Werken wird zudem manche Zitate aus den Schriften „Elf Söhne", „Ein Brudermord", „Gib's auf!", „Der Hungerkünstler", „Ein Bericht für eine Akademie" und „Brief an den Vater" erkennen.

Richard Anders

Lieber Franz,

Du und ich, Dein Vater, sind schon lange tot, und wir hätten unsere verdiente Grabesruhe, wenn nicht Dein Freund Max Brod sein Dir gegebenes Versprechen, Deine nachgelassenen Schriften zu vernichten, gebrochen hätte. Nun ist ihre Saat, in millionen Köpfen verstreut, aufgegangen, und wir beide sind, millionenfach multipliziert, dazu verdammt, in immer neu nachwachsenden Gehirnen die Hauptrollen in unserem Schattentheater zu spielen, dem Du, mein lieber Herr Sohn, in Deinem vermaledeiten Brief an mich, den für alle Zeiten unveränderbaren Text geliefert hast, an dem nicht einmal ein Germanist ein Jota ändern darf. Schlimm genug, und doch ist plötzlich alles noch schlimmer geworden, nachdem gegen Ende dieses Jahrtausends ein Herr Hierdeis vom Ammersee auf den Gedanken kam (Fluch ihm und seinen Kindeskindern!), mich, der ich doch bei diesem Schattenboxen meines Sohnes bisher den ohnmächtigen Sandsack (ich verweigere „Punchball") gespielt habe, mit einer Schreibhand zu versehen, um es dem wortgewaltig sich aufplusternden Sohne heimzuzahlen. Welch eine Störung meiner ewigen Ruhe im hin- und herpendelnden Ledersack, der plötzlich zur Riesenfaust wird - verzeih mir Franz, ich weiß ja, daß Du Metaphern nicht liebst - doch im Kopf dieses Herrn Anders, einem Beauftragten des schon erwähnten Herrn vom Ammersee, liegen sie haufenweise herum; Anders, einer der vielen also, die sich ständig auf Dich berufen, ohne Deine Maximen wirklich ernstzunehmen! Apropos wortgewaltig - außer Rechnungen, Geschäfts- und Familienbriefen habe ich nichts Schriftliches von mir gegeben. Zwar türmten sich Deine Spitzfindigkeiten auf meinem Nachttisch, Franz, aber ich bin nach meinen arbeitsreichen Tagen immer zu müde gewesen, um Bedarf zu verspüren, sie wenigstens als Schlafmittel zu benutzen. Franz, ich sehe Dich im Kopf von Herrn Anders, wo sich der Gedankenqualm mitunter lichtet, plötzlich lächeln: Du erinnerst Dich vielleicht an Deinen Satz, als Du einmal versehentlich zur Schlafenszeit mein Zimmer betratest: „Betrachten Sie mich als Ihren Traum"?

Zu hoch für mich einfachen Geschäftsmann und mehrfachen Vater damals - doch jetzt, wo ich nicht nur Dich, sondern auch mich als Traum betrachten muß, und auch Herr Anders wahrscheinlich nur ein Traum in einem noch größeren Kopf ist, der selbst nur ein Traum in einem noch größeren Kopf ist und so weiter, jetzt bin ich durch die Grammatik- und Rechtschreibehilfe dieser Gedankenmaschine, die sich 'Anders' nennt, auch in der Lage, Bandwurmsätze wie diesen zu schreiben, die nur den einen Sinn haben, das, was ich Dir eigentlich schreiben will, aber nicht schreiben mag, hinauszuzögern, Sätze, die also nicht auf den Punkt kommen wollen, der eigentlich ein Doppelpunkt ist: Franz, Du wirfst mir vor, ich hätte Dich zweimal dazu aufgefordert, etwas sehr Schmutziges zu tun: das einemal in der Pubertät zur Aufklärung, das anderemal zwanzig Jahre später zur Verhinderung einer unvernünftigen Heirat. Herr Anders, in dessen Kopf wir uns am Ende dieses Jahrtausends befinden, wird aus seiner Sicht bestätigen, daß ich in beiden Fällen als kluger Vater gehandelt habe, wobei es mir fern lag, Dich zu demütigen, hat mir mein eigener Vater doch einen ähnlichen Rat gegeben, wir wohnten ja auch nicht weit von gewissen Häusern, die übrigens, um auf das von Dir benutzte Adjektiv zu kommen, sauber wie eine preußische Küche waren. Franz, ich sehe Dich im sich schüttelnden Kopf von Herrn Anders taumeln, hattest Du doch geglaubt, ich wäre außerhalb Deines Rates geblieben, ein von irdischem Schmutz nicht Befleckter! Aber Du lagst ja längst in diesem Kopf auf dem platten Bauch, als Du die Ehe zu meinem ureigensten Gebiet erklärtest, das Dir verwehrt sei und gleichzeitig zugabst, daß sie eine Gefahr für das Schreiben bedeute, dem konkurrierenden Selbständigkeitsversuch (ein Wortungetüm von Dir!) also. Franz, laß mich Dir die ganze Wahrheit sagen: Du schreibst, weil Dir die Kraft fehlt, mich zu töten, ein Weib zu nehmen und inmitten einer Kinderschar so zu leben wie ich. Meine Kraft fehlt Dir, die mir zuwuchs, als ich in bitterer Armut um mein Brot zu kämpfen hatte. Die Welt ist ungerecht. Deine Schwäche hat Dir Weltruhm gebracht, während ich in sinistren Biographien als unappetitlicher Erzeuger eines begnadeten Dichters mein Nachleben fristen muß. Nicht einmal hattest Du die Kraft, mir Deinen Brief zu übersenden oder persönlich zu überreichen. Du gabst ihn mit der Bitte um Weitergabe an Deine Mutter, die mir Dein Gekritzel nicht antun wollte. So habe ich den berühmten Brief nie gelesen, konnte also keine Antwort darauf schreiben. Auch im Kopf von Herrn Anders waren wir nie, wie er anfangs behauptet, es sei denn, man verwechselte die hier mit flüchtiger Phantasie hinskizzierten Visagen mit uns. Sie dienen ihm doch nur dazu, seine abwegige Seele zu maskieren. Am Schluß Deines Briefes an mich läßt Du mich Dich einen Schmarotzer nennen: „Wenn ich nicht sehr irre, schmarotzest Du an mir auch noch mit diesem Brief als solchem." Geben wir diesen Vorwurf von Dir an Dich über mich an Herrn Anders weiter!

P.S. (von Hermann Kafka in keiner Weise autorisiert):
Deine Schreiberei ist Dir so teuer, weil sie etwas Schwarzflüssiges zu Buchstaben bändigt, die eingetrocknet und mit Sinn begabt, ein Geisterreich bilden, imaginär und fleischlos wie eine Spiegelung, während das ungebändigt Flüssige der Frau, fürchtest Du, Dich strudelnd hinabzieht in einen Bereich, wo die Laute sich frech aus den Wörtern stehlen, die frei gewordenen Bedeutungen miteinander Unzucht treiben und aller Sinn schließlich von den Sinnen verschluckt wird.

Dieter Baacke

Mein lieber Franz,

Du hast einen außerordentlich ausführlichen Brief an Deinen Vater geschrieben, und der Brief ist nicht nur lang, sondern auch mit so viel bitterem Gefühl geschrieben und verliert sich in so vielen Einzelheiten, daß der Angesprochene eigentlich nur verstummen kann. Alles, was Du schreibst, ist ja so richtig, daß ein Einspruch gegen Deine Darstellung schon deshalb nicht möglich ist, weil Deine Perspektive auf das Leben mit Deinem Vater den Brief bestimmt - und wer kann diese Perspektive ändern, etwa mit einem Gegen-Brief, die sich doch in Deinem schon mittellangen Leben außerordentlich verfestigt hat und weder durch Beschwörungen noch durch Worte und argumentreiche Antworten beeinflußbar ist.

Dennoch, ich muß rechtfertigen, wie ich mit Deinem Brief umgegangen bin, und er hat so viel in mir angerührt, daß es mich doch verlockt - obwohl in der Schriftstellerei Dir keineswegs gewachsen -, Dir dieses oder jenes aus meiner Sicht zu schreiben. Dies tue ich umso lieber, als ich weiß, wie sehr Du mir im Grunde vertraust, und weil ich meine, daß unsere stets freundliche Beziehung, deren Ausfluß auch mein Antwortbrief an Dich ist, Dir zwar nicht helfen, Dich aber vielleicht ein wenig trösten kann.

Zunächst: Man kann es schon seltsam finden, daß Du, längst erwachsen, durch einen Beruf gesichert, in der Schriftstellerei nicht ohne Erfolge, so spät eine Art Quittung vorlegst für die Erziehungsversuche Deines Vaters. Natürlich ist es zu spät, noch irgendetwas zu ändern - alle Spiele wurden zu oft durchgespielt, die Regeln liegen nun fest. Du deutest ja selbst an, was angemessener gewesen wäre (und orientierst Dich da etwas am Beispiel von Ottla): Du hättest Dich früher von Deinen Eltern trennen können, entschiedener Deinen eigenen Weg vertreten und gehen sollen, etc. Eigentlich hast Du das alles gemacht, aber bis auf die Schriftstellerei tatsächlich nicht sehr konsequent. Wie mit einem Gummiband angebunden (verzeih mir, Du findest sicher bessere Bilder!), bist Du immer wieder zurückgeschnellt dorthin, wo Du doch gar nicht sein wolltest. Wie dem auch sei: Wenn Du erst jetzt einen solchen Brief schreibst, liegt dies, wenn ich das recht verstehe, einfach daran, daß Du ihn nun schreiben kannst. Ich will es noch direkter sagen: Mit diesem Brief hast Du einfach ein weiteres Zeugnis Deiner literarischen Qualitäten vorgelegt, und insofern hast Du auch jetzt und endgültig das Band der Quälereien durchschnitten, das Dich an Deine Familie band. Du hast Dich endlich freigeschrieben, und das war sicherlich der einzige Weg, der Dir offenstand, sofern Du Erfolg haben wolltest. Zwar weiß ich, daß gerade vieles, was wir in Kindheit und früher Jugend erlebt haben, in Erinnerungen und Träumen immer wieder anklingt, also nicht vollständig überwunden und vergessen sein kann. Aber das ist ja sogar gut so. Wer keine Quellen hat, und seien sie auch voller Strudel und Trübnisse, zu deren Spiegel er sich hinabbeugen kann, der ist eher eine Phantasmagorie als ein lebendiger Mensch, der Du doch bist, wie Dein Brief beweist.

So, hier habe ich eine Pause gemacht; ich bin ein bißchen nach draußen gegangen und im Garten auf- und abgewandert. Eigentlich wollte ich nämlich Schluß machen und Dir vorschlagen, daß Du mich einmal wieder besuchst, damit wir in der Offenheit und manchmal sogar Fröhlichkeit, die sich zwischen uns einstellt, einige Punkte Deines Briefes noch einmal besprechen können. Aber nun habe ich doch Lust, erneut die Feder zu spitzen, weil ich Dir, quasi als Vorlage für ein späteres Gespräch zwischen uns, noch einiges sagen will.

Das wichtigste davon sei an den Anfang gestellt: Jeder, der leidet, ist so von seinen Schmerzen erfüllt, daß er sich Schmerzen anderer weder vorstellen kann, noch ist es ihm möglich, sich in die Reihe anderer zu stellen, die ebensolche

Schmerzen (oder meinetwegen auch ähnliche) haben. Ich meine aber, daß Du, obwohl Du natürlich ein außergewöhnlicher Mensch bist (besonders für mich), und davon abgesehen jeder Mensch einmalig und außergewöhnlich ist, praktisch ein Dutzendfall bist. Damit meine ich: Der Kampf zwischen Vater und Sohn wird nicht nur von Euch ausgefochten, er ist vielmehr ein immer wiederkehrender Bestandteil unserer bürgerlichen Familien-Gesellschaft und aus ihr nicht wegzudenken (freilich doch wegzuhoffen). Auch wenn Du Dich in Dich selbst eingräbst, versuche ich doch, Dich aus Deinem egozentrischen Bewußtseinsloch herauszuholen, indem ich Dir zurufe: Ach, mein Franz, nicht alle, aber außerordentlich viele Väter und entsprechend nicht alle, aber außerordentlich viele Söhne haben dieselben Probleme, wie Du sie darstellst. Zumindest vorbewußt ist Dir das auch, weil Du sonst gar nicht in der Lage wärst, nun mit den Mitteln Deiner Schriftstellerei eine Auseinandersetzung anzufangen. Also, laß mich einige Punkte durchgehen: Sehr viele Väter meinen, sie hätten sich für ihre Kinder „geopfert", und die Kinder, die es besser hätten im Leben, seien undankbar, weil von Anfang an zu sehr verwöhnt. Darin steckt eine der vielen Unlogiken des Gefühls: Obwohl alle Eltern wollen, daß es ihre Kinder einmal besser haben, nehmen sie ihnen doch übel, wenn es ihnen nicht genau so besser geht, wie sie es wollen. Natürlich will Dein Vater, daß Du es „besser" hast als er, aber Deine persönliche Freiheit konnte er damit nicht meinen, weil die Steigerung von gut zu besser eben immer in einer Linie steht, nämlich in seiner. Dann dieses Gegenüber von starkem Vater und schwachem Sohn, von trotziger Männlichkeit und verletzlicher Schwäche! Du deutest selbst an vielen Stellen an, wie schwach Dein Vater auch war. Was folgt daraus: Er hat das Spiel der Stärke Dir oft vorgespielt, und Du hast ihm daraufhin mit einem Spiel der Schwäche geantwortet - so einfach ist das! Aber vielleicht schreibe ich das jetzt ein wenig zu sehr von außen. Natürlich weiß ich, wie Du unter Deinem Vater littest (und ein Stück, wenn auch erheblich schwächer, bis heute leidest). Das sieht man ja an

Deinen fehlgeschlagenen Heiratsversuchen, und es zeigt sich in Deinem Bestreben, eine Familie zu gründen. Wie schreibst Du so schön (Moment, laß mich in Deinem Geschriebenen blättern): „So wie wir aber sind, ist mir das Heiraten dadurch verschlossen, daß es gerade Dein eigenstes Gebiet ist." Darum klappt es eben nicht (und das zeigt, wie Dein Vater und das mit ihm Erlittene eben doch in Dir lebendig ist!): Du hältst das Heiraten zwar für „das Größte" und erhoffst Dir dadurch „die ehrenvollste Selbständigkeit", aber weil eben Dein Vater schon das Modell einer erfolgreichen Heirat und Familiengründung abgibt, können alle Deine Bestrebungen davor nur verblassen und als minderwertig erscheinen. Freilich, laß mich an dieser Stelle noch etwas anmerken - getreu meiner These, daß Du das Schlimmste, Deinen Vater betreffend, nun überwunden hast, weil Du alles so außerordentlich diffizil formulierst: Ich glaube, daß Deinen Vater allenfalls eine Teilschuld an Deinen Schwierigkeiten trifft. Du selber sprichst ja nie von Schuld, aber doch von Verursachungen. Ich meine nun - unsere lebhaften Gespräche haben mir das gezeigt, lieber Franz -, daß da noch ganz andere Schwierigkeiten im Spiele sind und Dein Vater insofern für Deine eigenen Ängste und Versagungen ein Stück weit herhalten mußte - eigene Ängste, weil sie nicht von Deinem Vater kommen. Beim Baden im Fluß habe ich manchmal beobachtet, wie sehr Du Deinen Körper verabscheust, obwohl Du doch keinen Grund dazu hast. Das Bild von Schwäche und mangelnder körperlicher Anziehungskraft hast Du in Dir selbst wachsen lassen, bis es schön gerahmt vor Dir hing - damit hast Du Dir eine hervorragende Projektionsfläche für Deine Schriftstellerei geschaffen und einen eigenen Stil gewonnen, der das Eigenartige Deiner Prosa (die ich sehr bewundere!) ausmacht.

Aber weiter. In allen Familien gibt es immer wieder traumatisierende Szenen (hier habe ich lange in einem Lexikon gesucht, denn erst hatte ich „verletzende" Szenen geschrieben, aber nun habe ich ein viel besseres, weil weitergreifendes Wort dafür gefunden!). Das hast Du schön dargestellt, wie Du einmal in der Nacht um Wasser winseltest (hellsichtig schreibst Du, Du habest dies getan nicht aus Durst, sondern um die Eltern zu ärgern oder Dich auch selber zu unterhalten); dann hat Dein Vater Dich aus dem Bett geholt und auf die Pawlatsche gebracht und im Hemdchen vor der geschlossenen Tür stehen lassen. Natürlich warst Du da erschrocken, Du hast das Schicksal herausgefordert und mußt nun erleben, daß es tatsächlich äußerst hart zurückschlagen kann! Also wirklich, diese Geschichte ist doch am besten geeignet, das zu illustrieren, was Du ja auch immer wieder schreibst: Du und Dein Vater, Ihr seid in einem Spiel gefangen, wo jeder seine Züge setzt. Nur, darin gebe ich Dir recht: Kinder sind immer die Schwächeren, die Eltern obsiegen, und dieses Gefühl ist natürlich, wenn es sich wiederholt, mehr als ehrverletzend.

Weiter: Die verletzenden Sprüche und Redensarten Deines Vaters. Da hast Du etwas beobachtet, auf das ich noch gar nicht gekommen bin. Denn auf den ersten Blick wirkt es ja harmlos, wenn Dein Vater, nachdem Du ihm eine Klebearbeit auf den Tisch gelegt hast, die Sache abtut mit der Bemerkung: „Hab' auch schon etwas Schöneres gesehen." Er war eben mit anderem beschäftigt, wie die Erwachsenen es oft sind, hatte also keine Zeit für Deine kleinen Spielereien und Wundergaben. Was ist schon dabei? Aber in diesem Punkt hast Du mir die Augen geöffnet: Die Tyrannei des Alltags ist das Schreckliche, nicht die große Katastrophe. Du sprichst von der Ironie als Erziehungsmittel des Vaters. Nun, seine Ironie ist sicherlich äußerst primitiv und simpel, aber offenbar hat sie Dich getroffen, etwa, wenn er Dir bei einem Vorschlag gleich hinterherschickt: „Dazu hast Du natürlich keine Zeit?" Ich verstehe Dich wohl: Dann darf man tatsächlich keine Zeit haben, um dem Vater zu bestätigen, was er ironiehaft (weil vielleicht schon Verletzung fürchtend) voraussetzt. Ja, Dein Vater kann grausam sein, vor allem im Geschäft. Sicher hat er seine Sprüche nicht so gemeint, aber wenn er Euren kranken Kommis als „kranken Hund" bezeichnet, der doch krepieren solle, so drückt sich darin eine bestimmte Rohheit aus, die der Vater sich jedoch im Geschäftsbereich seiner Meinung nach leisten konnte.

Schlimmer finde ich seine Einmischungen in Deine persönlichen Beziehungen, die Du außerhalb der Familie eingingst. Am schlimmsten war das bei Deinen Eheabsichten, und ich verstehe Deine Verletztheit, wenn Dein Vater unterstellt, Du habest Dich verliebt, weil ein Mädchen ein besonders hübsches Blüschen angezogen hat. Ja, das ist übel, wie Väter sich immer wieder in die Freundschaften ihrer Söhne einmischen (natürlich aus Eifersucht, vergiß dies nicht!). Freilich ist Dein Vater darin zu weit gegangen, vor allem gegenüber Löwy. Nebenbei bemerkt, ich verstehe Deine Geschichten ja sehr gut: Wenn in ihnen Ungeziefer aller Art immer wieder eine Rolle spielt, ist dies ein schönes Beispiel, wie Dein Vater Dich noch in dem Augenblick, in dem er Deine Freundschaften herabsetzt, inspiriert und angeregt hat! Noch einmal: Du hast ja immerhin die Chance, alles, was Dir widerfährt, in Deiner Sprache zu sagen. Das ist eine große Gabe, die Dir wahrscheinlich schon öfters das Leben gerettet hat (so vermute ich jedenfalls).

Manchmal habe ich mich fast ein wenig amüsiert. So bei der Schilderung, wie Dein Vater es mit gegen Dich ausgesprochenen Verboten hält, die dann für ihn selbst nicht gelten. Es ist schon lächerlich, aber gehört zu unserer Zivilisation, wie Eltern sich bemühen, Kindern beizubringen, sich die Hände gründlich zu waschen, die Haare sauber nach hinten zu kämmen, das Brot gerade zu schneiden oder zu vermeiden, daß Speisereste auf den Boden fallen. Das sind so Kleinigkeiten, die auf den ersten Blick nichts bedeuten. Aber für Eltern sind sie wie Signale dafür, ob ihr Kind ein Zivilisationsmensch wird oder nicht! Umso schlimmer, wenn sie sich dann selbst an ihre Verbote nicht halten. Ich höre das Malmen Deines Vaters, wenn er Knochen zerkaut, in diesem Augenblick, als geradezu gegenwärtig. Das „von Soße triefende Messer" Deines Vaters hast Du trefflich beobachtet! Du warst doch dabei und weißt: Deine Mutter hat ihn deswegen oft ermahnt, aber er vergißt es einfach und meint, in seiner Herrlichkeit sei ihm erlaubt, was anderen verboten ist. - Da sind wir schon bei seinen Schwächen zum Teil lächerlicher Art. Auch darin möchte ich Dir nicht widersprechen: Dein Vater ist ein Stück weit ein „Nach-oben-Gucker", und ein Mensch mit Titel macht ihm eben Eindruck. Daß er sich damit lächerlich macht, wenn er seine eigene Kleinheit durch die Größe anderer aufheben will, ist natürlich verräterisch und zeigt, daß Dein Vater sich tatsächlich häufig klein fühlte. Weißt Du, auf diese Weise wurdest Du sein Opfer, denn Dir gegenüber konnte er sich eben „groß fühlen" bzw. als „groß aufspielen". Hübsch auch, was Du über ein frühes vergähntes Judentum schreibst und wie Du den Aufenthalt im Tempel witzig mit Deiner Langeweile in der späteren Tanzstunde vergleichst! Schmunzeln mußte ich auch bei Deiner herausfordernden Bemerkung, es habe Jahre gegeben, in denen Du (Moment, ich zitiere Dich) „bei voller Gesundheit mehr auf dem Kanapee verfaulenzt" habest, als Dein Vater in seinem ganzen Leben, alle Krankheiten eingerechnet. Ja, sticheln kannst Du schon - Dein Brief zeigt es.

Aber zieh'n wir hier erst einmal einen Strich. Dein Vater war in vielen Punkten ein - wie wir erkannt haben, lieber Franz: schwacher - Tyrann. Und Deine Mutter hat die Rolle vieler Frauen gespielt: Sie hat zu ihrem Mann und zu ihren Kindern gehalten, und dies auf folgende Weise: Eigentlich billigt sie die Werthaltungen und Handlungsweisen ihres Mannes durchaus und nimmt an ihnen teil (es gibt viele Ehefrauen, die bei der politischen Wahl gar keine eigene Meinung entwickeln, sondern sich gedankenlos ihrem Mann anschließen!), und sie greifen nur ein, wenn die von ihnen geteilten Standpunkte und Handlungsweisen das Kind allzusehr zu gefährden scheinen. Insofern sind viele Frauen Retterinnen in letzter Not, aber sie könnten ja so sehr viel mehr tun! Also: Ein zwar ständig erziehender, aber eigentlich zur Erziehung unfähiger Vater, eine sich kaum einmischende Mutter, ihnen gegenübergestellt ein übersensibler Sohn, schwierige Töchter: Was soll aus einem solchen Familiendrama wohl entstehen? Nicht alles Unglück der Welt, aber doch viele triste Seelenlagen, die sich wie ein Fett-Teppich auf dem Wasser überallhin verbreiten und das Leben selbst von aller sprudelnden Lebhaftigkeit und Intensität fernhalten.

Ach, lieber Franz, hier muß ich ganz tief seufzen! Väter und Söhne (ich füge hinzu: Mütter und Töchter) hätten es eigentlich anders miteinander verdient, und sie könnten auch andere Spiele spielen, wenn sie nur nicht so sehr mit sich selbst beschäftigt wären! Warum sehen die Väter nicht, wie klein und schwach ihre Kinder sind, wie erdrückend es für Söhne sein muß, wenn sie den Vater nur nachahmen können! Freue Dich, lieber Franz, daß Dein Vater kein Schriftsteller war - er hätte Dir dann diesen letzten Ausweg auch noch genommen! Übrigens wird später ein Kollege von Dir, Philip Roth, den Roman „Portnoys complaints" (Portnoys Beschwerden) schreiben und darin in sehr komischer Weise eine ähnliche Eltern-Sohn-Bindung schildern, wie Du sie erlebtest. Nur, er wird dies nicht in existentiell-zerschmetternder Art tun, sondern humoristisch und mit allen Raffinessen einer gerade in den USA dann verbreiteten Psychoanalyse. Aber dieser Zukunftsblick zeigt eben auch, daß sich so schnell nichts bessern wird, obwohl es doch möglich wäre.

Nun zu etwas Weiterem: Die Folgen des Verhaltens Deines Vaters Dir gegenüber stellst Du sehr überzeugend dar: Das Entstehen eines Schuldkomplexes gegenüber dem allmächtigen Vater; die ständige Angst vor Mißerfolgen, die Dich bei jedem Gelingen umso stärker begleitet; Deine Handlungs- und Entscheidungsunfähigkeit. Ich möchte Dich ein letztes Mal zitieren, weil es mir in der Formulierung so gut gefällt (warte): „In der Hand habe ich nichts, auf dem Dach ist alles, und doch muß die Lebensnot - das Nichts wählen." Eine gute Summation, bei Gott, und hervorragend formuliert, mit einer Dramatik, die zeigt, welch herrlichen Stoff das, was Du schilderst, nicht nur für Erzählungen und Romane, sondern auch für Theaterstücke abgeben könnte! Wenn Du das nicht tust - ich bin fest überzeugt, daß es genug Schriftsteller gibt und geben wird, die den Familienalltag von Bürgern, der auf den ersten Blick ja so wohlanständig und unauffällig ist, mit scharfem Blick durchbürsten und höchst dramatisch schildern. Hätte ich nur Zeit und die Fähigkeit, ich würde es selbst tun!

Aber nun nimm einen Augenblick auch einmal die Perspektive Deines Vaters ein. Du tust es ja einmal, indem Du am Ende Deines Briefes die erfundene Reaktion Deines Vaters, seine Gegenargumente also, ins Wort bringst. Allzu deutlich machst Du (ich stimme Dir ja zu!), daß Dein Vater nichts von all dem, das Du geschrieben hast, akzeptieren oder auch nur verstehen würde, weil seine Perspektive eben nicht Deine Perspektive ist! Aus seiner Perspektive bist Du ein Sohn der Enttäuschungen: Das Geschäft interessiert Dich nicht, Deine Gesundheit ist schwach, Deine persönlichen Beziehungen mit anderen Menschen sind für ihn unverständlich und fremd, Deine Schriftstellerei bedeutet ihm nichts, weil er als Geschäftsmensch und Handelnder das Versitzen des Lebens am Schreibtisch - und dann noch mit dem Erfinden von Geschichten - nicht schätzen kann. Wenn er Dir bei einem neuen Buch, das Du ihm in die Hand drücken willst, nur sagt: „Leg's auf den Nachttisch", drückt sich ja darin seine Verlegenheit aus. Fremdheit gebiert den Gestus von Fremdheit (das ist eine Formulierung, die ich mir eigentlich nicht zutrauen dürfte!). Aus der Perspektive Deines Vaters jedenfalls warst Du auch ein rechtes Ekel, lieber Franz. Ich erinnere mich noch an eine Szene, die ebenso beispielhaft sein könnte wie Dein Vor-die-Tür-gestellt-Werden. Du wolltest unbedingt, es war Sommer, ein Eis lutschen und gingst zwischen Vater und Mutter. Da es kurz vor dem Nachtessen war, meinten Deine Eltern, Du dürftest Dir den Magen nicht „verkleistern"; sie selber freilich genehmigten sich ein Eis mit schönem Rot und Weiß und lutschten es, weil ihr Magen dies auch vor dem Abendessen gut vertrüge, wie sie Dir erklärten. Das war schon grausam (ohne daß Deine Eltern grausam sein wollten!), und Du spürtest dies natürlich. Ich habe Deine Reaktion behalten: Du warfst Dich (wie so oft) auf den Boden, schriest gellend, wie um Hilfe, so daß Deine

Eltern sich nicht nur vor den Passanten schämten, sondern ihnen dabei auch das Eis aus der Waffel glitt. Nicht nur ihr Ruf schien gefährdet, auch ihr Genuß war zerstört. Aus der Sicht Deiner Eltern war das alles eine rechte Katastrophe. Das scherte Dich aber nicht: Du schriest weiter, und als sie Dich aufgehoben hatten, strampeltest Du Dich wieder los und warfst Dich erneut hin, sodaß besorgte Spaziergänger sich in die Szene einmischten, weil sie meinten, Du hättest vielleicht einen epileptischen Anfall und seiest sehr krank. Als Du merktest, daß die wachsende Zahl der Zuschauer dies unterstellte, hast Du genau diesen Anfall in bravouröser Weise gemimt, sodaß Deine Eltern immer ratloser und furchtbar verzweifelt wurden. Du hast es sicher vergessen (vielleicht fällt es Dir jetzt aber wieder ein): Ich habe Dir freundlich zugesprochen, und tatsächlich hast Du Dich von mir aufheben und nach Hause tragen lassen. Deine Mutter war regelrecht eingeschüchtert, sie wagte kaum mit Dir zu sprechen und brachte Dich nach dem kurzen Nachtessen bald ins Bett. Mir gegenüber beklagte sie sich dann noch lange, was für einen schrecklichen Sohn sie hätte. Ich versuchte ihr zu erklären, daß Du nur auf die Ungeheuerlichkeit, kein Eis zu bekommen, während sie sich dieses genehmigten, mit einer noch größeren Ungeheuerlichkeit zu antworten wünschtest, um ein einziges Mal auch Deine Macht über sie zu zeigen, aber ich glaube nicht, daß sie dies verstand. Dabei sind alle diese Dinge eigentlich recht einfach. Das ist inzwischen eine lange Zeit her, aber solche und ähnliche Szenen klingen in Deinen Eltern - zumal auch in Deinem Vater - besonders nach.

Was ich mit dem allen sagen will? Ach, Franz, Dir klugem Kopf brauche ich das doch nicht zu erklären!

Und nun möchte ich zum Schluß zu mir kommen, denn schließlich muß ich rechtfertigen, warum ich den Brief, nachdem er durch Zufall in meine Hände gefallen ist, nicht Deinem Vater zum Lesen gegeben habe, sondern, mich an die Stelle Deines Vaters setzend, auf ihn geantwortet habe. Ich glaube, auch dies ist klar: Du hast ja selbst in Deinem Brief, in dem Du Dir die Reaktion Deines Vaters vorstelltest, deutlich gemacht, wie diese sein würde. Er würde Deinen langen, langen Brief am liebsten „auf den Nachttisch legen" und gar nicht lesen, dies aber vielleicht aus Neugier und Betroffenheit dann doch tun, weil Du schließlich sein Sohn bist, und er von Dir angesprochen wird. Aber, wie gesagt: Ändern würdest Du an Eurer Beziehung gar nichts, und Deine vielen Worte würden Deinen Vater noch stärker als bisher in seine eigene Perspektive treiben, und was wäre damit gewonnen? Für Dich, aber auch für ihn, schlicht gar nichts. Wir haben uns immer gut verstanden, lieber Franz, und werden dies weiter tun. Ich weiß, daß Du ja nicht nur ein dramatischer und ernster Mensch bist, sondern daß Du tatsächlich auch lachen kannst. Soll ich Dich daran erinnern, wieviel Spaß wir miteinander hatten, etwa in meiner Laube beim Kartenspiel (das Dir freilich nicht besonders lag), oder auf unseren Spaziergängen, wenn wir uns am Abhang zum Fluß aneinander festhielten und der eine den anderen ins Wasser zu reißen drohte? Ich glaube also, als ein Dir wirklich Zugetaner das tun zu dürfen, was auch notwendig ist: Wenn zwei sich streiten, muß sich der Dritte nicht freuen, er kann vielleicht sogar helfen, weil er eben nicht in das Beziehungsspiel sozusagen eingewickelt ist und damit eine freiere Perspektive auf das Ganze hat. Mich hat Dein Brief wirklich sehr angeregt, darüber nachzudenken, warum viele Kinder mit gebrochenen Seelen in ihre Zukunft blicken müssen. Und warum, dies ist die Kehrseite, viele Eltern, statt ihr Familienleben zu genießen, zu Quälern ihrer Kinder werden und damit sich selbst quälen! Diese Spirale des Unglücks ist sicherlich zerstörbar, und ich kenne Familien, in denen es auch ganz anders zugeht. Aber Du weißt, daß dies Worte sind: Die Sichtweise des anderen einnehmen können; die Familien-Liebe auch Zwistigkeiten überwölben lassen; die Familien-Beziehungen nicht eifersüchtig als einziges Gut hüten, sondern sie zu anderen Beziehungen öffnen, um so der Seele ihren Schweifraum zu geben -: Wenn ich Seelenarzt oder Pädagoge wäre, könnte mir vieles einfallen, was hier zu nennen wäre. Aber schon komme ich wieder ins Grübeln: Dies alles wäre ja wieder nur möglich, wenn die Eltern nicht selbst Eltern gehabt hätten, die sie vielleicht zu dem gemacht haben, was sie jetzt sind. Viele Familienübel pflanzen sich immer noch von Generation zu Generation fort. Hättest Du mehr Freunde gehabt, den starken Mut Deiner Schwester Ottla, bedeutendere Lehrer und mehrere Onkel wie mich (nicht zu vergessen die Tanten!) - vielleicht wärst nicht nur Du, wäre auch Dein Vater glücklicher geworden! Aber da es nun einmal ist wie es ist, schlage ich vor: Wir treffen uns demnächst, um über die ganze Sache noch einmal zu plaudern (vielleicht wagst Du sogar ein Gläschen verdünnten Wein!), und dann überlegen wir, wie wir Dir und Deinem Vater nützen. Dein Brief freilich, das wage ich zu behaupten, wird, unabhängig davon, viele Leser außer Euch erreichen, wie er mich auch erreicht hat, und vielleicht zum Nachdenken bringen.

Laß Dich umarmen, lieber Franz, und trau ein bißchen dem Leben, das heißt: Deiner Schriftstellerei

Dein Onkel Richard

Exkurse

Jürgen Oelkers

Vater? Vater!

„e tremo a mezza state, ardendo il verno" (Petrarca).

Eine Hauptfrage der Erziehung ist Gerechtigkeit. Sie wird fast immer so gestellt, daß die Eltern gegenüber den Kindern gerecht sein sollen. Die umgekehrte Frage, ob Kinder gegenüber ihren Eltern gerecht sein können, ist verpönt oder wird als selbstverständlich vorausgesetzt. Kinder sind gerecht gegenüber ihren Eltern, wenn diese gerecht gewesen sind, aber diese einfache Kausalität wird erschüttert, wenn man Kafkas „Brief an den Vater" liest. Der Sohn bemüht sich um eine paradoxe Aufklärung: Er versucht, dem ungerechten Vater gerecht zu werden, aber er kann dies, indem und soweit er selbst ungerecht ist. Das Problem ist keines, das mit moralischer Reflexion faßbar wäre, aber es kommt alles darauf an, moralische Eindeutigkeit herzustellen.

Der „Brief an den Vater" ist eine dialektische Abrechnung mit einem Mann, dessen eigene Gestalt hinter den Anklagen des Sohnes verschwindet. Der Sohn erzeugt Mitleid, für sich; der Vater, als der Mächtige, erhält keinen Bonus. Wie war es wirklich? fragt man unwillkürlich, wenn man heute, mit historischen Augen, diesen Brief liest; aber das ist, gegenüber der Literatur, die falsche Frage. Kafka schreibt sein Werk gegen den Vater, ähnlich wie Kierkegaard gegen Regine geschrieben hat oder Petrarca für Laura, nur daß ein pädagogischer und nicht ein erotischer Konflikt das Werk bestimmte.

Aber „Kafkas Vater" war nicht der Vater Kafkas. „Väter" in der literarischen Stilisierung sind Metaphern, die sich von der Wirklichkeit entfernen und ungerecht (oder übertrieben gerecht) werden. Die reale Dialektik geht verloren, auch wenn, gegen seinen Willen, Kafka sich um eine faire Beschreibung bemüht. Aber der Impuls ist der, sich verständlich zu machen, sich zu erklären, in einer Beziehung, die weder Verständnis zuläßt noch Erklärungen verlangt. Die existentielle Zuspitzung in dem Brief erklärt sich aus dem Erleben, abgewiesen zu werden, wo Nähe, gar Liebe, erwartet wurde. Aber was wäre aus Kafka - dem Dichter - geworden, hätte er einen anderen Vater gehabt? Insofern ist der Brief die Beschreibung des eigenen Schicksals.

Klärt der Brief aber auch andere Schicksale auf, kann er erziehen?

Der übermächtige, der unsensible, der Vater, der den Ansprüchen des Kindes an ihn nicht gerecht zu werden vermag, ist die Konstruktion einer Ablösung. Nicht das Kind nimmt sie vor, auch nicht der Jugendliche, sondern der Erwachsene, der mit sich ins reine kommen will. Aber was nach der Ablösung kommen soll, bleibt unbestimmt. Kinder können sich ihrer Väter nicht entledigen, ebensowenig wie Väter Kinder wie einen Besitz auf Zeit auffassen können. Offenbar ist auch die gelöste Verbindung immer noch eine Verbindung. Was hätte Kafka seinem Vater geschrieben, wenn er älter geworden wäre? Was, wenn sein Unglück einen anderen Verlauf genommen hätte?

Die Geschichte ist nur zuende, weil Kafka einen bestimmten Augenblick literarisch einfror; Vater-Imagines aber sind nicht stabil, sondern können sich abschwächen, und ein dramatischer Konflikt kann am Ende doch empfindsam ausgehen. Der Vater der Kindheit, bei Kafka eher ein Verlegenheitsgott, wird blaß und schwach, aber das setzt voraus, die Kognitionen und die Ästhetik der Kindheit werden auch blaß und schwach. Und darum kann sich nur der Erwachsene bemühen, nicht das Kind, das er selbst einmal gewesen ist. Er muß die Erinnerung bearbeiten, nicht einfach ihr Stimme verleihen, denn oft sind es Irrtümer, Verzerrungen, ungerechte Schlüsse, weil jedes Kind an eine andere Erfahrung anschließen muß. Ein Hauptproblem jeder Kindheit ist die Erfassung von fremdem Sinn, dem der Familie, des Milieus, der lokalen Kultur, die andauern und zugleich verstanden sein wollen. Kafkas Brief zeigt, wie schwer diese Aufgabe ist und wie wenig sie mit einer einmaligen Passung gleichgesetzt werden kann. Erziehung ist eine Suche, die an vielen Stellen rätselhaft bleibt, weil Ursprünge verschlossen sind und so die kindlichen Kausalitäten keine Aufklärung erfahren. Fragen erhalten keine Antworten, aber Anklagen auch keine Resonanz. Was hätte Kafka getan, wenn er nicht Zuflucht in der Literatur hätte nehmen können?

Kann man sich aber richtig erinnern? Und kann man dabei gerecht sein? Kafkas Problem berührt jedes biographische Schicksal, aber keines ist gleich, und mehr noch, keines kann wirklich literarisch aufgelöst werden. Kafkas Vater, scheinbar doch klar, ist in Wirklichkeit ein einziges Rätsel, aber nur das Rätsel des Kindes, das Distanz aus Liebe vermeidet und nicht versteht, daß Liebe auch von Kindern nicht gefordert werden kann. Wenigstens können Kinder die Liebe der Eltern genauso radikal verfehlen wie umgekehrt die Eltern die Liebe der Kinder. Es gibt keinen Garanten, daß „Liebe" gelingt und gar vereinbar ist mit Gerechtigkeit. Aber die Unterbietung von Liebes- oder Gerechtigkeitsforderungen ist oft der Stachel der Kindheit, und zwar als Reflex des Erwachsenen auf die ganz einsamen Erlebnisse in einer Welt, die reflexiv nur schwach zugänglich war. Der Zorn ist dann nicht der des Kindes, sondern des Erwachsenen, der sich um die Kindheit, um die Emotionen der Kindheit, betrogen weiß. Aber was weiß man im Augenblick der Niederschrift einer allenfalls im Gefühl deutlichen Vergangenheit? Was erinnert man wirklich, wenn man doch nicht sein eigener Zeuge war?

Erwachsene sind in einem radikalen Sinne nicht die Zeugen ihrer Kindheit, wenn Rousseaus Satz Sinn machen soll, daß Kinder ihre eigene Art haben zu erleben und zu sehen. Die Zeugenschaft entwickelt sich in Sympathie mit dem früheren Zustand, der aber aus Fragmenten der Erinnerung und ohne Chance des authentischen Gedächtnisses zusammengefügt werden muß. Die Konstruktion kann als echt empfunden werden, weil sie mit einem starken Gefühl besetzt wird, aber es sind nie die tatsächlichen Personen der Vergangenheit, sondern immer nur deren Bilder, die als echt erscheinen. Dabei ist Gerechtigkeit eine unwahrscheinliche Größe; man kann nicht gerecht sein, wenn Verletzungen gegenüber dem Täter dargestellt werden sollen. Zorn ist einseitig, aber Wut ist ein Relikt der Kindheit.

Was aber weiß ich letztlich, wenn ich - fernab und doch berührt von Kafka - meine Kindheit und die Rolle meines Vaters reflektiere, nachdem beide, die Kindheit und der Vater, nicht mehr sind? Es ist offenbar kein Nirwana-Effekt; nicht das Leben löst sich auf, sondern eine Vergangenheit wird schwächer, deren Prägekraft mit der Abschwächung immer unsicherer erscheint. Es lockert sich eine Bindung, die doch eine starke, gar unerbittliche Kausalität zu sein schien; aber vielleicht war sie auch nur eine Kausalität des Unwissens. Was erfährt man als Kind über seine Eltern, das diese entlasten könnte? Und was stellt man später davon in Rechnung, wenn weitere Nachforschungen nicht mehr möglich sind?

Von meinem Vater weiß ich fast nichts. Ich habe meine schwachen und starken Erinnerungen, die vermutlich überwiegend ungerecht, weil kindlich, sind, aber mein Wissen ist fragmentarisch, unzuverlässig und lückenhaft.

Das ist zunächst einfach zu erklären: Mein Vater war, als ich, ein „Nachkömmling", geboren wurde, im Alter eines Großvaters, der die Höhepunkte seines Lebens überschritten hatte. Am 21.März 1947 war mein Vater, Jahrgang 1893, 54 Jahre alt, irritierend alt für diese Aufgabe, nicht zuletzt für seine Umwelt, kleinstädtische Milieus, in denen der Bruch der Konventionen nicht leicht gewesen ist.

Für diesen Mann ging mir als Kind das Verständnis weitgehend ab. Wer mich erzog, war nicht er, sodaß die Autorität, die er, hilflos, wie ich später bemerkte, verlangte, von mir nicht eingelöst wurde. Er war nie mein Vorbild, nie meine Bezugsperson und nie eine positive Identifikation, eher ein Schatten, eine Anwesenheit in meiner Kindheit, die sich weitgehend außerhalb des Hauses meines Vaters abspielte. Wenigstens ist dies mein Gedächtnis, das wenig Quellen hat, um abgestützt zu werden und darum unzuverlässig ist. Die tendenzielle Erinnerung ist lange Zeit das gewesen, was mein Verhältnis zu meinem Vater belastete. Die Identifikation mit Anderen ließ ihn für mich als Fremden erscheinen, der vertraut war durch bloße Anwesenheit.

Aber das kalte ist nicht das gerechte Kind, und Gerechtigkeit verlangt Wissen. Seine Biographie war mir, als Kind wie als Erwachsener, weitgehend verschlossen. Ich habe erst sehr spät und durch Zufall erfahren, daß sein Nervenleiden aus dem Gaskrieg vor Verdun stammte. Dieses Nervenleiden prägte meine Sicht dieses Mannes, es machte ihn hilflos und zugleich unberechenbar, eine Unzufriedenheit mit dem Leben dokumentierend, die für Kinder bedrohlich und unverständlich wirken mußte. Über die Ursache, die Objektivierung meiner Wahrnehmung, habe ich nichts erfahren. Sie blieb verschlossen wie die ganze Vorgeschichte meines Lebens.

Ich erinnere mich vage an vergilbte Fotos, die meinen Vater im August 1914 in einer Hamburger Kavalleriedivision zeigten. Über die Kriegserfahrung selbst gibt es keinerlei Dokumente, ebensowenig über die anschließenden Jahre, die Republik von Weimar oder die Zeit nach 1933; Spiegelungen dieser Epoche im Privatleben meiner Familien muß es gegeben haben, aber darüber liegt eine Überlieferung nicht vor. Meine Geschichte begann in einem eminenten Sinne erst mit meiner Geburt. Ich weiß nicht einmal, was, aufgrund einer Scheidung, mutwillig zerstört wurde, um den neuen Anfang mit meiner Mutter bestimmen zu können, und was nie vorhanden war.

Ich habe nie gelernt, danach zu fragen. Geschichte kam im Alltag der Familie nur als zufällige und redundante Erzählung vor. Die Erlebnisse der Bezugspersonen meines Vaters im Zweiten Weltkrieg sind aufgrund dieser Erzählungen für mich weitaus besser präsent als alles, was mit seiner Erfahrung im Stellungskrieg in Flandern zu tun hatte. Wir Kinder fragten nicht weiter als bis 1938, das Jahr der Hochzeit unserer Eltern, zurück. Es schien, als sei diese Zeit vergessen; wie sehr sie vergessen sein sollte, ist erst für mich, rückblickend, eine dramatische Frage. Versucht man nämlich, die kindliche Ungerechtigkeit in der Beurteilung der Eltern zu überwinden, braucht man Anhaltspunkte über die infantile Fixierung hinaus.

Diese Anhaltspunkte sind fast nie gegeben oder sie werden umso schwächer, je größer der Abstand zur Kindheit und so zum Vater der Kindheit wird. Genau darum gibt es eine Chance zur Lockerung; man kann die Kindheit an dieser Stelle korrigieren, sofern man, was Kafka vermied, neue Fragen zuläßt, vor allem die Frage, inwieweit man selbst an dem Bild des Vaters der Kindheit beteiligt wird. Kafka versucht, seine eigene Schuld am Zerwürfnis auszuloten, aber er setzt das Bild des Vaters voraus; insofern liefert er ein Bekenntnis, aber keine Analyse, weil sein Teil am Zustandekommen des Bildes fehlt. Der Vater prägt ihn, aber es ist auch seine Prägung, und dies nicht nur, weil er das Unglück hatte, ein sensibles Kind zu sein.

Das Bild meines Vater war früh, zu früh, fertig, und ich habe es lange Zeit nicht angetastet, weniger um mich durch Wahrung des Abstandes zu schützen, als vielmehr, weil ich eine naive Kausalität voraussetzte. Mein Bild und die historische Realität schienen deckungsgleich, und dann ließ sich die Unversöhnlichkeit gut pflegen. Unversöhnlichkeit, nicht Haß; Haß kühlt aus und schlägt oft in Indifferenz um, Unversöhnlichkeit stützt sich auf Abwehr, auf stabile Ablehnung, die auf klaren Kausalitäten aufgebaut zu sein scheint. Man weiß es genau, aber genau sind allenfalls bestimmte Verletzungen und weder der Rahmen noch die Vorgeschichte der Kindheit. Vielleicht ersetzt oder überlagert der Vater auch nur den Kindergott, der ähnlich naiv konstruiert wird, nur daß direkte Verletzungen sich kaum mit dem Kindergott verbinden lassen.

Was in der Kindheit zusammenpaßt und kognitiv harmoniert, entsteht aus einer unvergleichlich intensiven, wenngleich beschränkten Erfahrung. Wie beschränkt diese Erfahrung ist, kann erst hinterher aufgeklärt werden, vorausgesetzt, die Wunden der Kindheit werden relativiert. Aber kann man Mitleid mit seinen Eltern haben? Sind sie nicht als die Figuren der Erziehung darauf angelegt, unverletzlich und unreduzierbar zu erscheinen, als seien sie tatsächlich die Denkmäler unseres Lebens? Dieser Idee folgt Kafka; sein Leben endet mit seinem Vater. Aber dieser Konfession vor der alles entscheidenden Autorität, vor der realen Phantasie des Absoluten, fehlt die Distanz. Kafka schreibt aus dem Verlust von Nähe, aus der Entfremdung heraus, darum ist der Brief ausschließlich ernst. Ihm fehlt jede Ironie; indem Kafka seinen Vater zum Problem seines Lebens macht, verliert er jede Möglichkeit, durch Distanz zu überleben. Niemand hat eine Chance, aber so ist das Leben nur in der Literatur.

Kinder treten irgendwann in die Geschichte von Erwachsenen ein. Sie lernen sie für sich zu verstehen, schwach korrigiert von den Erwachsenen und stark fordernd in dem untrüglichen Sinn für sich selbst. Kinder aber lernen spät, welches die richtigen Fragen sind, diejenigen, die Ursprünge und Ursache betreffen und nicht nur die Rätsel einer Situation. Vielfach bleibt die Kindheit irritierend, weil lediglich das Kind selbst die verläßliche Größe zu sein scheint, während doch immer komplexe Milieus die Erfahrung bestimmen und das Vergessen unkontrollierbar ist. Es gibt in diesem Sinne kein Déjà-vu der Kindheit, nicht nur weil der Zauber verflogen ist, sondern weil erst der Erwachsene den Zauber erwartet. Ähnlich weiß erst der Erwachsene, daß die Idole der Kindheit Idole gewesen sind. Kein Kind stürzt die Denkmäler der Eltern, und wenn Erwachsene dies tun, dann, weil sie ihre Kindheit hinter sich gelassen haben. Und der Verlust des Paradieses ist immer ein Verlust für die Erwachsenen; Kinder haben keinen Raum für Mythen.

Wann wird man aber gerecht? Das harte Bild muß gelockert werden, die Realität des Vergangenen ihre Eindeutigkeit verlieren, und das verlangt Fragen jenseits der justierten Erinnerung. Fairneß erwächst erst aus Distanz, aus der Relativierung des Absoluten, und was wäre falscher, als Väter oder Mütter wie Götter zu betrachten? Man würde sich betrügen, aber man wäre zugleich historisch ungerecht, setzte sich das einmal gewonnene Bild fort und verblaßte einfach nur. Man gewinnt nicht die Liebe zurück, von der man nicht weiß, ob sie je vorhanden war, aber man kann durch Verstehen Achtung aufbauen, sofern man neue Seiten zuläßt.

Eine der dominanten Phantasien von Kindern im Ablöseprozeß ist die Vorstellung, man könnte von den Eltern das Äußerste an Wahrhaftigkeit erreichen. Die Pädagogik des Vorbildes ist mit dieser Einheitsannahme konstruiert, die vermutlich wesentlich dazu beiträgt, daß Kinder sich lösen können. Aber sie müssen dann auch die eigene Phantasie lockern, nämlich die Erwartungen des Wahrhaftigen auf sich selbst, also auf eine beschränkte, reale Existenz zurückführen. Nur sie läßt sich prüfen, und nur sie erlaubt die Relativierung des Absoluten oder den Sinn für Tragik. Warum sollte man nicht selbst scheitern können? Diese Frage bewegt eine Dimension, in der Verstehen möglich wird. Die Fremdheit der Eltern kann keine Verinnerlichung auflösen; aber die Nähe erzeugt nur ein Verstehen, das nicht an die Bedingung der Kindheit zurückgebunden ist. Man würde sonst nur sich selbst sehen können, also die größte Einsamkeit eingehen, die sich denken läßt.

Man muß lernen, sich mit dem Nichtperfekten abzufinden; was man leichtfertig den Status des „Erwachsenen" nennt, hat primär damit zu tun. Perfektionsideale stimulieren die Kindheit, nicht Größenwahn, sondern die eigene Vollendung. Aber das Ende ist nicht Vollkommenheit, sondern Beschränkung; erst das Nichtperfekte begrenzt den Hochmut des Lebens, ohne den Jugend nicht möglich wäre. Die Grenzen liegen immer jenseits der Kindheit, und sie sind nur dann stabil, wenn eine eigene Form gefunden wird, fragil wie sie immer auch sein mag. Kafkas Schicksal und sein Antrieb war die fehlende Form, das, was vor dem Ende vermutet wird und nicht greifbar ist. Der Vater ist demgegenüber nur der Anlaß, aber nicht wirklich die Ursache. Im Grunde tut ihm Kafka diese Ehre auch nicht an; er versucht, ihn vor sich selbst zu verstehen, und das schließt ein einfaches Verhängnis aus.

Die Geschichte meines Vaters hat mich überrascht, aber erst sehr spät, zu einem Zeitpunkt, als ich nichts mehr fragen konnte und als alle historischen Spuren verweht waren. Die Geschichte wird ein Rätsel bleiben, weil sie niemand mehr schreiben kann. Es gibt keine Dokumente, keine Aufzeichnungen, keine Quellen, aus denen heraus sich dieses Leben rekonstruieren ließe; meine Kausalitäten sind Vermutungen, aber distante und hoffentlich auch gerechtere. Nur so kann das enge Bild der Kindheit geweitet werden, und ohne diese Weiterung ist Befriedung der Kindheit nicht möglich.

Vielleicht ist das auch die Hauptsache als Vater. Eltern können Kindern nur sehr begrenzt bei der Entzifferung von sich selbst helfen. Sie müssen ertragen, daß sie rätselhaft sind, Fremde, die ihrerseits allmählich in das Leben der Kinder treten, nicht materiell, wohl aber symbolisch. Insofern kann Erziehung nicht Gewöhnung voraussetzen, schon gar nicht stabile Gewöhnung, sondern lediglich Lernen, das Eltern genauso stören kann wie Kinder. Auch wer gegenüber „seinen" Kindern ganz transparent sein will, kann den Kindern selbst höchst unklar erscheinen; wer den Partner spielt, wird oft der geduldete Fremde sein; und wer die Nähe übertreibt, fördert die Instabilität. Die Erfahrung, die Kinder mit Eltern machen, muß wie ein Prozeß impulsierender Wahrnehmungen vorgestellt werden, ein laufendes Band, das nicht die Eltern steuern.

Was in diesem Erlebnisstrom haften bleibt und was nicht, kann niemand vorhersehen; aber Väter (und Mütter) können erleichtern, was in diesem Spiel ihre Rolle, was ihre Absicht ist. Kafka, der Sohn, versuchte verzweifelt, seinen Vater zu verstehen, aber wie kann man jemanden verstehen, dessen Person und Absicht einfach nur rätselhaft bleibt? Oder der hinter der Konvention verschwindet? Die Kooperationsforderung ist einseitig. Aber mehr als das: Ihr gegenüber hat der Vater keine Chance, außer daß er schweigt und das Angebot übergeht. Der Sohn gewinnt, aber er verliert, weil der Vater nicht wirklich mitspielen kann. Es ist kein gemeinsames Spiel, schon gar nicht in der literarischen Phantasie; die Metapher ist einseitig, und dann muß das Spiel gelingen; der Ausgang steht bereits zu Beginn fest.

Pädagogen lesen den „Brief an den Vater" fast immer wie eine moralische Anklage und so als Bestätigung eigener Vermutungen. Die Schuld ist klar verteilt, die Kausalität ist eindeutig, und insofern kann der Brief exemplarisch erscheinen. Er warnt vor Autorität, genauer: er warnt vor der Kombination aus Ignoranz, Autorität und Vaterrolle. Aber Kafka wollte nicht einfach seine Leser erziehen, schon gar nicht mit einem reformpädagogischen Plädoyer für partnerschaftliche Erziehung. Der Text wird im Pädagogik-Unterricht eingesetzt, um die richtige Moral nahezulegen, aber seine Dialektik ist sperriger, als es in didaktischer Verwendung den Anschein hat. Er paßt nämlich nicht auf zwei Fälle; er läßt sich nicht als Fall verallgemeinern, sondern allenfalls als Problem. Und das Problem entsteht erst jenseits der scheinbaren Eindeutigkeit.

Hätte der Vater anders handeln können? Und wäre dann eine bessere Situation entstanden? Verdankt der Sohn nicht dem Konflikt seine literarische Kraft? Diese Fragen führen weg von der pädagogischen Intention (oder dem Plan der richtigen Erziehung) in die reale Dialektik, die das Gegenteil des moralisch Zulässigen immer auch zu einer respektablen Größe macht, mit der zumindest die Reflexion der eigenen Kindheit zu rechnen hat. Es wirkt nicht nur das Gute, und daß eine negative Kausalität positive Effekte haben kann, ist das eigentlich Beunruhigende an Kafkas Brief.

Ingmar Bergmans Film „Fanny und Alexander" zeigt gegenüber dem trostlosen Milieu Kafkas eine Gegenwelt, aber nur solange die Vaterautorität fehlt. Die Geborgenheit der Großfamilie, der vielen Relativierungen und der ganz wenigen Absoluta, erscheint wie eine Idylle, in die dann die Moral hineinbricht, verkörpert durch den herzlosen zweiten Ehemann der Mutter, der Pastor ist und die Kinder zum rechten

Weg erziehen will. Bergman stellt diese Situation so eindeutig dar, daß ihm unbedingt zugestimmt werden muß; mich hat immer irritiert, daß „Erziehung" so eindeutig und „Väter" so feste Größen sein sollen. In Wirklichkeit müssen wir die Erfahrung erst präzise machen, aber dann wären Väter ebenso vage wie Mütter und überhaupt die ganzen Anstrengungen, die wir „Erziehung" nennen.

Liebe J.P.O.s

irgendwann werdet Ihr diesen Text lesen. Er ist vor unserem Japan-Aufenthalt im Herbst 1994 geschrieben, nur damit Zeit und Umstände klar sind. Vielleicht gibt es ja so etwas wie ein Familiengedächtnis, mit dem man sich gemeinsam erinnern könnte.

Ich sollte, veranlaßt durch den Herausgeber, einen Brief schreiben, also keinen Essay, sondern ein persönliches Schreiben, in dem ein Vater seinem Sohn antwortet. Kafkas Brief - immer noch Schullektüre? - sollte gleichsam umgekehrt werden, auch um die Perspektive des Vaters zurechtzurücken, der ja mehr und anderes ist, als der Sohn in ihm erkennt. Die Idee war überzeugend, aber gegen die ästhetische Form sträubte sich etwas in mir. Irgendwie konnte ich das nicht, auch weil ich die Vater-Sohn-Dialektik auf mich bezog und so als Sohn und nicht als Vater (oder als Vater mit der Erfahrung des Sohnes) schreiben wollte.

Herausgekommen ist eine Notiz, die etwas erfassen soll, was man nicht vergißt, aber für gewöhnlich auch nicht festhält. Dazu brauche ich Erklärungen, aber auch Sprache für die eigene Erfahrung, sozusagen eine Erinnerung, die mit dem Abstand rechnet und die zeitliche Distanz ausnutzt. Ich habe keinen Zorn mehr, kaum daß ich mich erinnere, ihn je gehabt zu haben. Vielleicht ist das eine faire Einstellung, eine, die berücksichtigt, daß Väter aus der Kindheit heraus minimiert werden und doch ihre richtige Größe behalten müssen.

Es gibt keine Briefe von Vätern an Söhne, die vorbauen, und das wäre auch ungerecht gegenüber den Söhnen, die hinterher beurteilen müssen, welche Qualität ihre Erziehung hatte und ob sie überhaupt eine Qualität hatte. Man kann das nicht vorhersehen; später ist man klüger, während doch in der Erziehung alles darauf ankam, beizeiten das Richtige zu tun. Man erfüllt die Erwartungen der Kinder nicht und tut es doch, an dieser Paradoxie scheiden sich alle Geister.

Wie auch immer, das Bild des Vaters in den Köpfen der Söhne ist nicht das Bild, das er von sich hat, aber beide Bilder ändern sich im Laufe der Erfahrung. Diese Lernchance wollte ich beschreiben, einfach weil sie gegenüber den gegenseitigen Mißverständnissen oft klein erscheint und nicht genutzt wird. Ich bin nicht mein Vater, aber Verständnis für ihn habe ich erst spät entwickelt. Vielleicht gibt es bessere Wege, nur das wollte ich sagen.

Ich warte auf Euren Brief, irgendwann, nacheinander, datiert auf verschiedene Zukünfte und vielleicht als E-Mail oder sonstwie.

J.P.O.

21. November 1994
(an einem schönen Herbstnachmittag, an dem die Sonne es nicht schafft, den Nebel ganz zu vertreiben)

Günther Bittner

Warum eine Antwort auf Kafkas „Brief an den Vater" nicht gegeben werden kann.
Vier Thesen nebst Begründungen dazu.

An der Vorgabe des Herausgebers, es solle eine Antwort auf Kafkas berühmten „Brief an den Vater" (den ich im folgenden der Einfachheit halber den „Brief" nenne) geschrieben werden, bin ich gescheitert. Ich bekenne, eine solche Antwort nicht verfassen zu können, weil ich kein Schriftsteller von Kafkas Graden bin (dies wäre, wie gezeigt werden soll, die einzige Basis, von der aus geantwortet werden könnte). Auf der andern Seite mag ich aus einem Unternehmen nicht aussteigen, das auf noch ungebahnten Wegen gehend eine neue Art pädagogischer Aufmerksamkeit für autobiographische Texte und Materialien einzuüben verspricht. So will ich denn vier Thesen zur Begründung der Unmöglichkeit einer Antwort beitragen.

1. Kafkas Vater - angenommen den Fall, er wäre der Adressat des „Briefes" - ist einer, der notorisch nicht antwortet - ein Vater, der antwortete, wäre nicht mehr Kafkas Vater und insofern nicht der Adressat.

2. Der „Brief" ist ein Selbstgespräch, ein innerer Dialog. Daß er keinerlei Raum für eine Antwort läßt, ergibt sich schon daraus, daß er die Antworten des Vaters an mehreren Stellen, am ausführlichsten in der Schlußpassage, bereits vorwegnimmt.

3. Der „Brief" ist also kein Brief im landläufigen Sinne. Er mag als solcher begonnen worden sein mit der Absicht, ihn dem Vater zuzuleiten - ist aber nach Umfang und Gehalt weit darüber hinausgewachsen. Der Inhalt ist ohne Zweifel auto-

biographisch; die kompositorische Verdichtung verleiht ihm den Charakter eines literarischen Werkes.

4. Das Problem des „Briefes" ist nur scheinbar und vordergründig der Vater: in Wirklichkeit lautet die Frage wie bei Augustin: „wieso bin ich der, der ich bin?" („quaestio magna mihi factus sum"; Conf.).

l. Der Versuch, Kafkas „Brief" zu beantworten, beschwört ein Dilemma herauf: Er ist an einen nicht-antwortenden Vater gerichtet, an einen Vater, mit dem kein Dialog möglich war („zum Gespräch kam es kaum"; s.S.251).

Wenn ich in die Rolle dieses Vaters eintreten will, kann ich nicht antworten. Wenn ich antworte, bin ich nicht mehr dieser, sondern ein anderer Vater, der nicht Adressat des Briefes war.

Freilich: war Hermann Kafka, Franzens Vater, wirklich dieser Vater? Manches läßt mich zweifeln. Der Ton, in dem in den Felice-Briefen und in den Tagebüchern vom zweifellos historischen Vater Hermann die Rede ist, ist ein anderer als der des „Briefes". In der Heiratsgeschichte z.B. wird der Vater im „Brief" rein destruktiv geschildert: angefangen von den Ratschlägen an den Sechzehnjährigen, wie er mit der „Lüsternheit" umgehen soll, wie er „ohne Gefahr diese Dinge werde betreiben können" (s.S.285), bis hin zu den herabsetzenden Kommentaren zu den beiden Heiratsversuchen. Der Vater habe Franz gerade in diesem Punkt kraft seines Wesens „niedergehalten" (s.S.288); das Heiraten sei des Vaters „eigenstes Gebiet" (s.S.290).

„Manchmal stelle ich mir die Erdkarte ausgespannt und Dich quer über sie hin ausgestreckt vor. Und es ist mir dann, als kämen für mein Leben nur die Gegenden in Betracht, die Du entweder nicht bedeckst oder die nicht in Deiner Reichweite liegen" (s.S.290).

In dem Brief an Felice, in dem Franz das erste Gespräch mit dem Vater über die geplante Heirat berichtet, klingt es nicht ganz so schlimm:

„Sagte ich Dir schon einmal, daß ich meinen Vater bewundere? Daß er mein Feind ist und ich seiner, so wie es durch unsere Natur bestimmt ist, das weißt Du, aber außerdem ist meine Bewunderung seiner Person vielleicht so groß wie meine Angst vor ihm. An ihm vorbei kann ich zur Not, über ihn hinweg nicht. Wie jedes unserer Gespräche (aber es war kein Gespräch wie eben jedes unserer angeblichen Gespräche, es waren haltlose Bemerkungen von meiner und sehr kräftige Reden von seiner Seite) wie jedes unserer Gespräche begann auch dieses mit gereizten Bemerkungen von seiner und mit der Feststellung dieser Gereiztheit von meiner Seite. Ich fühle mich jetzt außerstande, zu schwach, um das Ganze zu beschreiben, ohne aber etwa durch das Gespräch besonders hergenommen zu sein, denn meine Unterlegenheit gegenüber meinem Vater ist mir ja bekannt und klar und greift meinen Vater gewiß viel mehr an, als mich. Das Wesentliche war, daß er mir die Not darstellte, in die ich durch Heirat mit meinem Einkommen geraten muß, ohne die Not bei meinem Mangel an Konsequenz (hier kamen gräßliche Vorwürfe, daß ich ihn zur Beteiligung an der verfehlten Asbestfabrik verlockt habe und mich jetzt um sie nicht kümmere) ertragen oder gar beseitigen zu können" (Kafka 1967, S.452).

Es darf nicht übersehen werden, daß diese beiden Äußerungen aus verschiedenen zeitlichen Kontexten stammen: Die Perspektive zur Zeit des ersten Heiratsversuches mit Felice war noch optimistischer, noch nicht so erfüllt von der Erfahrung des mehrmaligen Scheiterns. Dennoch: Der Vater wird nicht unfreundlich porträtiert; und was er zu Franzens Heiratsplänen sagt, klingt weder gänzlich ablehnend noch erdrückend noch unvernünftig.

Auch die Macht des Vaters hat Franz in anderem Kontext anders erlebt. In einem Traum in den Tagebüchern wird der scheinbar so machtvolle Vater zu einer hilflosen, fast lächerlichen Figur:

„Traum vom Vater. - Es ist eine kleine Zuhörerschaft..., vor welcher der Vater eine soziale Reformidee zum erstenmal der Öffentlichkeit mitteilt. ... Mein Vater hat mit allen diesen Leuten noch niemals etwas zu tun gehabt, infolgedessen nimmt er sie übertrieben ernst, hat sich auch ein schwarzes Jakettkleid angezogen und trägt die Idee äußerst genau, mit allen Zeichen des Dilettantismus vor. Die Gesellschaft erkennt, trotzdem sie auf einen Vortrag gar nicht vorbereitet war, sofort, daß hier nur eine alte verbrauchte, längst durchgesprochene Idee mit allem Stolz der Originalität vorgebracht wird. Man läßt es den Vater fühlen. Dieser aber hat den Einwand erwartet, doch mit großartiger Überzeugung von der Nichtigkeit dieses Einwandes, der ihn selbst aber schon öfters versucht zu haben scheint, trägt er seine Sache mit einem feinen, bittern Lächeln noch nachdrücklicher vor. Als er geendet hat, hört man aus dem allgemeinen verdrießlichen Gemurmel, daß er weder von der Originalität noch der Brauchbarkeit seiner Idee überzeugt hat" (Kafka 1954, S.532f).

Gibt der „Brief" demnach die historische Wahrheit wieder? Kafka selbst war in der Einschätzung zwiespältig. An die Freundin Milena schreibt er im Mai 1920, ein halbes Jahr nach der Abfassung: „Wenn du einmal wissen willst, wie es früher mit mir war, schicke ich dir von Prag den Riesenbrief, ..." (Kafka 1983, S.87). Das klingt nach Faktizität und Authentizität. Als er jedoch den „Brief" ein weiteres Vierteljahr später wirklich schickt, warnt er Milena, ihn allzu wörtlich zu nehmen. „Und verstehe beim Lesen alle advokatorischen Kniffe, es ist ein Advokatenbrief" (ebd., S.99).

2. Bleibt also zu fragen, wer eigentlich der Adressat des „Briefes" ist: wirklich jener historisch-faktische Hermann Kafka, wohnhaft in Prag, Altstädter Ring Nr.16. Franz soll den Brief tatsächlich in einen Umschlag gesteckt und der Mutter gegeben haben mit dem Auftrag, ihn dem Vater zu übermitteln (Brod 1974, S.22f). Diese fand es wohl besser, das zu unterlassen - aus der vielleicht intuitiven Einsicht heraus, Hermann Kafka sei gar nicht der rechte Adressat. Franz war auch in diesem Punkt mit sich uneins, wie aus den Mi-

lena-Briefen hervorgeht. „'... den Riesenbrief', heißt es in der ersten Äußerung, „den ich vor etwa einem halben Jahr meinem Vater geschrieben, aber noch nicht gegeben habe" (Kafka 1983, S.87). Und in der zweiten, auf den „Brief" bezüglichen Textstelle mahnt er: „... heb ihn bitte gut auf, ich könnte ihn vielleicht doch einmal dem Vater geben wollen" (ebd., S.99).

Der Text ist überschrieben: Brief an den Vater - freilich ungewiß, ob vom Verfasser oder vom Herausgeber. Nun spricht Franz auch sonst, wenn er in der dritten Person von ihm redet, abwechselnd von dem und von meinem Vater (wie in den beiden soeben zitierten Milena-Briefen). In der Überschrift des „Briefes" jedenfalls heißt es: „Brief an den Vater" - und das mag wohl heißen: an den Vater schlechthin.

Jeder hat, jeder kennt diesen Vater, an den Franz seinen Brief schreibt. Jeder findet sich irgendwo in diesem Brief wieder; ich zum Beispiel beim Hinaus-gestellt-Werden auf die Pawlatsche: Ähnliches ist mir ebenso unauslöschlich in Erinnerung geblieben wie dem Schreiber des „Briefes" (vgl. Bittner 1994, S.21).

„Man mußte achtgeben, daß keine Speisereste auf den Boden fielen, unter Dir lag schließlich am meisten" (s.S.253). Ähnliches würde gewiß im von meinen Kindern dereinst zu schreibenden „Brief an den Vater" zu verzeichnen sein.

Immer ist mein Vater der Vater; ich habe und kenne keine andern, selbst wenn ich andere Männer kenne, die Kinder haben und deren Väter sind. Andererseits ist der Vater eines Sechsunddreißigjährigen eigentlich nicht mehr die jetzt existierende Person, sondern vor allem ein Erinnerungsbild. Franzens Abrechnung handelt von der Vergangenheit, teils der erst kurz zurückliegenden der beiden Heiratsversuche, teils der viel weiter zurückliegenden der Kindheit. Franz steht vor einem Problem, wie wir es von Analysanden kennen, die ihre Kindheit durchforstet haben und nun klärende und bereinigende Aussprachen mit ihren Eltern herbeiführen wollen. Fast immer enden diese unbefriedigend, d.h. die altgewordenen Eltern und die herangewachsenen Kinder finden

den Punkt der Auseinandersetzung nicht. Meist läuft es auf ein resigniertes „es war doch alles ganz anders" von seiten der Eltern hinaus; auf seiten der Kinder auf ein achselzuckendes Sich-Wegwenden: „Die wollen oder können nicht darüber reden". Solche Gespräche erreichen so gut wie nie ihr Ziel, sie verfehlen ihren Adressaten - so mag es weise von Franzens Mutter gewesen sein, den „Brief" nicht weiterzugeben.

Es sind - in der Analyse wie auch in Kafkas „Brief" - innere Dialoge mit der Imago, dem Bild des Vaters bzw. der Eltern, das sich von der realen Gestalt abgelöst hat und nur noch in mir selber existiert. Jeder kann leicht die Probe machen, indem er sich mit seinen Geschwistern über die gemeinsamen Eltern unterhält: Meist wird man finden, daß mein Vater und der meines Bruders eigentlich zwei ganz verschiedene Personen - oder eben: Imagines - sind.

Franz sieht die Unvollständigkeit seines Bemühens, „weil auch im Schreiben die Furcht und ihre Folgen mich Dir gegenüber behindern und weil überhaupt die Größe des Stoffs über mein Gedächtnis und meinen Verstand weit hinausgeht" (s.S.245). Der erstere Behinderungsgrund bedarf keiner Erläuterung, wohl aber der zweite: Worin liegt die Gedächtnis und Verstand überfordernde „Größe des Stoffs"? Die das Gedächtnis überfordernde „Größe" meint zunächst die schiere Menge: Keine autobiographische Erzählung kann vollständig sein; das erzählte und das tatsächlich gelebte Leben fallen niemals zusammen (vgl. Bittner 1994, S.20, 23f).

Schwieriger ist zu erklären, welche Art von „Größe des Stoffs" den Verstand des Briefschreibers überfordern mag. Mir scheint, daß Franz das Problem hier ungenau beschreibt: Hermann Kafka ist kein so ungeheurer Stoff, daß es einem Dichter von Franzens Graden nicht gelingen sollte, ihn angemessen zu porträtieren. Das gemeinte Problem liegt woanders: Jeder versagt mit Notwendigkeit daran, von seinem Vater zu erzählen, weil der Vater nicht nur eine Imago, ein inneres Bild, ist, sondern noch viel mehr: Er ist, wie die Psychoanalyse sagt, ein Introjekt, gleichsam verlötet mit dem

Ich. Liebesgeschichten, versuchte ich vor kurzem zu explizieren, sind „unerzählbare Geschichten, weil sie an die Konstitution des Ich rühren" (Bittner 1994, S.14). Im gleichen Sinne sind auch die Vatergeschichten unerzählbar, überfordern sie nicht allein den Verstand, sondern das ganze Ich.

„Kein logisches System", so sagte Jacques Monod, vermag „sich selber vollständig zu beschreiben" (Monod 1971, S.179). Meinen Vater kann ich nicht beschreiben, insoweit er sich gleichsam hinter meinem Rücken in meiner Ich-Struktur eingenistet hat, indem er Teil des (psycho-)logischen Systems geworden ist, das ich selber bin, welches damit gleichsam unerreichbar „hinter meinem Rücken" liegt - darum sind Liebesgeschichten ebenso wie Vater- und Mutter-Geschichten letzten Endes unerzählbar.

Kafka scheint etwas Derartiges empfunden zu haben. In einem Brief an Milena hat er geschrieben, was er generell mit seinen Briefen intendiere:

„... ich suche immerfort etwas Nicht-Mitteilbares mitzuteilen, etwas Unerklärbares zu erklären, von etwas zu erzählen, was ich in den Knochen habe und was nur in diesen Knochen erlebt werden kann" (Kafka 1983, S.310).

Dieses Unerzählbare dennoch - getarnt und symbolisch verfremdet - zu erzählen, auf diese Weise an die Grenze des Erzählbaren zu gehen, diese Grenze immer wieder noch ein Stückchen hinauszuschieben, immer noch etwas mehr vom Unsagbaren auf Umwegen und mit ästhetischen Kunstgriffen sagbar zu machen: das ist Literatur. Der literarische Autor, der Dichter ist in bezug auf Seelisches dem Psychologen uneinholbar voraus.

„Die Schilderung des menschlichen Seelenlebens ist ja seine (des Dichters) eigentlichste Domäne; er war jederzeit der Vorläufer der Wissenschaft und so auch der wissenschaftlichen Psychologie" (Freud 1976, S.70).

Die ganze Kafka-Literatur, soweit ich sehe, ist in dieser Frage gespalten: ob der „Brief" autobiographisch-faktisch oder eher poetisch-symbolisch zu lesen sei. Emrich sieht ihn einerseits als autobiographisches Dokument Kafkas, „in dem alle Qualen seiner Kindheit noch ebenso unbewältigt und beklemmend anwesend sind wie ehedem" (Emrich 1975, S.75); andererseits hebt er auf die „überpersönliche Bedeutsamkeit" ab, „die dem Werke selber als weltliterarisches Ereignis zukommt" (ebd., S.77). In der Tendenz ähnlich Politzer: „Kafka verwertete die Ödipus-Situation, die der Brief mit solch unverhüllter Redlichkeit geschildert hatte, zur Herstellung eines literarischen Symbols" (Politzer 1978, S.447). Anz verweist auf die schon von Max Brod geäußerte Skepsis, daß sich aus Kafkas autobiographischen Texten ein „authentisches Bild" seiner Persönlichkeit gewinnen ließe (Anz 1989, S.29).

Ein analoges Problem, auch wieder literaturwissenschaftlich, stellt sich der pädagogischen Rezeption des „Briefes". Mollenhauer, der ihn zu den „erstaunlichsten pädagogischen Dokumenten unserer Kultur" zählt (Mollenhauer 1983, S.9), scheint ihn eher von der faktischen Seite zu lesen, wenn er die „gemeinen Beschreibungen von Kindheitssituationen und die Intensität, mit der das Leiden des Kindes zur Sprache gebracht wird", (ebd., S.12) hervorhebt, wenn er ihn als Beschreibung eines „pädagogischen Gefängnisses" (ebd., S.13) nimmt.

Meine pädagogische „Lese-Anweisung" für autobiographische Texte lautet denn auch ziemlich entgegengesetzt zu der von Mollenhauer: den Text nicht als Lieferanten individueller, biographischer und sozialgeschichtlicher Daten und Fakten nehmen, sondern ihn von der augenblicklichen Verfassung und Mitteilungsabsicht des Autors, seiner Verlautbarungspolitik (vgl. Hoeppel 1983), seinen „Deutungsmustern" (vgl. Bittner 1994) her aufzurollen.

3. Mag der „Brief" vielleicht als Brief begonnen worden sein mit der Absicht, ihn dem Adressaten zuzustellen, hat er doch, so wie er sich entwickelte, die Briefform rasch hinter sich gelassen; mit Recht hat ihn der Herausgeber Max Brod in den „Gesammelten Werken", nach einigem Zögern zwar, den Werken und nicht den Briefen zugeschlagen (vgl. Anz

1989, S.24ff). Schon dem Umfang nach, der ihn zu einem kleinen Buch anwachsen ließ, ist der „Riesenbrief" kein Brief mehr, aber auch und vor allem von der inneren Form her: Der „Brief" erwartet keine Antwort; er gibt sich die Antworten selbst, enthält gar auf den letzten Seiten (s.S.293ff) schon den vorweggenommenen Antwortbrief des Vaters. Der „Brief" ist ein Selbstgespräch, ein innerer Dialog: Die Antworten, die gegeben werden, und die Antworten auf die Antworten liegen fest. Der Text stellt keine Frage, schließt sich hermetisch ab - wo aber keine Frage gestellt wird, weder explizit noch implizit, da gibt es keine Antwort. Der Brief an den „lieben Sohn" oder „lieben Franz", den uns der Herausgeber aufgetragen hat - was könnte der schon enthalten? Zur Schau gestellte väterliche „Betroffenheit", psychologisches „Verständnis" oder: take it easy, mein Sohn, war doch alles nicht so schlimm?

Es ist ja nicht so, daß ich mich nicht ehrlich bemüht hätte, den geforderten „Antwortbrief" zu verfassen. Hier das Ergebnis meines Versuchs:

Lieber Franz, Thomas oder wie immer du heißen magst:

Die Karten sind ungleich gemischt - gut für dich, schlecht für mich. Sohnsein berechtigt zu schonungsloser Offenheit, Vatersein verlangt die konventionelle Maske. Mit seinem Vater darf man „abrechnen", mit seinem Sohn nicht. Das fängt bei kindlichen Boxkämpfen an: Der Sohn darf zuschlagen, so fest er kann - der Vater nur mit gebremster Kraft: Verdammte Asymmetrie. Darum habe ich das Vaterwerden gefürchtet wie der Teufel das Weihwasser.

Warum tut mans überhaupt, warum wird man Vater? Vielleicht um guten Gewissens verstummen, eine Maske aufsetzen, ein Schema werden zu dürfen, nicht mehr sein höchstpersönliches Sohnes-Fühlen vor sich hertragen zu müssen?

So weit war ich mit meinem Antwortversuch gekommen, als ich es resigniert aufgab, überwältigt von der Banalität meiner Artikulationsmöglichkeiten.

Die adäquate, die kongeniale Antwort auf eine Dichtung - und um eine solche handelt es sich bei Kafkas „Brief" - könnte ihrerseits nur Dichtung sein. Solches Eintreten in die Poesie eines andern mit eigener Poesie gelingt selten: Zwischen Goethe und Marianne Willemer mag sich etwas dieser Art ereignet haben. Ich kann nicht auf den „Brief" antworten, weil ich kein Dichter bin: nur Vater, Pädagoge und Psychoanalytiker, was leider alles nicht zu einer Antwort instand setzt. Schuster, bleib bei deinem Leisten; Psychoanalytiker, mach dich nicht lächerlich mit dem Versuch, es Kafka gleichzutun. Halte dich an dein eigenes Metier: das psychologische Verstehen.

4. „Wir verhalten uns dem Leben, vorzüglich dem eigenen, gegenüber verstehend" (Dilthey Bd.VII, S.196). Jedes Leben bildet einen „Bedeutungszusammenhang" (ebd., S.199); autobiographische Texte wollen „verstehend" den Zusammenhang der Teile des je „eigenen Lebensverlaufes" erfassen. Nehmen wir Kafkas „Brief" in Diltheys Perspektive als einen autobiographischen Text mit all dem Oszillieren zwischen „Dichtung und Wahrheit", das solchen Texten anhaftet. Der Interpret mag versuchen, „den Autor besser zu verstehen, als er sich selbst verstanden hat" - dies, setzt Dilthey hinzu, sei „die notwendige Konsequenz der Lehre von dem unbewußten Schaffen" (Dilthey Bd.V, S.331).

„Augustin ist ganz auf den Zusammenhang seines Daseins mit Gott gerichtet." „Rousseau will vor allem das Recht seiner individuellen Existenz zur Anerkennung bringen." Für Goethe liegt der Sinn des Lebens „in der Gestaltung, in der Entwicklung" (Dilthey Bd.VII, S.198f). Für Kafka, so ergänze ich, heißt die zentrale Kategorie, mit der er den Zusammenhang seines Lebens zu begreifen, zu deuten sucht: Vater.

Verstehen in diesem von Dilthey erstmals angezielten, später von Gadamer teils präzisierten, teils revidierten Sinne setzt zweierlei voraus: zuerst das Finden eines angemessenen „Augenpunktes" (Gadamer 1986, S.334), der im vorliegenden Falle gewiß nicht der Blickpunkt des Vaters sein kann; und zweitens:

„In Wahrheit kann man einen Text verstehen, wenn man die Frage verstanden hat, auf die der Text eine Antwort ist" (Collingwood in Gadamer 1986, S.376).

Hier setzt die Aufgabe des psychoanalytischen Text-Lesers ein, der auf Kafkas „Brief" zwar ebensowenig antworten kann wie jeder andere, aber vielleicht dazu beitragen, die „Frage" noch etwas klarer zu umreißen, auf die der Text eine Antwort ist - insofern diese Frage nämlich dem Autor selber „unbewußt" war. Keineswegs geht es darum, den Text irgendwelchen psychoanalytischen Theoriestücken zu subsumieren, ihn als Beispiel für irgendetwas Psychoanalytisches vorzuführen wie z.B. Blos ihn heranzog als Exempel einer „dyadischen Sohn-Vater-Verbindung" (Blos 1990, S.95). Von solcher Art subsumierender psychoanalytischer Deutung will ich mich entschieden fernhalten, denn Psychoanalyse heißt nach meinem Verständnis nicht, irgendeinen Baukastensatz von Begriffen auf einen individuellen „Fall" anwenden, sondern das je individuelle Unbewußte, Verdrängte, weil Angstbesetzte, ins Offene zu bringen.

Mir scheint, daß der „Brief" eine in diesem Sinne unbewußte, d.h. primär der Psychoanalyse zugängliche Frage enthält - die freilich, wie sich zeigen wird, den „Brief" vollends unbeantwortbar macht.

Die „Frage", die Kafka mit seinem „Brief" aufwirft und sich selber zu beantworten sucht, scheint ihren Grund in einer Verwunderung über das eigene Ego zu finden. Sie mag etwa lauten: Warum bin ich, der ich doch dein Sohn bin, so gänzlich anders als du? Das beinahe tragische Mißverständnis des Kafka'schen „Briefes" liegt darin, daß die Frage zumindest der äußeren Form nach an den Vater Hermann gerichtet ist - der doch vermutlich mit noch weniger Glück, d.h. mit geringerer Reflexions- und Introspektionsfähigkeit und daher mit noch größerer Ratlosigkeit an just derselben Frage herumlaboriert wie Franz.

Die Frage gründet sich in Franzens Verwundern darüber, daß „wir so verschieden und in dieser Verschiedenheit einander so gefährlich" waren (s.S.248). Der „Brief" will dem Vater (d.h. eigentlich sich selbst) das Wesen des Sohnes „verständlich" machen, unter anderem die Heiratsversuche (s.S.282). Franz wird nicht müde, die „beiderseitige Schuldlosigkeit" zu betonen (z.B. s.S.286); es geht nicht um Schuldzuweisungen irgendwelcher Art, sondern allein um das Mysterium, daß „A Du bist und B ich bin" (s.S.286).

Es heißt, Kafka habe zuzeiten Augustinus gelesen (Wagenbach 1986, S.114). Mir scheint, daß sein Thema ein sehr augustinisches ist: Wie dieser im Dialog mit seinem Gott, so sucht Kafka im Dialog mit dem als Gott gesetzten Vater sich zu ergründen: „... unter dem Blick Deiner Augen bin ich mir zur Frage geworden"(„... in cuius oculis mihi quaestio factus sum; Conf.); „... und gleichwohl, fasse ich selber nicht ganz, was ich bin." („... nec ego ipse capio totum, quod sum"; Conf.), und vor allem, in Umkehrung des augustinischen Satzes: „noverim me, noverim te" (Soliloquia): wenn ich erkenne, wer mein Vater ist, dann werde ich auf diesem Weg erkennen, wer ich selber bin, ich, der ich mir zu einer großen Frage geworden bin - wenn ich weiß, wer A ist, dann werde ich eher wissen, wer B ist. Nicht auf Hermann zielt die Frage des „Briefes", sondern auf Franz selbst: Der Brief ist ein augustinisches Soliloquium - freilich verlarvt in ein unbewußtes, ein externalisiertes in Form eines scheinbar an den Vater gerichteten Schreibens.

Briefe, die man an Gott schreibt, wie Augustinus, unterliegen nicht leicht solchen Selbstmißverständnissen wie Kafkas Brief an den Vater. Einen Brief an den lieben Gott oder das Christkind aufs Postamt tragen und nach Himmelstadt (Landkreis Würzburg, Postleitzahl 97267) adressieren - das tun nur sehr kleine Kinder. Über dieses Alter war Augustinus hinaus, und so unterlag er nicht der Versuchung, seinen inneren Dialog als einen äußeren zu verkennen.

Anders Kafka. Ich glaube, er hat nicht ganz verstanden, worauf er mit seinem „Brief" letzten Endes hinauswollte.

Symptomatisch ist das Zögern: wird er ihn dem Vater geben - oder nicht, oder „vielleicht doch einmal"? (Kafka 1983, S.99).

Wenn hier psychoanalytisch gedeutet werden soll, geht es nicht bloß darum, aufzuweisen, daß der „Brief" in Wirklichkeit gar nicht an den Vater, sondern an den Schreiber selbst gerichtet gewesen sei. Diese Unterstellung als solche wäre banal und noch nicht psychoanalytisch, wenn nicht zugleich ein zureichendes Motiv solchen Selbstmißverständnisses benannt würde. Das Motiv sehe ich in Franzens Angst, angesichts des sich auftuenden inneren Abgrunds vollends den Boden zu verlieren: So mag es denn im Sinne einer Verdichtung weniger angsterregend gewesen sein, die widrige, feindliche und bedrohliche Welt im Vater personifiziert zu erleben. Die Angst findet hier ihren Ausdruck nicht als reine Abgründigkeit, sondern - vielleicht erträglicher - in einer menschlichen Bezogenheit. In der Beziehung zu Milena wird diese Angst auch geschildert als das eigentliche und letzten Endes unentrinnbare Thema Kafkas - als das seine Identität zutiefst bestimmende Charakteristikum, ohne welches Kafka nicht mehr „Kafka" wäre. So wäre denn auch der Brief an den Vater in diesem Sinne nicht als Anschuldigung zu lesen, die eine Antwort verlangen und möglich machen würde, sondern als künstlerischer Ausdruck seiner Existenz, die er im tiefsten Inneren gar nicht anders gewollt hat, auch wenn er selbst nicht immer in der Lage war, dies so zu sehen. An Milena, zu der er „so frei sprechen kann, wie vor niemandem", schreibt er:

„Denn auch ich, mag ich auch manchmal aussehen wie ein bestochener Verteidiger meiner 'Angst', gebe ihr im tiefsten wahrscheinlich Recht, ja ich bestehe aus ihr und sie ist vielleicht mein Bestes, und da sie mein Bestes ist, ist sie auch vielleicht das allein, was du liebst" (ebd., S.215).

Quaestio magna mihi factus sum: warum bin ich der, der ich bin? Zum Beispiel angesichts der Heirat: „... daß ich von dem Augenblick an, in dem ich mich entschließe zu heiraten, nicht mehr schlafen kann, der Kopf glüht bei Tag und Nacht, es ist kein Leben mehr." Gewiß, es gibt Hindernisse, es gibt Sorgen, aber das eigentliche Problem ist er sich selbst: „Es ist der allgemeine Druck der Angst, der Schwäche, der Selbstmißachtung" (s.S.289).

Solches Fragen sucht gern (und fälschlicherweise) nach Gründen, z.B. in der Erbmasse: du, Vater, bist „ein wirklicher Kafka", ich hingegen bin „ein Löwy mit einem gewissen Kafka'schen Fond", der mehr noch mit einem „Löwy'schen Stachel, der geheimer, scheuer, in anderer Richtung wirkt und oft überhaupt aussetzt" (s.S.247).

Und dann durch den ganzen Brief hin die „Erziehung" durch den Vater als der angebliche Grund des eigenen Gewordenseins. Pädagogen werden aufjauchzen, wo der Einfluß der Erziehung derart hoch angeschlagen wird. Dennoch meine ich, ist es irreführend, wenn Kafkas „Brief" z.B. von Mollenhauer zu den bedeutendsten „pädagogischen Dokumenten unserer Kultur" gerechnet wird. Er ist schon ein pädagogisches Dokument, aber eines um mehrere Ecken herum: Nicht die Faktizität und die Kausalität von Erziehung für persönliches Gewordensein steht hier zur Debatte, sondern daß einer - in sehr moderner Deutung - meint, er sei durch Erziehung, und nicht etwa, wie Augustinus, durch Gottes Wege mit der Seele, das geworden, was er ist. Erziehung nicht als Faktum, sondern als Muster der Selbstdeutung - das ist die verborgene, die mühsam zu entschlüsselnde pädagogische Botschaft des Kafka'schen „Briefes".

Dem Sich-Verwundern über das eigene Anders-Sein, dem Sich-selber-zur-Frage-geworden-Sein des Künstlers begegnen wir auch anderswo, z.B. bei Thomas Mann: Tonio Kröger, der vom Mutter-Erbteil her Dunkelhaarige, der Fremde in der Welt Hans Hansens und der „blonden Inge": „Zu sein wie du! Noch einmal anfangen, aufwachsen gleich dir, rechtschaffen, fröhlich und schlicht, regelrecht, ordnungsgemäß und im Einverständnis mit Gott und der Welt, ..." (Mann 1963, S.261). Das gleiche Verwundern über das eigene Anderssein wie bei Kafka, wobei auch hier das Muttererbteil, aber keineswegs „die Erziehung" als Erklärungsgrund in Anspruch genommen wird. In Wirklichkeit aber gibt es überhaupt keinen „Grund" - und vor allem: es gibt keine „Alternative". „Noch einmal anfangen? Aber es hülfe nichts. Es würde wieder so werden, - alles würde wieder so kommen, wie es gekommen ist. Denn etliche gehen mit Notwendigkeit in die Irre, weil es einen rechten Weg für sie überhaupt nicht gibt." (ebd., S.261)

Das ist auch die Frage des Kafka'schen „Briefes": warum bin ich der, der ich bin; warum bin ich auf so unüberbrückbare Weise anders als mein Vater? Daß diese Frage nicht beantwortbar ist, macht es letzten Endes so aussichtslos, eine Antwort auf Kafkas „Brief" zu versuchen. Freilich dürfen auch unbeantwortbare Fragen gestellt, aber eben nicht beantwortet werden: sie können uns unter Umständen „ein wenig beruhigen und Leben und Sterben leichter machen" (s.S.295).

Literatur

I. Werke von Franz KAFKA

Franz KAFKA, Gesammelte Werke, herausgegeben von Max BROD, neun Bände, Frankfurt/M. 1950 bis 1958

Franz KAFKA, Schriften, Tagebücher, Briefe. Kritische Ausgabe, herausgegeben von Jürgen BORN u.a., Frankfurt/M. 1982ff

Franz KAFKA, Tagebücher, herausgegeben von Max Brod, Frankfurt/M. 1954

Franz KAFKA, Tagebücher 1910-1923, Frankfurt/M. 1992

Franz KAFKA, Brief an den Vater, mit einem Vorwort von Wilhelm EMRICH, Frankfurt/M. 1975

Franz KAFKA, Brief an den Vater, herausgegeben und mit einem Nachwort versehen von Joachim UNSELD, Frankfurt/M. 1994

Franz KAFKA, Briefe an die Eltern aus den Jahren 1922-1924, herausgegeben von Josef CERMAK und Martin SVATOS, Frankfurt/M. 1993

Franz KAFKA, Briefe an Felice und andere. Korrespondenz aus der Verlobungszeit, herausgegeben von Erich HELLER und Jürgen BORN mit einer Einleitung von Erich HELLER, Frankfurt/M. 1967

Franz KAFKA, Briefe an Milena, herausgegeben und mit einem Nachwort versehen von Willy HAAS, Frankfurt/M. 1960

Franz KAFKA, Briefe an Milena, erweiterte und neu geordnete Ausgabe, herausgegeben von Jürgen BORN und Michael MÜLLER, Frankfurt/M. 1986

Franz KAFKA, Briefe an Ottla und die Familie, herausgegeben von Hartmut BINDER und Klaus WAGENBACH, Frankfurt/M. 1974

II. Werke über Franz KAFKA

Thomas ANZ, Franz Kafka, Frankfurt/M. 1974

Hartmut BINDER, Kafka. Kommentar zu den Romanen, Rezensionen, Aphorismen und zum Brief an den Vater, München 1976

Hartmut BINDER/Klaus WAGENBACH, Vorbemerkung der Herausgeber; in: Franz Kafka, Briefe an Ottla und die Familie, Frankfurt/M. 1974

Max BROD, Über Franz Kafka, Frankfurt/M.1989

Elias CANETTI, Der andere Prozeß. Kafkas Brief an Felice, München und Wien 1984

Wilhelm EMRICH, Nachwort; in: Franz Kafka, Brief an den Vater, Frankfurt/M. 1975

Frederick R. KARL, Franz Kafka. Representative Man. Prague, Germans, Jews and the Crisis of Modernism, New York 1991

Ernst PAWEL, The Nightmare of Reason. A Life of Franz Kafka, London u.a. 1988

Ernst PAWEL, Das Leben Franz Kafkas. Eine Biographie, Reinbek 1990

Heinz POLITZER, Franz Kafka. Der Künstler, Frankfurt/M. 1978

Klaus WAGENBACH, Franz Kafka, in Selbstzeugnissen und Bilddokumenten, Reinbek 1964

III. Weitere Literatur

AUGUSTINUS, Werke deutsch und latein, Band 2; darin: Selbstgespräche über Gott und die Unsterblichkeit der Seele, Zürich 1986

AUGUSTINUS, Bekenntnisse deutsch und latein, eingeleitet, übersetzt und erläutert von Joseph BERNHART, Frankfurt/M.1987

Günther BITTNER, Autobiographische Texte. Pädagogische und psychoanalytische Interpretationsperspektiven; in: Günther BITTNER (Hg.), Biographien im Umbruch. Lebenslaufforschung und Vergleichende Erziehungswissenschaft, Würzburg 1994

Günther BITTNER, Unerzählbare Geschichten. Psychoanalytische Überlegungen zur Liebe als Thema autobiographischer Texte, unveröffentlichtes Manuskript (1994)

Peter BLOS, Sohn und Vater, diesseits und jenseits des Ödipuskomplexes, Stuttgart 1990

Jacques CHESSEX, Der Kinderfresser, Roman, Frankfurt/M. 1979

Wilhelm DILTHEY, Gesammelte Schriften, Bde.V/VII, Leipzig und Berlin 1942

Kurt DRAWERT, Spiegelland. Ein deutscher Monolog, Frankfurt/M. 1992

Benjamin FRANKLIN, Lebenserinnerungen, München 1983

Sigmund FREUD, Der Wahn und die Träume in W. Jensens Gradiva; in: Sigmund FREUD, GesammelteWerke, Bd.VII, Frankfurt/M. 1976

Hans-Georg GADAMER, Wahrheit und Methode. Grundzüge einer philosophischen Hermeneutik, Tübingen 1960, 1975, 1986

Sigfrid GAUCH, Vaterspuren, Erzählung, Frankfurt/M. 1982

Herbert A. GORNIK (Hg.), Was im Leben wirklich zählt. Briefe von Eltern und Paten, Stuttgart 1991

Herbert GUDJONS et al., Auf meinen Spuren. Das Entdecken der eigenen Lebensgeschichte. Vorschläge und Übungen für pädagogische Arbeit und Selbsterfahrung, Reinbek 1986

Lars GUSTAFSSON, Wir Väter. Was Männer an ihren Kindern haben und Kinder von ihren Vätern brauchen, Stuttgart 1993

Peter HÄRTLING, Nachgetragene Liebe, Darmstadt 1982

Peter HÄRTLING, Für Ottla, Stuttgart 1984

Peter HÄRTLING, Brief an meine Kinder. München 1991

Rotraut HOEPPEL, Weiblichkeit als Selbstentwurf. Autobiographische Schriften als Gegenstand der Erziehungswissenschaft. Eine exemplarische Untersuchung anhand ausgewählter Texte aus der frühen bürgerlichen und der neuen autonomen Frauenbewegung, Dissertation, Würzburg 1983

Paul KERSTEN, Der alltägliche Tod meines Vaters, Erzählung, München 1980

Kevin LEMAN/Randy CARLSON, Kindheitserinnerungen. Der Schlüssel zu ihrer Persönlichkeit, München 1990

Thomas MANN, Tonio Kröger; in: Sämtliche Erzählungen, Frankfurt/M. 1963

Christoph MECKEL, Suchbild. Über meinen Vater, Frankfurt/M. 1983

Alice MILLER, Das Drama des begabten Kindes und die Suche nach dem wahren Selbst, Frankfurt/M. 1979

Alice MILLER, Am Anfang war Erziehung, Frankfurt/M. 1980

Arthur MILLER, Tod eines Handlungsreisenden, Frankfurt/M. 1992

Klaus MOLLENHAUER, Vergessene Zusammenhänge. Über Kultur und Erziehung, München 1983

Jacques MONOD, Zufall und Notwendigkeit, München 1971

Ernst A. RAUTER, Brief an meine Erzieher, München 1980

Hans SANER, Geburt und Phantasie. Von der natürlichen Dissidenz der Kinder, Basel 1979

Asta SCHEIB (Hg.), Dein wahrhaft sorgfältiger Vater. Briefe an Kinder, Köln 1988

Werner SCHMIDLI, Das Schattenhaus, Roman, Zürich 1969

Hans Jürgen SCHULTZ (Hg.), Vatersein, München 1984

Ursula VOSS (Hg.), Herztakte. Briefe an Kinder und junge Menschen aus aller Welt, Weinheim 1991

Peter WEISS, Abschied von den Eltern, Frankfurt/M. 1982

Heinrich WIESNER, Der Riese am Tisch, Basel 1979

Autoren

ANDERS, Richard, geb. 1928, Autor, Berlin. Publikationen u.a.: Zeck, Geschichten, 1979. Ein Lieblingssohn, 1981. Über der Stadtautobahn, Gedichte, 1981 und 1985. Begegnungen mit Hans Henny Jahnn, Aufzeichnungen 1951-1955, 1988. Verscherzte Trümpfe, 1993

BAACKE, Dieter, Dr., Universitätsprofessor, Bielefeld. Publikationen u.a.: Kommunikation und Kompetenz, 1980[3]. Die 6-12jährigen, 1994[6]. Die 13-18jährigen, 1994[7]. Jugend und Jugendkulturen, 1993[2]. Treffpunkt Kino, 1995

BITTNER, Günther, geb. 1937, Dr., Universitätsprofessor, Würzburg. Publikationen u.a.: Das Unbewußte - ein Mensch im Menschen?, 1988. „Das Ich ist vor allem ein körperliches ...", zum Selbstwerden des körperbehinderten Kindes, 1989. Vater Freuds unordentliche Kinder. Die Chancen post-orthodoxer Psychoanalyse, 1989. Biographien im Umbruch. Lebenslaufforschung und Vergleichende Erziehungswissenschaft, 1994. Problemkinder. Zur Psychoanalyse kindlicher und jugendlicher Verhaltensauffälligkeiten, 1994

BRANDSTETTER, Alois, geb. 1938, Dr., Universitätsprofessor und Autor, Klagenfurt. Publikationen u.a.: Hier kocht der Wirt, 1995

GILLI, Yves, geb. 1935, Professor für deutsche Sprachwissenschaft an der Universität Besançon. Publikationen u.a.: Leçons d'allemand, méthode audio-visuelle, 1970. Etude sémiologique du roman de F. Kafka „Amerika". Problèmes de méthodologie. Thèse d'Etat, 1984. A propos du texte Littéraire et de F. Kafka. Théories et pratique, ou encore: Faut-il brûler le structuralisme? In: Annales Littéraires de l'Université de Besançon, Les Belles Lettres, 1985. De Nissa e de damou. Littérature et identité culturelle en pays niçois, 1992. Catin e autre raconte. Récits en langue niçoise avec traduction en français, 1995

GRUNTZ-STOLL, Johannes, geb. 1952, Dr., Praxisberater und Dozent für Sonderpädagogik. Publikationen u.a.: Appenzeller Schüler und Gehilfen Pestalozzis, 1985. Pestalozzis Erbe - Verteidigung gegen seine Verehrer, 1987. Über Erziehung, Unterricht und Literatur - Schullandschaften, 1988. Kinder erziehen Kinder, 1989. Ein Hund springt aus dem Mund, 1993. Probleme mit Problemen, 1994 von HENTIG, Hartmut, geb. 1925, Dr., Universitätsprofessor, Berlin. Publikationen u.a.: Systemzwang und Selbstbestimmung. Über die Bedingungen der Gesamtschule in der Industriegesellschaft, 1968. Aufgeräumte Erfahrung. Texte zur eigenen Person, 1983. Die Menschen stärken, die Sachen klären. Ein Plädoyer für die Wiederherstellung der Aufklärung, 1985. „... der werfe den ersten Stein". Schuld und Vergebung in unserer Welt, 1992. Die Schule neu denken. Eine zornige, aber nichteifernde, eine radikale, aber nicht utopische Antwort auf Hoyerswerda und Mölln, 1993

HIERDEIS, Helmwart, geb. 1937, Dr., Universitätsprofessor, Innsbruck. Publikationen u.a.: Basiswissen Pädagogik, 1981^2. Erziehungsinstitutionen, 1983^5. Zusammen mit Th. Hug: Pädagogische Alltagstheorien und erziehungswissenschaftliche Theorien, 1992. Zusammen mit M. Schratz (Hg.): Mit den Sinnen begreifen, 1992^2. Zusammen mit Th. Hug (Hg.): Taschenbuch der Pädagogik, 1996^4

LARCHER, Dietmar, geb. 1940, Dr., Universitätsprofessor, Klagenfurt. Publikationen u.a.: Zusammen mit K.-B. Böckmann: Zweisprachigkeit und Identität, 1988. Fremde in der Nähe, 1991. Kulturschock, 1992. Zusammen mit A. Carli u.a.: Zweitsprachlernen in einem mehrsprachigen Gebiet, 1994

MEIER-LENZ, Dieter P., geb. 1930, Studienrat i.R., Schriftsteller, Herausgeber, Redakteur (die horen), lebt in Südfrankreich/Ostpyrenäen. Publikationen u.a.: Heinrich Heine - Wolf Biermann. Deutschland. Zwei Wintermärchen. Ein Werksvergleich, 1985. Die Schönheit einer Fledermaus, Lyrik, 1996. Apollinaire tritt aus der Wand/Apollinaire sort du mur, Lyrik, deutsch/französisch, 1996.

MICHEL, Markus, geb. 1950, Autor, Bern. Publikationen u.a.: Reise nach Amerika, 1991. Theaterstücke und Hörspiele

OELKERS, Jürgen, geb. 1947, Dr., Universitätsprofessor, Bern. Publikationen u.a.: Reformpädagogik. Eine kritische Dogmengeschichte, 1995^3. Pädagogische Ethik. Eine Einführung in Probleme, Paradoxien und Perspektiven, 1992. Pädagogische Ratgeber. Erziehungswissen in populären Medien, 1995. Schulreform und Schulkritik, 1995. Zusammen mit F. Osterwalder als Herausgeber: Pestalozzi - Umfeld und Rezeption. Studien zur Historisierung einer Legende, 1995

OST, Heinrich, geb.1935, Autor, München. Publikationen u.a.: Wind wäre angenehm, Gedichte, 1960. Bevölkerte Schatten/Zaludnione Cienie, Gedichte, deutsch/polnisch, 1975. Der Anachoret oder Die Vergeßlichkeit der Regierung, 1994

PROSS, Harry, geb. 1923, Dr., Universitätsprofessor. Publikationen u.a.: Die Zerstörung der deutschen Politik 1870-1933, 1959 u.ö. Moral der Massenmedien, 1967. Zwänge. Essay über symbolische Gewalt, 1981. Protestgesellschaft. Von der Wirksamkeit des Widerspruchs, 1992. Memoiren eines Inländers. Autobiographie 1923-1993, 1993

RATHMAYR, Bernhard, geb. 1942, Dr., Universitätsdozent, Innsbruck. Publikationen u.a.: Schöner Vogel Jugend, 1990. Geschichte der Liebe, 1992. Medien und Gewalt, 1994. Wartezeit, 1994

SCHMIDBAUER, Wolfgang, geb.1941, Dr., Autor, Psychotherapeut, Lehranalytiker und Supervisor, München. Publikationen u.a.: Die hilflosen Helfer. Über die seelische Problematik der helfenden Berufe, 1977. Alles oder nichts. Über die Destruktivität von Idealen, 1980. Die Angst vor Nähe, 1986. Eine Kindheit in Niederbayern, 1988. Jetzt haben, später zahlen. Die seelischen Folgen der Konsumgesellschaft, 1995

TROBITIUS, Jörg, geb. 1947, Übersetzer, München. Übersetzungen u.a.: Philip Roth, Operation Shylock, 1994. Philip Roth, Mein Leben als Sohn, 1992. John Berger, Mann und Frau, unter einen Pflaumenbaum stehend, 1995. John Berger, Begegnungen und Abschiede, 1993. Josef Brodsky, Ufer der Verlorenen, 1991

WULF, Christoph, geb. 1944, Dr., Universitätsprofessor, Berlin. Publikationen u.a.: zusammen mit G. Gebauer, Mimesis, Kultur, Kunst, Gesellschaft, 1992. Zusammen mit D. Kamper, Anthropologie nach dem Tode des Menschen. Vervollkommnung und Unverbesserlichkeit, 1994. Zusammen mit D. Kamper/H.J. Gumbrecht, Ethik der Ästhetik, 1994. Zusammen mit K. Mollenhauer, Aisthesis, 1995

Franz Kafka: Brief an den Vater

Liebster Vater,

Du hast mich letzthin einmal gefragt, warum ich behaupte, ich hätte Furcht vor Dir. Ich wußte Dir, wie gewöhnlich, nichts zu antworten, zum Teil eben aus der Furcht, die ich vor Dir habe, zum Teil deshalb, weil zur Begründung dieser Furcht zu viele Einzelnheiten gehören, als daß ich sie im Reden halbwegs zusammenhalten könnte. Und wenn ich hier versuche, Dir schriftlich zu antworten, so wird es doch nur sehr unvollständig sein, weil auch im Schreiben die Furcht und ihre Folgen mich Dir gegenüber behindern und weil die Größe des Stoffs über mein Gedächtnis und meinen Verstand weit hinausgeht.

Dir hat sich die Sache immer sehr einfach dargestellt, wenigstens soweit Du vor mir und, ohne Auswahl, vor vielen andern davon gesprochen hast. Es schien Dir etwa so zu sein: Du hast

Schelesen

Liebster Vater,

Du hast mich letzthin einmal gefragt warum ich behaupte, ich hätte Furcht vor Dir. Ich wusste Dir, wie gewöhnlich, nichts zu antworten, zum Teil eben aus der Furcht, die ich vor Dir habe, zum Teil deshalb, weil zur Begründung dieser Furcht zu viele Einzelnheiten gehören, als dass ich sie im Reden halbwegs zusammenhalten könnte. Und wenn ich hier versuche Dir schriftlich zu antworten, so wird es doch nur sehr unvollständig sein, weil auch im Schreiben die Furcht und ihre Folgen mich Dir gegenüber behindern und weil überhaupt die Grösse des Stoffs über mein Gedächtnis und meinen Verstand weit hinausgeht.

Dir hat sich die Sache immer sehr einfach dargestellt, wenigstens soweit Du vor mir und, ohne Auswahl, vor vielen andern davon gesprochen hast. Es schien Dir etwa so zu sein: Du hast Dein ganzes Leben lang schwer gearbeitet, alles für Deine Kinder, vor allem für mich geopfert, ich habe infolgedessen „in Saus und Braus" gelebt, habe vollständige Freiheit gehabt zu lernen, was ich wollte, habe keinen Anlass zu Nahrungssorgen, also zu Sorgen überhaupt gehabt; Du hast dafür keine Dankbarkeit verlangt, Du kennst „die Dankbarkeit der Kinder", aber doch wenigstens irgendein Entgegenkommen, Zeichen eines Mitgefühls; statt dessen habe ich mich seit jeher vor Dir verkrochen, in mein Zimmer, zu Büchern, zu verrückten Freunden, zu überspannten Ideen; offen gesprochen habe ich mit Dir niemals, in den Tempel ~~das ist Kindespflicht~~ *ich wollte solche Erklärungen schreiben Milena, aber ich bringe es nicht über mich, den Brief darauf hin noch einmal zu lesen, die Hauptsache bleibt ja verständlich* bin ich nicht zu Dir gekommen, in Franzensbad habe ich Dich nie besucht, auch sonst nie Familiensinn gehabt, für das Geschäft und Deine sonstigen Angelegenheiten habe ich mich nicht gekümmert, die Fabrik habe ich Dir aufgehalst und Dich dann verlassen, Ottla habe ich in ihrem Eigensinn unterstützt und während ich für Dich keinen Finger rühre (nicht einmal eine Teaterkarte bringe ich Dir) tue ich für Fremde alles. Fasst Du Dein Urteil über mich zusammen, so ergibt sich, dass Du mir zwar etwas geradezu Unanständiges oder Böses nicht vorwirfst (mit Ausnahme vielleicht meiner letzten Heiratsabsicht), aber Kälte, Fremdheit, Undankbarkeit. Undzwar wirfst Du es mir so vor, als wäre es meine <u>Schuld</u>, als hätte ich etwa mit einer Steuerdrehung das Ganze anders einrichten können, während Du nicht die geringste Schuld daran hast, es wäre wäre denn die, dass Du zu gut zu mir gewesen bist.

Diese Deine übliche Darstellung halte ich nur soweit für richtig, dass auch ich glaube, Du seist gänzlich schuldlos an unserer Entfremdung. Aber ebenso gänzlich schuldlos bin auch ich. Könnte ich Dich dazu bringen, dass Du das anerkennst, dann wäre - nicht etwa ein neues Leben möglich, dazu sind wir beide viel zu alt, aber doch ein Art Friede, kein Aufhören, aber doch ein Mildern Deiner unaufhörlichen Vorwürfe.

Irgendeine Ahnung dessen, was ich sagen will, hast Du merkwürdiger Weise. So hast Du mir z.B. vor Kurzem gesagt: „ich habe Dich immer gern gehabt, wenn ich auch äusserlich nicht so zu Dir war wie andere Väter zu sein pflegen, eben deshalb weil ich mich nicht verstellen kann, wie andere." Nun habe ich, Vater, im Ganzen niemals an Deiner Güte mir gegenüber gezweifelt, aber diese Bemerkung halte ich für unrichtig. Du kannst Dich nicht verstellen, das ist richtig, aber nur aus diesem Grunde behaupten wollen, dass die andern Väter sich verstellen, ist entweder blosse, nicht weiter diskutierbare Rechthaberei oder aber - und das ist es meiner Meinung nach wirklich - der verhüllte Ausdruck dafür, dass zwischen uns etwas nicht in Ordnung ist, und dass Du es mitverursacht hast, aber ohne Schuld. Meinst Du das wirklich, dann sind wir einig.

Ich sage ja natürlich nicht, dass ich das, was ich bin, nur durch Deine Einwirkung geworden bin. Das wäre sehr übertrieben (und ich neige sogar zu dieser Übertreibung.) Es ist sehr leicht möglich, dass ich, selbst wenn ich ganz frei von

Deinem Einfluss aufgewachsen wäre, doch kein Mensch nach Deinem Herzen hätte werden können. Ich wäre wahrscheinlich doch ein schwächlicher, ängstlicher, zögernder, unruhiger Mensch geworden, weder Robert Kafka, noch Karl Hermann, aber doch ganz anders, als ich wirklich bin und wir hätten uns ausgezeichnet mit einander vertragen können. Ich wäre glücklich gewesen, Dich als Freund, als Chef, als Onkel, als Grossvater, ja selbst (wenn auch schon zögernder) als Schwiegervater zu haben. Nur eben als Vater warst Du zu stark für mich, besonders da meine Brüder klein starben, die Schwestern erst lange nachher kamen, ich also den ersten Stoss ganz allein aushalten, dazu war ich viel zu schwach.

Vergleiche uns beide: ich, um es sehr abgekürzt auszudrücken, ein Löwy mit einem gewissen Kafka'schen Fond, der aber eben nicht durch den Kafka'schen Lebens-, Geschäfts-, Eroberungswillen in Bewegung gesetzt wird, sondern durch einen Löwy'schen Stachel, der geheimer, scheuer, in anderer Richtung wirkt und oft überhaupt aussetzt. Du dagegen ein wirklicher Kafka an Stärke, Gesundheit, Appetit, Stimmkraft, Redebegabung, Selbstzufriedenheit, Weltüberlegenheit, Ausdauer, Geistesgegenwart, Menschenkenntnis, einer gewissen Grosszügigkeit, natürlich auch mit allen zu diesen Vorzügen gehörigen Fehlern und Schwächen, in welche Dich Dein Temperament und manchmal Dein Jähzorn hineinhetzen. Nicht ganzer Kafka bist Du vielleicht in Deiner allgemeinen Weltansicht, soweit ich Dich mit Onkel Philipp, Ludwig, Heinrich vergleichen kann. Das ist merkwürdig, ich sehe hier auch nicht ganz klar. Sie waren doch alle fröhlicher, frischer, ungezwungener, leichtlebiger, weniger streng als Du. (Darin habe ich übrigens viel von Dir geerbt und das Erbe viel zu gut verwaltet, ohne allerdings die nötigen Gegengewichte in meinem Wesen zu haben, wie Du sie hast.) Doch hast auch andererseits Du in dieser Hinsicht verschiedene Zeiten durchgemacht, warst vielleicht fröhlicher, ehe Dich Deine Kinder, besonders ich, enttäuschten und zuhause bedrückten (kamen Fremde, warst Du ja anders) und bist auch jetzt vielleicht wieder fröhlicher geworden, da Dir die Enkel und der Schwiegersohn wieder etwas von jener Wärme geben, die Dir die Kinder bis auf Valli vielleicht nicht geben konnten.

Jedenfalls waren wir so verschieden und in dieser Verschiedenheit einander so gefährlich, dass, wenn man es hätte etwa im voraus ausrechnen wollen, wie ich, das langsam sich entwickelnde Kind, und Du, der fertige Mann, sich zu einander verhalten werden, man hätte annehmen können, dass du mich einfach niederstampfen wirst, dass nichts von mir übrig bleibt. Das ist nun nicht geschehn, das Lebendige lässt sich nicht ausrechnen, aber vielleicht ist Ärgeres geschehn. Wobei ich Dich aber immerfort bitte, nicht zu vergessen, dass ich niemals im entferntesten an eine Schuld Deinerseits glaube. Du wirktest so auf mich, wie Du wirken musstest, nur sollst Du aufhören, es für eine besondere Bosheit meinerseits zu halten, dass ich dieser Wirkung erlegen bin.

Ich war ein ängstliches Kind, trotzdem war ich gewiss auch störrisch, wie Kinder sind, gewiss verwöhnte mich die Mutter auch, aber ich kann nicht glauben, dass ich besonders schwer lenkbar war, ich kann nicht glauben, dass ein freundliches Wort, ein stilles Bei-der-Hand-nehmen, ein guter Blick mir nicht alles hätten abfordern können, was man wollte. Nun bist Du ja im Grunde ein gütiger und weicher Mensch (das Folgende wird dem nicht widersprechen, ich rede ja nur von der Erscheinung, in der Du auf das Kind wirktest) aber nicht jedes Kind hat die Ausdauer und Unerschrockenheit, solange zu suchen, bis es zu der Güte kommt. Du kannst ein Kind nur so behandeln, wie Du eben selbst geschaffen bist, mit Kraft, Lärm und Jähzorn und in diesem Fall schien Dir das auch noch überdies deshalb sehr gut geeignet, weil Du einen kräftigen mutigen Jungen in mir aufziehn wolltest.

Deine Erziehungsmittel in den allerersten Jahren kann ich heute natürlich nicht unmittelbar beschreiben, aber ich kann sie mir etwa vorstellen durch Rückschluss aus den späteren Jahren und aus Deiner Behandlung des Felix. Hiebei kommt verschärfend in Betracht, dass Du damals jünger, daher frischer, wilder, ursprünglicher, noch unbekümmerter warst als heute und dass Du ausserdem ganz an das Geschäft gebunden warst, kaum einmal des Tages Dich mir zeigen konntest und deshalb einen umso tieferen Eindruck auf mich machtest, der sich kaum je zur Gewöhnung verflachte.

Direkt erinnere ich mich nur an einen Vorfall aus den ersten Jahren, Du erinnerst Dich vielleicht auch daran. Ich winselte einmal in der Nacht immerfort um Wasser, gewiss nicht aus Durst, sondern wahrscheinlich teils um zu ärgern, teils um mich zu unterhalten. Nachdem einige starke Drohungen nicht geholfen hatten, nahmst Du mich aus dem Bett, trugst mich auf die Pawlatsche und liessest mich dort allein vor der geschlossenen Tür ein Weilchen im Hemd stehn. Ich will nicht sagen, dass das unrichtig war, vielleicht war damals die Nachtruhe auf andere Weise wirklich nicht zu verschaffen, ich will aber damit Deine Erziehungsmittel und ihre Wirkung auf mich charakterisieren. Ich war damals nachher wohl schon folgsam, aber ich hatte einen innern Schaden davon. Das für mich Selbstverständliche des sinnlosen Ums-Wasser-bittens und das ausserordentlich Schreckliche des Hinausgetragen-werdens konnte ich meiner Natur nach niemals in die richtige Verbindung bringen. Noch nach Jahren litt ich unter der quälenden Vorstellung, dass der riesige Mann, mein Vater, die letzte Instanz fast ohne Grund kommen und mich in der Nacht aus dem Bett auf die Pawlatsche tragen konnte und dass ich also ein solches Nichts für ihn war.

Das war damals ein kleiner Anfang nur, aber dieses mich oft beherrschende Gefühl der Nichtigkeit (ein in anderer Hinsicht allerdings auch edles und fruchtbares Gefühl) stammt vielfach von Deinem Einfluss. Ich hätte ein wenig Aufmunterung, ein wenig Freundlichkeit, ein wenig Offenhalten meines Wegs gebraucht, statt dessen verstelltest du mir, in der guten Absicht freilich, dass ich einen andern Weg gehen sollte. Aber dazu taugte ich nicht. Du muntertest mich z.B. auf, wenn ich gut salutierte und marschierte, aber ich war kein künftiger Soldat, oder Du muntertest mich auf, wenn ich kräftig essen und sogar Bier dazu trinken konnte, oder wenn ich unverstandene Lieder nachsingen oder Deine Lieblingsredensarten Dir nachplappern konnte, aber nichts davon gehörte zu meiner Zukunft. Und es ist bezeichnend, dass Du selbst heute mich nur dann eigentlich in etwas aufmunterst, wenn Du selbst in Mitleidenschaft gezogen bist, wenn es sich um Dein Selbstgefühl handelt, das ich verletze (z.B. durch meine Heiratsabsicht) oder das in mir verletzt wird (wenn z.B. Pepa mich beschimpft). Dann werde ich aufgemuntert, an meinen Wert erinnert, auf die Partien hingewiesen, die ich zu machen berechtigt wäre und Pepa wird vollständig verurteilt. Aber abgesehen davon, dass ich für Aufmunterung in meinem jetzigen Alter schon fast unzugänglich bin, was würde sie mir auch helfen, wenn sie nur dann eintritt, wo es nicht in erster Reihe um mich geht.

Damals und damals überall hätte ich die Aufmunterung gebraucht. Ich war ja schon niedergedrückt durch Deine blosse Körperlichkeit. Ich erinnere mich z.B. daran, wie wir uns öfters zusammen in einer Kabine auszogen. Ich mager, schwach, schmal, Du stark, gross, breit. Schon in der Kabine kam ich mir jämmerlich vor undzwar nicht nur vor Dir, sondern vor der ganzen Welt, denn du warst für mich das Mass aller Dinge. Traten wir dann aber aus der Kabine vor die Leute hinaus, ich an Deiner Hand, ein kleines Gerippe, unsicher blossfüssig auf den Planken, in Angst vor dem Wasser, unfähig Deine Schwimmbewegungen nachzumachen, die Du mir in guter Absicht, aber tatsächlich zu meiner tiefen Beschämung immerfort vormachtest, dann war ich sehr verzweifelt und alle meine schlimmen Erfahrungen auf allen Gebieten stimmten in solchen Augenblicken grossartig zusammen. Am wohlsten war mir noch, wenn Du Dich manchmal zuerst auszogst und ich allein in der Kabine bleiben und die Schande des öffentlichen Auftretens solange hinauszögern konnte, bis Du endlich nachschauen kamst und mich aus der Kabine triebst. Dankbar war ich Dir dafür, dass Du meine Not nicht zu bemerken schienest, auch war ich stolz auf den Körper meines Vaters. Übrigens besteht zwischen uns dieser Unterschied heute noch ähnlich.

Dem entsprach weiter Deine geistige Oberherrschaft. Du hattest Dich allein durch eigene Kraft so hoch hinaufgearbeitet, infolgedessen hattest Du unbeschränktes Vertrauen zu Deiner Meinung. Das war für mich als Kind nicht einmal so blendend wie später für den heranwachsenden jungen Menschen. In Deinem Lehnstuhl regiertest Du die Welt. Deine Meinung war richtig, jede andere war verrückt, überspannt, meschugge, nicht normal. Dabei war Dein Selbstvertrauen so gross, dass Du gar nicht konsequent sein musstest und doch nicht aufhörtest Recht zu haben. Es konnte auch vorkommen, dass Du in einer Sache gar keine Meinung hattest und infolgedessen alle Meinungen, die hinsichtlich der Sache überhaupt möglich waren, ohne Ausnahme falsch sein mussten. Du konntest z.B. auf die Tschechen schimpfen, dann auf die Deutschen, dann auf die Juden undzwar nicht nur in Auswahl sondern in jeder Hinsicht und schliesslich blieb niemand mehr übrig ausser Dir. Du bekamst für mich das Rätselhafte, das alle Tyrannen haben, deren Recht auf ihrer Person, nicht auf dem Denken begründet ist. Wenigstens schien es mir so.

Nun behieltest Du ja mir gegenüber tatsächlich erstaunlich oft Recht, im Gespräch war das selbstverständlich, denn zum Gespräch kam es kaum, aber auch in Wirklichkeit. Doch war auch das nichts besonders Unbegreifliches. Ich stand ja in allem meinen Denken unter Deinem schweren Druck, auch in dem Denken, das nicht mit dem Deinen übereinstimmte und besonders in diesem. Alle diese von Dir scheinbar unabhängigen Gedanken waren von Anfang an belastet mit Deinem absprechenden Urteil; bis zur vollständigen und dauernden Ausführung des Gedankens das zu ertragen, war fast unmöglich. Ich rede hier nicht von irgendwelchen hohen Gedanken, sondern von jedem kleinen Unternehmen der Kinderzeit. Man musste nur über irgendeine Sache glücklich sein, von ihr erfüllt sein, nach Hause kommen und es aussprechen und die Antwort war ein ironisches Seufzen, ein Kopfschütteln, ein Fingerklopfen auf dem Tisch: „Hab' auch schon etwas Schöneres gesehn" oder „Mir gesagt, Deine Sorgen" oder ich hab keinen so geruhten Kopf" oder „Ein Ereignis!" oder „Kauf dir was dafür!" Natürlich konnte man nicht für jede Kinderkleinigkeit Begeisterung von Dir verlangen, wenn Du in Sorge und Plage lebtest. Darum handelte es sich auch nicht. Es handelte sich vielmehr darum, dass Du solche Enttäuschungen dem Kind immer und grundsätzlich bereiten musstest kraft Deines gegensätzlichen Wesens, weiter dass dieser Gegensatz durch Aufhäufung des Materials sich unaufhörlich verstärkte, so dass er sich schliesslich auch gewohnheitsmässig geltend machte, wenn Du einmal der gleichen Meinung warst wie ich und dass endlich diese Enttäuschungen des Kindes nicht Enttäuschungen des gewöhnlichen Lebens waren, sondern, da es ja um Deine für alles massgebende Person gieng, im Kern trafen. Der Mut, die Entschlossenheit, die Zuversicht, die Freude an dem und jenem hielten nicht bis zum Ende aus, wenn Du dagegen warst oder schon wenn Deine Gegnerschaft bloss angenommen werden konnte; und angenommen konnte sie wohl bei fast allem werden, was ich tat.

Das bezog sich auf Gedanken so gut wie auf Menschen. Es genügte, dass ich an einem Menschen ein wenig Interesse hatte – es geschah ja infolge meines Wesens nicht sehr oft – dass Du ohne jede Rücksicht auf mein Gefühl und ohne Achtung vor meinem Urteil mit Beschimpfung, Verläumdung, Entwürdigung dreinfuhrst. Unschuldige, kindliche Menschen wie z.B. der jiddische Schauspieler Löwy mussten das büssen. Ohne ihn zu kennen, verglichst Du ihn in einer schrecklichen Weise, die ich schon vergessen habe, mit Ungeziefer und wie so oft für Leute, die mir lieb waren, hattest Du automatisch das Sprichwort von den Hunden und Flöhen bei der Hand. An den Schauspieler erinnere ich mich hier besonders, weil ich Deine Aussprüche über ihn damals mir mit der Bemerkung notierte: „So spricht mein Vater über meinen Freund, (den er gar nicht kennt) nur deshalb, weil er mein Freund ist. Das werde ich ihm immer entgegenhalten können, wenn er mir Mangel an kindlicher Liebe und Dankbarkeit vorwerfen wird." Unverständlich war mir immer Deine vollständige Empfindungslosigkeit dafür, was für Leid und Schande Du mit Deinen Worten und Urteilen mir zufügen konntest, es war, als hättest Du keine Ahnung von Deiner Macht. Auch ich habe Dich sicher oft mit Worten gekränkt, aber dann wusste ich es immer, es schmerzte mich, aber ich konnte mich nicht beherrschen, das Wort nicht zurückhalten, ich bereute es schon, während ich es sagte. Du aber schlugst mit Deinen Worten ohne weiters los, niemand tat Dir leid, nicht währenddessen, nicht nachher, man war gegen Dich vollständig wehrlos.

Aber so war Deine ganze Erziehung. Du hast, glaube ich, ein Erziehungstalent; einem Menschen Deiner Art hättest Du durch Erziehung gewiss nützen können; er hätte die Vernünftigkeit dessen, was Du ihm sagtest, eingesehn, sich um nichts weiteres gekümmert und die Sachen ruhig so ausgeführt. Für mich als Kind war aber alles, was was Du mir zuriefst, geradezu Himmelsgebot, ich vergass es nie, es blieb mir das wichtigste Mittel zur Beurteilung der Welt, vor allem zur Beurteilung Deiner selbst und da versagtest Du vollständig. Da ich als Kind hauptsächlich beim Essen mit Dir beisammen war, war Dein Unterricht zum grossen Teil Unterricht im richtigen Benehmen bei Tisch. Was auf den Tisch kam, musste aufgegessen, über die Güte des Essens durfte nicht gesprochen werden - Du aber fandst das Essen oft ungeniessbar, nanntest es „das Fressen", das „Vieh" (die Köchin) hatte es verdorben. Weil Du entsprechend Deinem kräftigen Hunger und Deiner besonderen Vorliebe alles schnell, heiss und in grossen Bissen gegessen hast, musste sich das Kind beeilen, düstere Stille war bei Tisch, unterbrochen von Ermahnungen: „zuerst iss, dann sprich" oder „schneller, schneller, schneller" oder „siehst Du, ich habe schon längst aufgegessen." Knochen durfte man nicht zerbeissen, Du ja. Essig durfte man nicht schlürfen, Du ja. Die Hauptsache war, dass man das Brot gerade schnitt; dass Du das aber mit einem von Sauce triefenden Messer tatest, war gleichgültig. Man musste achtgeben, dass keine Speisereste auf den Boden fielen, unter Dir lag schliesslich am meisten. Bei Tisch durfte man sich nur mit Essen beschäftigen, Du aber putztest und schnittest Dir die Nägel, spitztest Bleistifte, reinigtest mit dem Zahnstocher die Ohren. Bitte, Vater, verstehe mich recht, das wären an sich vollständig unbedeutende Einzelnheiten gewesen, niederdrückend wurden sie für mich erst dadurch, dass Du, der für mich so ungeheuer massgebende Mensch, Dich selbst an die Gebote nicht hieltest, die Du mir auflegtest. Dadurch wurde die Welt für mich in drei Teile geteilt, in einen, wo ich, der Sklave lebte, unter Gesetzen, die nur für mich erfunden waren und denen ich überdies, ich wusste nicht warum, niemals völlig entsprechen konnte, dann in eine zweite Welt, die unendlich von meiner entfernt war, in der Du lebtest, beschäftigt mit der Regierung, mit dem Ausgeben der Befehle und mit dem Ärger wegen deren Nichtbefolgung, und schliesslich in eine dritte Welt, wo die übrigen Leute glücklich und frei von Befehlen und Gehorchen lebten. Ich war immerfort in Schande, entweder befolgte ich Deine Befehle, das war Schande, denn sie galten ja nur für mich; oder ich war trotzig, das war auch Schande, denn wie durfte ich Dir gegenüber trotzig sein, oder ich konnte nicht folgen, weil ich z.B. nicht Deine Kraft, nicht Deinen Appetit, nicht Deine Geschicklichkeit hatte, trotzdem Du es als etwas Selbstverständliches von mir verlangtest; das war allerdings die grösste Schande. In dieser Weise bewegten sich nicht die Überlegungen, aber das Gefühl des Kindes.

Meine damalige Lage wird vielleicht deutlicher, wenn ich sie mit der von Felix vergleiche. Auch ihn behandelst Du ja ähnlich, ja wendest sogar ein besonders fürchterliches Erziehungsmittel gegen ihn an, indem Du, wenn er beim Essen etwas Deiner Meinung nach Unreines macht, Dich nicht damit begnügst, wie damals zu mir, zu sagen: „Du bist ein grosses Schwein" sondern noch hinzufügst: „ein echter Hermann" oder „genau, wie Dein Vater". Nun schadet das aber vielleicht - mehr als „vielleicht" kann man nicht sagen - dem Felix wirklich nicht wesentlich, denn für ihn bist Du eben nur ein allerdings besonders bedeutender Grossvater, aber doch nicht alles, wie Du es für mich gewesen bist, ausserdem ist

Felix ein ruhiger, schon jetzt gewissermassen männlicher Charakter, der sich durch eine Donnerstimme vielleicht verblüffen, aber nicht für die Dauer bestimmen lässt, vor allem aber ist er doch nur verhältnismässig selten mit Dir beisammen, steht ja auch unter anderen Einflüssen. Du bist ihm mehr etwas liebes Kurioses, aus dem er auswählen kann, was er sich nehmen will. Mir warst Du nichts Kurioses, ich konnte nicht auswählen, ich musste alles nehmen.

Undzwar ohne etwas dagegen vorbringen zu können, denn es ist Dir von vornherein nicht möglich ruhig über eine Sache zu sprechen, mit der Du nicht einverstanden bist oder die bloss nicht von Dir ausgeht; Dein herrisches Temperament lässt das nicht zu. In den letzten Jahren erklärst Du das durch Deine Herznervosität, ich wüsste nicht, dass Du jemals wesentlich anders gewesen ist, höchstens ist Dir die Herznervosität ein Mittel zur strengeren Ausübung der Herrschaft, da der Gedanke daran die letzte Widerrede im andern ersticken muss. Das ist natürlich kein Vorwurf, nur Feststellung einer Tatsache. „Man kann ja mit ihr gar nicht sprechen, sie springt einem gleich ins Gesicht" pflegst Du zu sagen, aber in Wirklichkeit springt sie ursprünglich gar nicht; Du verwechselst die Sache mit der Person; die Sache springt Dir ins Gesicht und Du entscheidest sie sofort ohne Anhören der Person; was nachher noch vorgebracht wird, kann Dich nur weiter reizen, niemals überzeugen. Dann hört man von Dir nur noch: „Mach, was Du willst; von mir aus bist Du frei; Du bist grossjährig; ich habe Dir keine Ratschläge zu geben" und alles das mit dem fürchterlichen heiseren Unterton des Zornes und der vollständigen Verurteilung, vor dem ich heute nur deshalb weniger zittere als in der Kinderzeit, weil das ausschliessliche Schuldgefühl des Kindes zum Teil ersetzt ist durch den Einblick in unser beider Hilflosigkeit.

Die Unmöglichkeit des ruhigen Verkehrs hatte noch eine weitere eigentlich sehr natürliche Folge: ich verlernte das Reden. Ich wäre ja wohl auch sonst kein grosser Redner geworden, aber die gewöhnlich fliessende menschliche Sprache hätte ich doch beherrscht. Du hast mir aber schon früh das Wort verboten, Deine Drohung: „kein Wort der Widerrede!" und die dazu erhobene Hand begleiten mich schon seit jeher. Ich bekam von Dir - Du bist, sobald es um Deine Dinge geht, ein ausgezeichneter Redner - eine stockende, stotternde Art des Sprechens, auch das war Dir noch zu viel, schliesslich schwieg ich, zuerst vielleicht aus Trotz, dann weil ich vor Dir weder denken, noch reden konnte. Und weil Du mein eigentlicher Erzieher warst, wirkte das überall in meinem Leben nach. Es ist überhaupt ein merkwürdiger Irrtum, wenn Du glaubst, ich hätte mich Dir nie gefügt. „Immer alles contra" ist wirklich nicht mein Lebensgrundsatz Dir gegenüber gewesen, wie Du glaubst und mir vorwirfst. Im Gegenteil: hätte ich Dir weniger gefolgt, Du wärest sicher viel zufriedener mit mir. Vielmehr haben alle Deine Erziehungsmassnahmen genau getroffen; keinem Griff bin ich ausgewichen; so wie ich bin, bin ich (von den Grundanlagen und der Einwirkung des Lebens natürlich abgesehn) das Ergebnis Deiner Erziehung und meiner Folgsamkeit. Dass dieses Ergebnis Dir trotzdem peinlich ist, ja dass Du Dich unbewusst weigerst es als Dein Erziehungsergebnis anzuerkennen, liegt eben daran, dass Deine Hand und mein Material einander so fremd gewesen sind. Du sagtest: „Kein Wort der Widerrede!" und wolltest damit die Dir unangenehmen Gegenkräfte in mir zum Schweigen bringen, diese Einwirkung war aber für mich zu stark, ich war zu folgsam, ich verstummte gänzlich, verkroch mich vor Dir, und wagte mich erst zu regen, wenn ich so weit von Dir entfernt war, dass Deine Macht, wenigstens direkt, nicht mehr hinreichte. Du aber standst davor und alles schien Dir wieder „contra" zu sein, während es nur selbstverständliche Folge Deine Stärke und meiner Schwäche war.

Deine äusserst wirkungsvollen, wenigstens mir gegenüber niemals versagenden rednerischen Mittel bei der Erziehung waren: Schimpfen, Drohen, Ironie, böses Lachen und - merkwürdiger Weise - Selbstbeklagung.

Dass Du mich direkt und mit ausdrücklichen Schimpfwörtern beschimpft hättest, kann ich mich nicht erinnern. Es war auch nicht nötig, Du hattest so viele andere Mittel, auch flogen im Gespräch zuhause und besonders im Geschäft die Schimpfwörter rings um mich in solchen Mengen auf andere nieder, dass ich als kleiner Junge manchmal davon fast betäubt war und keinen Grund hatte, sie nicht auch auf mich zu beziehn, denn die Leute, die Du beschimpftest, waren gewiss nicht schlechter als ich und Du warst gewiss mit ihnen nicht unzufriedener als mit mir. Und auch hier war wieder Deine rätselhafte Unschuld und Unangreifbarkeit, Du schimpftest ohne Dir irgendwelche Bedenken deshalb zu machen, ja Du verurteiltest das Schimpfen bei andern und verbotest es.

Das Schimpfen verstärktest Du mit Drohen und das galt nun auch schon mir. Schrecklich war mir z.B. dieses: „ich zerreisse Dich wie einen Fisch", trotzdem ich ja wusste, dass dem nichts Schlimmeres nachfolgte (als kleines Kind wusste ich das allerdings nicht) aber es entsprach fast meinen Vorstellungen von Deiner Macht, dass Du auch das imstande gewesen wärest. Schrecklich war es auch, wenn Du schreiend um den Tisch herumliefst, um einen zu fassen, offenbar gar nicht fassen wolltest, aber doch so tatest und die Mutter einen schliesslich scheinbar rettete. Wieder hatte man einmal, so schien es dem Kind, das Leben durch Deine Gnade behalten und trug es als Dein unverdientes Geschenk weiter. Hierher gehören auch die Drohungen wegen der Folgen des Ungehorsams. Wenn ich etwas zu tun anfing, was Dir nicht gefiel und Du drohtest mir mit dem Misserfolg, so war die Ehrfurcht vor Deiner Meinung so gross, dass damit der Misserfolg, wenn auch vielleicht erst für eine spätere Zeit, unaufhaltsam war. Ich verlor das Vertrauen zu eigenem Tun. Ich war unbeständig, zweifelhaft. Je älter ich wurde, desto grösser war das Material, das Du mir zum Beweis meiner Wertlosigkeit entgegenhalten konntest, allmählich bekamst Du in gewisser Hinsicht wirklich Recht. Wieder hüte ich mich zu behaupten, dass ich nur durch Dich so wurde; Du verstärktest nur, was war, aber Du verstärktest es sehr, weil Du eben mir gegenüber sehr mächtig warst und alle Macht dazu verwendetest.

Ein besonderes Vertrauen hattest Du zur Erziehung durch Ironie, sie entsprach auch am besten Deiner Überlegenheit über mich. Eine Ermahnung hatte bei Dir gewöhnlich diese Form: „Kannst Du das nicht so und so machen? Das ist Dir wohl schon zu viel? Dazu hast Du natürlich keine Zeit?" und ähnlich. Dabei jede solche Frage begleitet von bösem Lachen und bösem Gesicht. Man wurde gewissermassen schon bestraft, ehe man noch wusste, dass man etwas Schlechtes getan hatte. Aufreizend waren auch jene Zurechtweisungen, wo man als 3tte Person behandelt, also nicht einmal des bösen Ansprechens gewürdigt wurde; wo Du also etwa formell zur Mutter sprachst, aber eigentlich zu mir, der dabei sass z.B. „Das kann man vom Herrn Sohn natürlich nicht haben" und dgl. (Das bekam dann sein Gegenspiel darin, dass ich z.B. nicht wagte und später aus Gewohnheit gar nicht mehr daran dachte, Dich direkt zu fragen, wenn die Mutter dabei war. Es war dem Kind viel ungefährlicher, die neben Dir sitzende Mutter über Dich auszufragen, man fragte dann die Mutter: „Wie geht es dem Vater?" und sicherte sich so vor Überraschungen.) Es gab natürlich auch Fälle, wo man mit der ärgsten Ironie sehr einverstanden war, nämlich wenn sie einen andern betraf z.B. die Elli, mit der ich jahrelang böse war. Es war für mich ein Fest der Bosheit und Schadenfreude, wenn es von ihr fast bei jedem Essen etwa hiess: „Zehn Meter weit vom Tisch muss sie sitzen, die breite Mad" und wenn Du dann böse auf Deinem Sessel ohne die leiseste Spur von Freundlichkeit oder Laune, sondern als erbitterter Feind übertrieben ihr nachzumachen suchtest, wie äusserst widerlich für Deinen Geschmack sie dasass. Wie oft hat sich das und ähnliches wiederholen müssen, wie wenig hast Du im Tatsächlichen dadurch erreicht. Ich glaube, es lag daran, dass der Aufwand von Zorn und Bösesein zur Sache selbst in keinem richtigen Verhältnis zu sein schien, man hatte nicht das Gefühl, dass der Zorn durch diese Kleinigkeit des Weit-vom-Tische-sitzens erzeugt sei, sondern dass er in seiner ganzen Grösse von vornherein vorhanden war und nur zufällig gerade diese Sache als Anlass zum Losbrechen genommen habe. Da man überzeugt war, dass sich ein Anlass jedenfalls finden würde, nahm man sich nicht besonders zusammen, auch stumpfte man unter der fortwährenden Drohung ab; dass man nicht geprügelt würde, dessen war man ja allmählich fast sicher. Man wurde ein mürrisches, unaufmerksames, ungehorsames Kind, immer auf eine Flucht, meist eine innere, bedacht. So littest Du, so litten wir. Du hattest von Deinem Standpunkt ganz recht, wenn Du mit zusammengebissenen Zähnen und dem gurgelnden Lachen, welches dem Kind zum erstenmal höllische Vorstellungen vermittelt hatte, bitter zu sagen pflegtest (wie erst letzthin wegen eines Konstantinopler Briefes): „Das ist eine Gesellschaft!"

Ganz unverträglich mit dieser Stellung zu Deinen Kindern schien es zu sein, wenn Du, was ja sehr oft geschah, öffentlich Dich beklagtest. Ich gestehe, dass ich als Kind (später wohl) dafür gar kein Gefühl hatte und nicht verstand, wie Du überhaupt erwarten konntest, Mitgefühl zu finden. Du warst so riesenhaft in jeder Hinsicht, was konnte Dir an unserem Mitleid liegen oder gar an unserer Hilfe. Die musstest Du doch eigentlich verachten, wie uns selbst so oft. Ich glaubte daher den Klagen nicht und suchte irgendeine geheime Absicht hinter ihnen. Erst später begriff ich, dass Du wirklich durch die Kinder sehr littest, damals aber, wo die Klagen noch unter anderen Umständen einen kindlichen, offenen, bedenkenlosen zu jeder Hilfe bereiten Sinn hätten antreffen können, mussten sie mir wieder nur überdeutliche Erziehungs- und Demütigungsmittel sein, als solche an sich nicht sehr stark, aber mit der schädlichen Nebenwirkung, dass das Kind sich gewöhnte, gerade Dinge nicht sehr ernst zu nehmen, die es ernst hätte nehmen sollen.

Es gab glücklicher Weise davon allerdings auch Ausnahmen, meistens wenn Du schweigend littest und Liebe und Güte mit ihrer Kraft alles Entgegenstehende überwand und unmittelbar ergriff. Selten war das allerdings, aber es war wunderbar. Etwa wenn ich Dich früher in heissen Sommern mittags nach dem Essen im Geschäft müde ein wenig schlafen sah, den Elbogen auf dem Pult, oder wenn Du Sonntags abgehetzt zu uns in die Sommerfrische kamst; oder wenn Du bei einer schweren Krankheit der Mutter zitternd vom Weinen Dich am Bücherkasten festhieltest; oder wenn Du während meiner letzten Krankheit leise zu mir in Ottlas Zimmer kamst, auf der Schwelle bliebst, nur den Hals strecktest, um mich im Bett zu sehn und aus Rücksicht nur mit der Hand grüsstest. In solchen Zeiten legte man sich hin und weinte vor Glück und weint jetzt wieder, während man es schreibt.

Du hast auch eine besonders schöne, sehr selten zu sehende Art eines stillen, zufriedenen, gutheissenden Lächelns, das den, dem es gilt, ganz glücklich machen kann. Ich kann mich nicht erinnern, dass es in meiner Kindheit ausdrücklich mir zuteil geworden wäre, aber es dürfte wohl geschehen sein, denn warum solltest Du es mir damals verweigert haben, da ich Dir noch unschuldig schien und Deine grosse Hoffnung war. Übrigens haben auch solche freundliche Eindrücke auf die Dauer nichts anderes erzielt, als mein Schuldbewustsein vergrössert und die Welt mir noch unverständlicher gemacht.

Lieber hielt ich mich ans Tatsächliche und Fortwährende. Um mich Dir gegenüber nur ein wenig zu behaupten, zum Teil auch aus einer Art Rache fing ich bald an kleine Lächerlichkeiten, die ich an Dir bemerkte, zu beobachten, zu sammeln, zu übertreiben. Wie Du z.B. leicht Dich von meist nur scheinbar höher stehenden Personen blenden liessest und davon immerfort erzählen konntest, etwa von irgendeinem kais. Rat oder dgl. (andererseits tat mir etwas derartiges auch weh, dass du, mein Vater, solche nichtige Bestätigungen Deines Wertes zu brauchen glaubtest und mit ihnen gross tatest). Oder ich beobachtete Deine Vorliebe für unanständige, möglichst laut herausgebrachte Redensarten, über die Du lachtest, als hättest Du etwas besonders Vortreffliches gesagt, während es eben nur eine platte, kleine Unanständigkeit war (gleichzeitig war es allerdings auch wieder eine mich beschämende Äusserung Deiner Lebenskraft). Solcher verschiedener Beobachtungen gab es natürlich eine Menge; ich war glücklich über sie, es gab für mich Anlass zu Getuschel und Spass, Du bemerktest es manchmal, ärgertest Dich darüber, hieltest es für Bosheit, Respektlosigkeit, aber glaube mir, es war nichts anderes für mich, als ein übrigens untaugliches Mittel zur Selbsterhaltung, es waren Scherze, wie man sie über Götter und Könige verbreitet, Scherze, die mit dem tiefsten Respekt nicht nur sich verbinden lassen, sondern sogar zu ihm gehören.

Auch Du hast übrigens, entsprechend Deiner ähnlichen Lage mir gegenüber, eine Art Gegenwehr versucht. Du pflegtest darauf hinzuweisen, wie übertrieben gut es mir gieng und wie gut ich eigentlich behandelt worden bin. Das ist richtig, ich glaube aber nicht, dass es mir unter den einmal vorhandenen Umständen im Wesentlichen genützt hat.

Es ist wahr, dass die Mutter grenzenlos gut zu mir war, aber alles das stand für mich in Beziehung zu Dir, also in keiner guten Beziehung. Die Mutter hatte unbewusst die Rolle eines Treibers in der Jagd. Wenn schon Deine Erziehung in irgendeinem unwahrscheinlichen Fall mich durch Erzeugung von Trotz, Abneigung oder gar Hass auf eigene Füsse hätte stellen können, so glich das die Mutter durch Gut-sein, durch vernünftige Rede (sie war mir im Wirrwarr der Kindheit das Urbild der Vernunft), durch Fürbitte wieder aus und ich war wieder in Deinen Kreis zurückgetrieben, aus dem ich sonst vielleicht, Dir und mir zum Vorteil ausgebrochen wäre. Oder es war so, dass es zu keiner eigentlichen Versöhnung kam, dass die Mutter mich vor Dir bloss im Geheimen schützte, mir im Geheimen etwas gab, etwas erlaubte, dann war ich wieder vor Dir das lichtscheue Wesen, der Betrüger, der Schuldbewusste, der wegen seiner Nichtigkeit selbst zu dem, was er für sein Recht hielt, nur auf Schleichwegen kommen konnte. Natürlich gewöhnte ich mich dann auf diesen Wegen auch das zu suchen, worauf ich selbst meiner Meinung nach kein Recht hatte. Das war wieder Vergrösserung des Schuldbewusstseins.

Es ist auch wahr, dass Du mich kaum einmal wirklich geschlagen hast. Aber das Schreien, das Rotwerden Deines Gesichts, das eilige Losmachen der Hosenträger, ihr Bereitliegen auf der Stuhllehne war für mich fast ärger. Es ist, wie wenn einer gehenkt werden soll. Wird er wirklich gehenkt, dann ist er tot und es ist alles vorüber. Wenn er aber alle Vorbereitungen zum Gehenktwerden miterleben muss und erst wenn ihm die Schlinge vor dem Gesicht hängt, von seiner Begnadigung erfährt, so kann er sein Leben lang daran zu leiden haben. Überdies sammelte sich aus diesen vielen Malen, wo ich Deiner deutlich gezeigten Meinung nach Prügel verdient hätte, ihnen aber aus Deiner Gnade noch knapp entgangen war, wieder nur ein grosses Schuldbewusstsein an. Von allen Seiten her kam ich in Deine Schuld.

Seit jeher machtest Du mir zum Vorwurf (undzwar mir allein oder vor andern; für das Demütigende des Letzteren hattest Du kein Gefühl, die Angelegenheiten Deiner Kinder waren immer öffentliche) dass ich dank Deiner Arbeit ohne alle Entbehrungen in Ruhe, Wärme, Fülle lebte. Ich denke da an Bemerkungen, die in meinem Gehirn förmlich Furchen gezogen haben müssen, wie: „Schon mit 7 Jahren musste ich mit dem Karren durch die Dörfer fahren" „Wir mussten alle in einer Stube schlafen" „Wir waren glücklich, wenn wir Erdäpfel hatten" „Jahrelang hatte ich wegen ungenügender Winterkleidung offene Wunden an den Beinen" „Als kleiner Junge musste ich schon nach Pisek ins Geschäft" „Von zuhause bekam ich gar nichts, nicht einmal beim Militär, ich schickte noch Geld nachhause" „Aber trotzdem, trotzdem - der Vater war mir immer der Vater. Wer weiss das heute! Was wissen die Kinder! Das hat niemand gelitten! Versteht das heute ein Kind?" Solche Erzählungen hätten unter andern Verhältnissen ein ausgezeichnetes Erziehungsmittel sein können, sie hätten zum Überstehen der gleichen Plagen und Entbehrungen, die der Vater durchgemacht hatte, aufmuntern und kräftigen können. Aber das wolltest Du doch gar nicht, die Lage war ja eben durch das Ergebnis Deiner Mühe eine andere geworden, Gelegenheit sich in der Weise auszuzeichnen, wie Du es getan hattest, gab es nicht. Eine solche Gelegenheit hätte man erst durch Gewalt und Umsturz schaffen müssen, man hätte von zuhause ausbrechen müssen (vorausgesetzt dass man die Entschlussfähigkeit und Kraft dazu gehabt hätte und die Mutter nicht ihrerseits mit anderen Mitteln dagegen gearbeitet hätte.) Aber das alles wolltest Du doch gar nicht, das bezeichnetest Du als Undankbarkeit, Überspanntheit, Ungehorsam, Verrat, Verrücktheit. Während Du also von einer Seite durch Beispiel, Erzählung und Beschämung dazu locktest, verbotest Du es auf der andern Seite allerstrengstens. Sonst hättest Du z.B., von den Nebenumständen abgesehn, von Ottlas Zürauer Abenteuer eigentlich entzückt sein müssen. Sie wollte auf das Land, von dem Du gekommen warst, sie wollte Arbeit und Entbehrungen haben, wie Du sie gehabt hattest, sie wollte nicht Deine Arbeitserfolge geniessen wie auch Du von Deinem Vater unabhängig gewesen bist. Waren das so schreckliche Absichten? So fern Deinem Beispiel und Deiner Lehre? Gut, die Absichten Ottlas misslangen schliesslich im Ergebnis, wurden vielleicht etwas lächerlich, mit zuviel Lärm ausgeführt, sie nahm nicht genug Rücksicht auf ihre Eltern. War das aber ausschliesslich ihre Schuld, nicht auch die Schuld der Verhältnisse und vor allem dessen, dass Du ihr so entfremdet warst? War sie Dir etwa (wie Du Dir später selbst einreden wolltest) im Geschäft weniger entfremdet, als nachher in Zürau? Und hättest Du nicht ganz gewiss die Macht gehabt (vorausgesetzt dass Du Dich dazu hättest überwinden können) durch Aufmunterung, Rat und Aufsicht, vielleicht sogar nur durch Duldung aus diesem Abenteuer etwas sehr Gutes zu machen?

Anschliessend an solche Erfahrungen pflegtest Du in bitterem Scherz zu sagen, dass es uns zu gut ging. Aber dieser Scherz ist in gewissem Sinn keiner. Das was Du Dir erkämpfen musstest, bekamen wir aus Deiner Hand, aber den Kampf um das äussere Leben, der Dir sofort zugänglich war und der natürlich auch uns nicht erspart bleibt, den müssen wir uns erst spät, mit Kinderkraft im Mannesalter erkämpfen. Ich sage nicht, dass unsere Lage deshalb unbedingt ungünstiger ist als es Deine war, sie ist jener vielmehr wahrscheinlich gleichwertig (wobei allerdings die Grundanlagen nicht verglichen sind) nur darin sind wir im Nachteil, dass wir mit unserer Not uns nicht rühmen und niemanden mit ihr demütigen können, wie Du es mit Deiner Not getan hast. Ich leugne auch nicht, dass es möglich gewesen wäre, dass ich die Früchte Deiner grossen und erfolgreichen Arbeit wirklich richtig hätte geniessen, verwerten und mit ihnen zu Deiner Freude hätte weiterarbeiten können, dem aber stand eben unsere Entfremdung entgegen. Ich konnte, was Du gabst, geniessen, aber nur in Beschämung, Müdigkeit, Schwäche, Schuldbewusstsein. Deshalb konnte ich Dir für alles nur bettlerhaft dankbar sein, durch die Tat nicht.

Das nächste äussere Ergebnis dieser ganzen Erziehung war, dass ich alles floh, was nur von der Ferne an Dich erinnerte. Zuerst das Geschäft. An und für sich besonders in der Kinderzeit, solange es ein Gassengeschäft war, hätte es mich sehr freuen müssen, es war so lebendig, abends beleuchtet, man sah, man hörte viel, konnte hie und da helfen, sich auszeichnen, vor allem aber Dich bewundern in Deinen grossartigen kaufmännischen Talenten, wie Du verkauftest, Leute behandeltest, Spässe machtest, unermüdlich warst, in Zweifelfällen sofort die Entscheidung wusstest u.s.w. noch wie Du einpacktest oder eine Kiste aufmachtest, war ein sehenswertes Schauspiel und das ganze alles in allem gewiss nicht die schlechteste Kinderschule. Aber da Du allmählich von allen Seiten mich erschrecktest und Geschäft und Du sich mir deckten, war mir auch das Geschäft nicht mehr behaglich. Dinge, die mir dort zuerst selbstverständlich gewesen waren, quälten, beschämten mich, besonders Deine Behandlung des Personals. Ich weiss nicht, vielleicht ist sie in den meisten Geschäften so gewesen (in der Assikuracioni Generali z.B. war sie zu meiner Zeit wirklich ähnlich, ich erklärte dort dem Direktor, nicht ganz wahrheitsgemäss, aber auch nicht ganz erlogen meine Kündigung damit, dass ich das Schimpfen, das übrigens mich direkt gar nicht betroffen hatte, nicht ertragen könne; ich war darin zu schmerzhaft empfindlich schon von Hause her) aber die andern Geschäfte kümmerten mich in der Kinderzeit nicht. Dich aber hörte und sah ich im Geschäft schreien, schimpfen und wüten, wie es meiner damaligen Meinung nach in der ganzen Welt nicht wieder vorkam. Und nicht nur Schimpfen, auch sonstige Tyrannei. Wie Du z.B. Waren, die Du mit andern nicht verwechselt haben wolltest, mit einem Ruck vom Pult hinunterwarfst - nur die Besinnungslosigkeit Deines Zorns entschuldigte Dich ein wenig - und der Kommis sie aufheben musste. Oder Deine ständige Redensart hinsichtlich eines lungenkranken Kommis: „Er soll krepieren der kranke Hund!" Du nanntest die Angestellten „bezahlte Feinde", das waren sie auch, aber noch ehe sie es geworden waren, schienst Du mir ihr „zahlender Feind" zu sein. Dort bekam ich auch die grosse Lehre, dass Du ungerecht sein konntest; an mir selbst hätte ich es nicht so bald bemerkt, da hatte sich ja zuviel Schuldgefühl angesammelt, das Dir recht gab; aber dort waren nach meiner, später natürlich ein wenig aber nicht allzusehr korrigierten Kindermeinung fremde Leute, die doch für uns arbeiteten und dafür in fortwährender Angst vor Dir leben mussten. Natürlich übertrieb ich da undzwar deshalb weil ich ohne weiters annahm, Du wirkest auf die Leute ebenso schrecklich wie auf mich. Wenn das so gewesen wäre, hätten sie wirklich nicht leben können; da sie aber erwachsene Leute mit meist ausgezeichneten Nerven waren, schüttelten sie das Schimpfen ohne Mühe von sich ab und es schadete Dir schliesslich viel mehr als ihnen. Mir aber machte es das Geschäft unleidlich, es erinnerte mich allzusehr an mein Verhältnis zu Dir: Du warst ganz abgesehn vom Unternehmerinteresse und abgesehn von Deiner Herrschsucht schon als Geschäftsmann allen, die jemals bei dir gelernt haben, so sehr überlegen, dass Dich keine ihrer Leistungen befriedigen konnte, ähnlich ewig unbefriedigt musstest Du auch von mir sein. Deshalb gehörte ich notwendig zur Partei des Personals, übrigens auch deshalb weil ich schon aus Ängstlichkeit nicht begriff, wie man einen Fremden so beschimpfen konnte und darum aus Ängstlichkeit das meiner Meinung nach fürchterlich aufgebrachte Personal irgendwie mit Dir, mit unserer Familie schon um meiner eigenen Sicherheit willen aussöhnen wollte. Dazu genügte nicht mehr gewöhnliches anständiges Benehmen gegenüber dem Personal, nicht einmal mehr bescheidenes Benehmen, vielmehr musste ich demütig sein, nicht nur zuerst grüssen, sondern womöglich auch noch den Gegengruss abwehren. Und hätte ich, ~~ihnen~~ die unbedeutende Person, ihnen unten die Füsse geleckt, es wäre noch immer kein Ausgleich dafür gewesen, wie Du, der Herr, oben auf sie loshacktest. Dieses Verhältnis, in das ich hier zu Mitmenschen trat, wirkte über das Geschäft hinaus und in die Zukunft weiter (etwas ähnliches aber nicht so gefährlich und tiefgreifend wie bei mir ist z.B. auch Ottlas Vorliebe für den Verkehr mit armen Leuten, das Dich so ärgernde Zusammensitzen mit den Dienstmädchen u.dgl.). Schliesslich fürchtete ich mich fast vor dem Geschäft und jedenfalls war es schon längst nicht mehr meine Sache, ehe ich noch ins Gymnasium kam und dadurch noch weiter davon fortgeführt wurde. Auch schien es mir für meine Fähigkeiten ganz unerschwinglich, da es, wie Du sagtest, selbst die Deinigen verbrauchte. Du suchtest dann (für mich ist das heute rührend und beschämend) aus meiner Dich doch sehr schmerzenden Abneigung gegen das Geschäft, gegen Dein Werk doch noch ein wenig Süssigkeit für Dich zu ziehn, indem Du behauptetest, mir fehle der Geschäftssinn, ich habe höhere Ideen im Kopf u.dgl. Die Mutter freute sich natürlich über diese Erklärung, die Du Dir abzwangst, und auch ich in meiner Eitelkeit und Not liess mich davon beeinflussen. Wären es aber wirklich nur oder hauptsächlich die „höheren Ideen" gewesen, die mich vom Geschäft (das ich jetzt, aber erst jetzt, ehrlich und tatsächlich hasse) abbrachten, sie hätten sich anders äussern müssen, als dass sie mich ruhig und ängstlich durchs Gymnasium und durch das Jusstudium schwimmen liessen bis ich beim Beamtenschreibtisch endgiltig landete.

Wollte ich vor Dir fliehn, musste ich auch vor der Familie fliehn, selbst vor der Mutter. Ma~~nn~~ konnte bei ihr zwar immer Schutz finden, doch nur in Beziehung zu Dir. Zu sehr liebte sie Dich und war Dir zu sehr treu ergeben, als dass sie in dem Kampf des Kindes eine selbständige geistige Macht für die Dauer hätte sein können. Ein richtiger Instinkt des

Kindes übrigens, denn die Mutter wurde Dir mit den Jahren immer noch enger verbunden; während sie immer, was sie selbst betraf, ihre Selbständigkeit in kleinsten Grenzen schön und zart und ohne Dich jemals wesentlich zu kränken bewahrte, nahm sie doch mit den Jahren immer vollständiger, mehr im Gefühl, als im Verstand, Deine Urteile und Verurteilungen hinsichtlich der Kinder blindlings über, besonders in dem allerdings schweren Fall der Ottla. Freilich muss man immer im Gedächtnis behalten, wie quälend und bis zum letzten aufreibend die Stellung der Mutter in der Familie war. Sie hat sich im Geschäft, im Haushalt geplagt, alle Krankheiten der Familie doppelt mitgelitten, aber die Krönung alles dessen war das, was sie in ihrer Zwischenstellung zwischen uns und Dir gelitten hat. Du bist immer liebend und rücksichtsvoll zu ihr gewesen, aber in dieser Hinsicht hast Du sie ganz genau so wenig geschont, wie wir sie geschont haben. Rücksichtslos haben wir auf sie eingehämmert, Du von Deiner Seite, wir von unserer. Es war eine Ablenkung, man dachte an nichts Böses, man dachte nur an den Kampf, den Du mit uns, den wir mit Dir führten, und auf der Mutter tobten wir uns aus. Es war auch kein guter Beitrag zur Kindererziehung, wie Du sie - ohne jede Schuld Deinerseits natürlich - unseretwegen quältest. Es rechtfertigte sogar scheinbar unser sonst nicht zu rechtfertigendes Benehmen ihr gegenüber. Was hat sie von uns Deinetwegen und von Dir unseretwegen gelitten, ganz ungerechnet jene Fälle, wo Du recht hattest, weil sie uns verzog, wenn auch selbst dieses „Verziehn" manchmal nur eine stille unbewusste Gegendemonstration gegen Dein System gewesen sein mag. Natürlich hätte die Mutter das alles nicht ertragen können, wenn sie nicht aus der Liebe zu uns allen und aus dem Glück dieser Liebe die Kraft zum Ertragen genommen hätte.

Die Schwestern giengen nur zum Teil mit mir. Am glücklichsten in ihrer Stellung zu Dir war Valli. Am nächsten der Mutter stehend, fügte sie sich Dir auch ähnlich, ohne viel Mühe und Schaden. Du nahmst sie aber auch, eben in Erinnerung an die Mutter, freundlicher hin, trotzdem wenig Kafka'sches Material in ihr war. Aber vielleicht war Dir gerade das recht; wo nichts Kafka'sches war, konntest selbst Du nichts derartiges verlangen; Du hattest auch nicht, wie bei uns andern das Gefühl, das hier etwas verloren gieng, das mit Gewalt gerettet werden müsste. Übrigens magst Du das Kafka'sche, soweit es sich in Frauen geäussert hat, niemals besonders geliebt haben. Das Verhältnis Vallis zu Dir wäre sogar vielleicht noch freundlicher geworden, wenn wir andern es nicht ein wenig gestört hätten.

Die Elli ist das einzige Beispiel für das fast vollständige Gelingen eines Durchbruches aus Deinem Kreis. Von ihr hätte ich es in ihrer Kindheit am wenigstens erwartet. Sie war doch ein so schwerfälliges, müdes, furchtsames, verdrossenes, schuldbewusstes, überdemütiges, boshaftes, faules, genäschiges, geiziges Kind, ich konnte sie kaum ansehn, gar nicht ansprechen, so sehr erinnerte sie mich an mich selbst, so sehr ähnlich stand sie unter dem gleichen Bann der Erziehung. Besonders ihr Geiz war mir abscheulich, da ich ihn womöglich noch stärker hatte. Geiz ist ja eines der verlässlichsten Anzeichen tiefen Unglücklichseins; ich war so unsicher aller Dinge, dass ich tatsächlich nur das besass, was ich schon in den Händen oder im Mund hielt oder was wenigstens auf dem Wege dorthin war und gerade das nahm sie, die in ähnlicher Lage war, mir am liebsten fort. Aber das alles änderte sich, als sie in jungen Jahren - das ist das wichtigste - ~~heiratete~~, von zuhause weggieng, heiratete, Kinder bekam, sie wurde fröhlich, unbekümmert, mutig, freigebig, uneigennützig, hoffnungsvoll. Fast unglaublich ist es, wie Du eigentlich diese Veränderung gar nicht bemerkt und jedenfalls nicht nach Verdienst bewertet hast, so geblendet bist Du von dem Groll, den Du gegen Elli seit jeher hattest und im Grunde unverändert hast, nur dass dieser Groll jetzt viel weniger aktuell geworden ist, da Elli nicht mehr bei uns wohnt und ausserdem Deine Liebe zu Felix und die Zuneigung zu Karl ihn unwichtiger gemacht haben. Nur Gerti muss ihn manchmal noch entgelten.

Von Ottla wage ich kaum zu schreiben, ich weiss, ich setze damit die ganze erhoffte Wirkung des Briefes aufs Spiel. Unter gewöhnlichen Umständen, also wenn sie nicht etwa in besondere Not oder Gefahr käme, hast Du für sie nur Hass; Du hast mir ja selbst zugestanden, dass sie Deiner Meinung nach mit Absicht Dir immerfort Leid und Ärger macht und während Du ihretwegen leidest, ist sie befriedigt und freut sich. Also eine Art Teufel. Was für eine ungeheuere Entfremdung, noch grösser als zwischen Dir und mir, muss zwischen Dir und ihr eingetreten sein, damit eine so ungeheuere Verkennung möglich wird. Sie ist so weit von Dir, dass Du sie kaum mehr siehst, sondern ein Gespenst an die Stelle setzt, wo Du sie vermutest. Ich gebe zu, dass Du es mit ihr besonders schwer hattest. Ich durchschaue ja den sehr komplicierten Fall nicht ganz, aber jedenfalls war hier etwas wie eine Art Löwy, ausgestattet mit den besten Kafka'schen Waffen. Zwischen uns war es kein eigentlicher Kampf; ich war bald erledigt; was übrig blieb, war Flucht, Verbitterung, Trauer, innerer Kampf. Ihr zwei aber waret immer in Kampfstellung, immer frisch, immer bei Kräften. Ein ebenso grossartiger, wie trostloser Anblick. Zu allererst seid Ihr Euch ja gewiss sehr nahe gewesen, denn noch heute ist von uns vier Ottla vielleicht die reinste Darstellung der Ehe zwischen Dir und der Mutter und der Kräfte, die sich da verbanden. Ich weiss nicht, was Euch um das Glück der Eintracht zwischen Vater und Kind gebracht hat, es liegt mir nur nahe zu glauben, dass die Entwicklung ähnlich war, wie bei mir. Auf Deiner Seite die Tyrannei Deines Wesens, auf ihrer Seite Löwy'scher Trotz, Empfindlichkeit, Gerechtigkeitsgefühl, Unruhe und alles das gestützt durch das Bewusstsein Kafka'scher Kraft. Wohl habe auch ich sie beeinflusst, aber kaum aus eigenem Antrieb, sondern durch die blosse Tatsache meines Daseins. Übrigens kam sie doch als Letzte schon in fertige Machtverhältnisse hinein und konnte sich aus dem vielen bereitliegenden Material ihr Urteil selbst bilden. Ich kann mir sogar denken, dass sie in ihrem Wesen eine Zeit lang geschwankt hat, ob sie sich Dir an die Brust werfen soll oder den Gegnern, offenbar hast Du damals etwas versäumt und sie zurückgestossen, Ihr wäret aber, wenn es eben möglich gewesen wäre, ein prachtvolles Paar an Eintracht geworden. Ich hätte dadurch zwar einen Verbündeten verloren, aber der Anblick von Euch beiden hätte mich reich entschädigt, auch wärest ja Du durch das unabsehbare Glück, wenigstens in einem Kind volle Befriedigung zu finden, sehr zu meinen Gunsten verwandelt worden. Das alles ist heute allerdings nur ein Traum. Ottla hat keine Verbindung mit dem Vater, muss ihren Weg allein suchen, wie ich, und um das Mehr an Zuversicht, Selbstvertrauen, Gesundheit, Bedenkenlosigkeit, das sie im Vergleich mit mir hat, ist sie in Deinen Augen böser und verräterischer als ich. Ich verstehe das; von Dir aus gesehen kann sie nicht anders sein. Ja sie selbst ist imstande, mit Deinen Augen ~~Dich~~ sich anzusehn, Dein Leid mitzufühlen und darüber - nicht verzweifelt zu sein, Verzweiflung ist meine Sache - aber sehr traurig zu sein. Du siehst uns zwar, in scheinbarem Widerspruch hiezu, oft beisammen, wir flüstern lachen, hie und da hörst Du dich erwähnen. Du hast den Eindruck von frechen Verschwörern. Merkwürdige Verschwörer. Du bist allerdings ein Hauptthema unserer Gespräche, wie unseres Denkens seit jeher, aber wahrhaftig nicht, um etwas gegen Dich auszudenken, sitzen wir beisammen, sondern uns mit aller Anstrengung, mit Spass, mit Ernst, mit Liebe, Trotz, Zorn, Widerwille, Ergebung, Schuldbewusstsein, mit allen Kräften des Kopfes und Herzens diesen schrecklichen Process, der zwischen uns und Dir schwebt, in allen Einzelnheiten, von allen Seiten, bei allen Anlässen, von fern und nah gemeinsam durchzusprechen, diesen Process, in dem Du immerfort Richter zu sein behauptest, während Du, wenigstens zum grössten Teil (hier lasse ich die Tür allen Irrtümern offen, die mir natürlich begegnen können), ebenso schwache und verblendete Partei bist, wie wir.

Ein im Zusammenhang des Ganzen lehrreiches Beispiel Deiner erzieherischen Wirkung war Irma. Einerseits war sie doch eine Fremde, kam schon erwachsen in Dein Geschäft, hatte mit Dir hauptsächlich als ihrem Chef zu tun, war also nur zum Teil und in einem schon widerstandsfähigen Alter Deinem Einfluss ausgesetzt; andererseits aber war sie doch auch eine Blutsverwandte, verehrte in Dir den Bruder ihres Vaters und Du hattest über sie viel mehr als die blosse Macht eines Chefs. Und trotzdem ist sie, die in ihrem schwachen Körper so tüchtig, klug, fleissig, bescheiden, vertrauenswürdig, uneigennützig, treu war, die Dich als Onkel liebte und als Chef bewunderte, die in andern Posten vorher und nachher sich bewährte - Dir keine sehr gute Beamtin gewesen. Sie war eben, natürlich auch von uns hingedrängt, Dir gegenüber nahe der Kinderstellung und so gross war noch ihr gegenüber die umbiegende Macht Deines Wesens, dass sich bei ihr (allerdings nur Dir gegenüber und, hoffentlich, ohne das tiefere Leid des Kindes) Vergesslichkeit, Nachlässigkeit, Galgenhumor, vielleicht sogar ein wenig Trotz, soweit sie dessen überhaupt fähig war, entwickelten, wobei ich gar nicht in Rechnung stelle, dass sie kränklich gewesen ist, auch sonst nicht sehr glücklich war und eine trostlose Häuslichkeit auf ihr lastete. Das für mich Beziehungsreiche Deines Verhältnisses zu ihr hast Du in einem für uns klassisch gewordenen, fast gotteslästerlichen, aber gerade für die Unschuld in Deiner Menschenbehandlung sehr beweisenden Satz zusammengefasst: „Die Gottselige hat mir viel Schweinerei hinterlassen."

Ich könnte noch weitere Kreise Deines Einflusses und des Kampfes gegen ihn beschreiben, doch käme ich hier schon ins Unsichere und müsste konstruieren, ausserdem wirst Du ja, je weiter Du von Geschäft und Familie Dich entfernst, seit jeher desto freundlicher, nachgiebiger, höflicher, rücksichtsvoller, teilnehmender (ich meine: auch äusserlich) ebenso wie ja z.B. auch ein Selbstherrscher, wenn er einmal ausserhalb der Grenzen seines Landes ist, keinen Grund hat noch immer tyrannisch zu sein und sich gutmütig auch mit den niedrigsten Leuten einlassen kann. Tatsächlich standest Du z.B. auf den Gruppenbildern aus Franzensbad immer so gross und fröhlich zwischen den kleinen mürrischen Leuten, wie ein König auf Reisen. Davon hätten allerdings auch die Kinder ihren Vorteil haben können, nur hätten sie schon, was unmöglich war, in der Kinderzeit fähig sein müssen, das zu erkennen und ich z.B. hätte nicht immerfort gewissermassen im innersten, strengsten, zuschnürenden Ring Deines Einflusses wohnen dürfen, wie ich es ja wirklich getan habe.

Ich verlor dadurch nicht nur den Familiensinn, wie Du sagst, im Gegenteil, eher hatte ich noch Sinn für die Familie, allerdings hauptsächlich negativ für die (natürlich nie zu beendigende) innere Ablösung von Dir. Die Beziehungen zu den Menschen ausserhalb der Familie litten aber durch Deinen Einfluss womöglich noch mehr. Du bist durchaus im Irrtum wenn Du glaubst, für die andern Menschen tue ich aus Liebe und Treue alles, für Dich und die Familie aus Kälte und Verrat nichts. Ich wiederhole zum zehntenmal: ich wäre wahrscheinlich auch sonst ein menschenscheuer ängstlicher Mensch geworden, aber von da ist noch ein langer, dunkler Weg dorthin, wohin ich wirklich gekommen bin. [Bisher habe ich in diesem Brief verhältnismässig weniges absichtlich verschwiegen, jetzt und später werde ich aber einiges verschweigen müssen, was (vor Dir und mir) einzugestehn, mir noch zu schwer ist. Ich sage das deshalb, damit Du, wenn das Gesamtbild hie und da etwas undeutlich werden sollte, nicht glaubst, dass Mangel an Beweisen daran schuld ist, es sind vielmehr Beweise da, die das Bild unerträglich krass machen könnten. Es ist nicht leicht darin eine Mitte zu finden.] Hier genügt es übrigens an früheres zu erinnern: Ich hatte vor Dir das Selbstvertrauen verloren, dafür ein grenzenloses Schuldbewusstsein eingetauscht. (In Erinnerung an diese Grenzenlosigkeit schrieb ich von jemandem einmal richtig: „Er fürchtet die Scham werde ihn noch überleben") Ich konnte mich nicht plötzlich verwandeln, wenn ich mit andern Menschen zusammenkam, ich kam vielmehr ihnen gegenüber noch in tieferes Schuldbewusstsein, denn ich musste ja, wie ich schon sagte, das an ihnen gutmachen, was Du unter meiner Mitverantwortung im Geschäft an ihnen verschuldet hattest. Ausserdem hattest Du ja gegen jeden, mit dem ich verkehrte, offen oder im geheimen etwas einzuwenden, auch das musste ich ihm abbitten. Das Misstrauen, das Du mir in Geschäft und Familie gegen die meisten Menschen beizubringen suchtest (nenne mir einen in der Kinderzeit irgendwie für mich bedeutenden Menschen, den Du nicht wenigstens einmal bis in den Grund hinunterkritisiert hättest) und das Dich merkwürdigerweise gar nicht besonders beschwerte (Du warst eben stark genug es zu ertragen, ausserdem war es in Wirklichkeit vielleicht nur ein Emblem des Herrschers) - dieses Misstrauen, das sich mir Kleinem für die eigenen Augen nirgends bestätigte, da ich überall nur unerreichbar ausgezeichnete Menschen sah, wurde in mir zu Misstrauen gegen mich selbst und zur fortwährenden Angst vor allen andern. Dort konnte ich mich also im allgemeinen vor Dir gewiss nicht retten. Dass Du Dich darüber täuschtest, lag vielleicht daran, dass Du ja von meinem Menschenverkehr eigentlich gar nichts erfuhrst, und misstrauisch und eifersüchtig (leugne ich denn, dass Du mich lieb hast?) annahmst, dass ich mich für den Entgang an Familienleben anderswo entschädigen müsse, da es doch unmöglich wäre, dass ich draussen ebenso lebe. Übrigens hatte ich in dieser Hinsicht gerade in meiner Kinderzeit noch einen gewissen Trost eben im Misstrauen zu meinem Urteil; ich sagte mir: „Du übertreibst doch, fühlst, wie das die Jugend immer tut, Kleinigkeiten zu sehr als grosse Ausnahmen." Diesen Trost habe ich aber später bei steigender Weltübersicht fast verloren.

Ebenso wenig Rettung vor Dir fand ich im Judentum. Hier wäre ja an sich Rettung denkbar gewesen, oder noch mehr, es wäre denkbar gewesen, dass wir uns beide im Judentum gefunden hätten oder dass wir gar von dort einig ausgegangen wären. Aber was war das für Judentum, das ich von Dir bekam! Ich habe im Laufe der Jahre etwa auf dreierlei Art mich dazu gestellt.

Als Kind machte ich mir, in Übereinstimmung mit Dir Vorwürfe deshalb, weil ich nicht genügend in Tempel ging, nicht fastete u.s.w. Ich glaubte nicht mir, sondern Dir ein

Unrecht damit zu tun und Schuldbewusstsein, das ja immer bereit war, durchlief mich.

Später als junger Mensch verstand ich nicht, wie Du mit dem Nichts von Judentum, über das Du verfügtest, mir Vorwürfe machen konntest, dass ich (schon aus Pietät, wie Du Dich ausdrücktest) nicht ein ähnliches Nichts auszuführen mich anstrenge. Es war ja wirklich, soweit ich sehen konnte, ein Nichts, ein Spass, nicht einmal ein Spass. Du giengst an 4 Tagen im Jahr in den Tempel, warst dort den Gleichgültigen zumindest näher, als jenen, die es ernst nahmen, erledigtest geduldig die Gebete als Formalität, setztest mich manchmal dadurch in Erstaunen, dass Du mir im Gebetbuch die Stelle aufmischen konntest, die gerade recitiert wurde, im übrigen durfte ich, wenn ich nur (das war die Hauptsache) im Tempel war, mich herumdrücken, wo ich wollte. Ich durchgähnte und durchduselte also dort die vielen Stunden (so gelangweilt habe ich mich später, glaube ich, nur noch in der Tanzstunde) und suchte mich möglichst an den paar kleinen Abwechslungen zu freuen, die es dort gab, etwa wenn die Bundeslade aufgemacht wurde, was mich immer an die Schiessbuden erinnerte, wo auch, wenn man in ein Schwarzes traf, eine Kastentüre sich aufmachte, nur dass dort aber immer etwas Interessantes herauskam und hier nur immer wieder die alten Puppen ohne Köpfe. Übrigens habe ich dort auch viel Furcht gehabt, nicht nur wie selbstverständlich vor den vielen Leuten, mit denen man in nähere Berührung kam, sondern auch deshalb, weil Du einmal nebenbei erwähntest, dass auch ich zur Thora aufgerufen werden könne. Davor zitterte ich jahrelang. Sonst aber wurde ich in meiner Langweile nicht wesentlich gestört, höchstens durch die Barmizwe, die aber nur lächerliches Auswendiglernen verlangte, also nur zu einer lächerlichen Prüfungsleistung führte, und dann, was Dich betrifft durch kleine, wenig bedeutende Vorfälle, etwa wenn Du zur Thora gerufen wurdest und dieses für mein Gefühl ausschliesslich gesellschaftliche Ereignis gut überstandest oder wenn Du bei der Seelengedächtnisfeier im Tempel bliebst und ich weggeschickt wurde, was mir durch lange Zeit, offenbar wegen des Weggeschickt-werdens und mangels jeder tieferen Teilnahme, lange das kaum bewusst werdende Gefühl hervorrief, dass es sich hier um etwas Unanständiges handle. - So war es im Tempel, zuhause war es womöglich noch ärmlicher und beschränkte sich auf den ersten Sederabend, der immer mehr zu einer Komödie mit Lachkrämpfen wurde, allerdings unter dem Einfluss der grösser werdenden Kinder. (Warum musstest Du Dich diesem Einfluss fügen? Weil Du ihn hervorgerufen hast.) Das war also das Glaubensmaterial, das mir überliefert wurde, dazu kam höchstens noch die ausgestreckte Hand, die auf „die Söhne des Millionärs Fuchs" hinwies, die an den hohen Feiertagen mit ihrem Vater im Tempel waren. Wie man mit diesem Material etwas besseres tun könnte, als es möglichst schnell loszuwerden, verstand ich nicht; gerade dieses Loswerden schien mir die pietätvollste Handlung zu sein.

Noch später sah ich es aber doch wieder anders an und begriff, warum Du glauben durftest, dass ich Dich auch in dieser Hinsicht böswillig verrate. Du hattest aus der kleinen ghettoartigen Dorfgemeinde wirklich noch etwas Judentum mitgebracht, es war nicht viel und verlor sich noch ein wenig in der Stadt und beim Militär, immerhin reichten noch die Eindrücke und Erinnerungen der Jugend knapp zu einer Art jüdischen Lebens aus, besonders da Du ja nicht viel derartige Hilfe brauchtest, sondern von einem sehr kräftigen Stamm warst und für Deine Person von religiösen Bedenken, wenn sie nicht mit gesellschaftlichen Bedenken sich sehr mischten, kaum erschüttert werden konntest. Im Grund bestand der Dein Leben führende Glaube darin, dass Du an die unbedingte Richtigkeit der Meinungen einer bestimmten jüdischen Gesellschaftsklasse glaubtest und eigentlich also, da diese Meinungen zu Deinem Wesen gehörten, Dir selbst glaubtest. Auch darin lag noch genug Judentum, aber zum Weiter-überliefert-werden war es gegenüber dem Kind zu wenig, es vertropfte zur Gänze während Du es weitergabst. Zum Teil waren es unüberlieferbare Jugendeindrücke, zum

Teil Dein gefürchtetes Wesen. Es war auch unmöglich, einem vor lauter Ängstlichkeit überscharf beobachtenden Kind begreiflich zu machen, dass die paar Nichtigkeiten, die Du im Namen des Judentums mit einer ihrer Nichtigkeit entsprechenden Gleichgültigkeit ausführtest, einen höheren Sinn haben konnten. Für Dich hatten sie Sinn als kleine Andenken aus frühern Zeiten und deshalb wolltest Du sie mir vermitteln, konntest dies aber, da sie ja auch für Dich keinen Selbstwert mehr hatten, nur durch Überredung oder Drohung tun; das konnte einerseits nicht gelingen und musste andererseits Dich, da Du Deine schwache Position hier gar nicht erkanntest, sehr zornig gegen mich wegen meiner scheinbaren Verstocktheit machen.

Das Ganze ist ja keine vereinzelte Erscheinung, ähnlich verhielt es sich bei einem grossen Teil dieser jüdischen Übergangsgenerationen, welche vom verhältnismässig noch frommen Land in die Städte abwanderten; das ergab sich von selbst, nur fügte es eben unserem Verhältnis, das ja an Schärfen keinen Mangel hatte, noch eine genug schmerzliche hinzu. Dagegen sollst Du zwar auch in diesem Punkt, ebenso wie ich, an Deine Schuldlosigkeit glauben, diese Schuldlosigkeit aber durch Dein Wesen und durch die Zeitverhältnisse erklären, nicht aber bloss durch die äussern Umstände, also nicht etwa sagen, Du hättest zu viel andere Arbeit und Sorgen gehabt, als dass Du Dich auch noch mit solchen Dingen hättest abgeben können. Auf diese Weise pflegst Du aus Deiner zweifellosen Schuldlosigkeit einen ungerechten Vorwurf gegen andere zu drehn. Das ist dann überall und auch hier sehr leicht zu widerlegen. Es hätte sich doch nicht etwa um irgendeinen Unterricht gehandelt, den Du Deinen Kindern hättest geben sollen, sondern um ein beispielhaftes Leben; wäre Dein Judentum stärker gewesen, wäre auch Dein ~~Judentum~~ Beispiel zwingender gewesen, das ist ja selbstverständlich und wieder gar kein Vorwurf, sondern nur eine Abwehr Deiner Vorwürfe. Du hast letzthin Franklins Jugenderinnerungen gelesen. Ich habe sie Dir wirklich absichtlich zum Lesen gegeben, aber nicht, wie Du ironisch bemerktest, wegen einer kleinen Stelle über Vegetarianismus, sondern wegen des Verhältnisses zwischen dem Verfasser und seinem Vater, wie es dort beschrieben ist und des Verhältnisses zwischen dem Verfasser und seinem Sohn, wie es sich von selbst in diesen für den Sohn geschriebenen Erinnerungen ausdrückt. Ich will hier nicht Einzelnheiten hervorheben.

Eine gewisse nachträgliche Bestätigung dieser Auffassung von Deinem Judentum bekam ich durch Dein Verhalten in den letzten Jahren, als es Dir schien, dass ich mich mit jüdischen Dingen mehr beschäftige. Da Du von vornherein gegen jede meiner Beschäftigungen und besonders gegen die Art meiner Interessenahme eine Abneigung hast, so hattest Du sie auch hier. Aber darüber hinaus hätte man doch erwarten können, dass Du hier eine kleine Ausnahme machst. Es war doch Judentum von Deinem Judentum, das sich hier regte, und damit also auch die Möglichkeit der Anknüpfung neuer Beziehungen zwischen uns. Ich leugne nicht, dass mir diese Dinge, wenn Du für sie Interesse gezeigt hättest, gerade dadurch hätten verdächtig werden können. Es fällt mir ja nicht ein, behaupten zu wollen, dass ich in dieser Hinsicht irgendwie besser bin als Du. Aber zu der Probe darauf kam es gar nicht. Durch meine Vermittlung wurde Dir das Judentum abscheulich, jüdische Schriften unlesbar, sie „ekelten Dich an". Das konnte bedeuten, dass Du darauf bestandest, nur gerade das Judentum wie Du es mir in meiner Kinderzeit gezeigt hattest, sei das einzig Richtige, darüber hinaus gebe es nichts. Aber dass Du darauf bestehen solltest, war doch kaum denkbar. Dann aber konnte der „Ekel" (abgesehen davon dass er sich zunächst nicht gegen das Judentum, sondern gegen meine Person richtete) nur bedeuten, dass Du unbewusst die Schwäche Deines Judentums und meiner jüdischen Erziehung anerkanntest, auf keine Weise daran erinnert werden wolltest und auf alle Erinnerungen mit offenem Hasse antwortetest. Übrigens war Deine negative Hochschätzung meines neuen Judentums sehr übertrieben; erstens trug es ja Deinen Fluch in sich und zweitens war für seine Entwicklung das grundsätzliche Verhältnis zu den Mitmenschen endscheidend, in meinem Fall also tötlich.

Richtiger trafst Du mit Deiner Abneigung mein Schreiben und was, Dir unbekannt, damit zusammenhing. Hier war ich tatsächlich ein Stück selbständig von Dir weggekommen, wenn es auch ein wenig an den Wurm erinnerte, der, hinten von einem Fuss niedergetreten, sich mit dem Vorderteil losreisst und zur Seite schleppt. Einigermassen in Sicherheit war ich, es gab ein Aufatmen; die Abneigung, die Du natürlich gleich auch gegen mein Schreiben hattest, war mir hier ausnahmsweise willkommen. Meine Eitelkeit, mein Ehrgeiz litten zwar unter Deiner für uns berühmt gewordenen Begrüssung meiner Bücher: „Leg's auf den Nachttisch!" (meistens spieltest Du ja Karten, wenn ein Buch kam), aber im Grunde war mir dabei doch wohl, nicht nur aus aufbegehrender Bosheit, nicht nur aus Freude über eine neue Bestätigung meiner Auffassung unseres Verhältnisses, sondern ganz ursprünglich, weil jene Formel mir klang wie etwa: „Jetzt bist Du frei!" Natürlich war es eine Täuschung, ich war nicht oder allergünstigsten Falles noch nicht frei. Mein Schreiben handelte von Dir, ich klagte dort ja nur, was ich an Deiner Brust nicht klagen konnte. Es war ein absichtlich in die Länge gezogener Abschied von Dir, nur dass er zwar von Dir erzwungen war, aber in der von mir bestimmten Richtung verlief. Aber wie wenig war das alles! Es ist ja überhaupt nur deshalb der Rede wert, weil es sich in meinem Leben ereignet hat, anderswo wäre es gar nicht zu merken, und dann noch deshalb, weil es mir in der Kindheit als Ahnung, später als Hoffnung, noch später oft als Verzweiflung mein Leben beherrschte und mir - wenn man will, doch wieder in Deiner Gestalt - meine paar kleinen Entscheidungen diktierte.

Zum Beispiel die Berufswahl. Gewiss, Du gabst mir hier völlige Freiheit in Deiner grosszügigen und in diesem Sinne sogar geduldigen Art. Allerdings folgtest Du hiebei auch der für Dich massgebenden allgemeinen Söhnebehandlung des jüdischen Mittelstandes oder zumindest den Werturteilen dieses Standes. Schliesslich wirkte hiebei auch eines Deiner

Missverständnisse hinsichtlich meiner Person mit. Du hältst mich nämlich seit jeher aus Vaterstolz, aus Unkenntnis meines eigentlichen Daseins, aus Rückschlüssen aus meiner Schwächlichkeit für besonders fleissig. Als Kind habe ich Deiner Meinung nach immerfort gelernt und später immerfort geschrieben. Das stimmt nun nicht im entferntesten. Eher kann man mit viel weniger Übertreibung sagen, dass ich wenig gelernt und nichts erlernt habe; dass etwas in den vielen Jahren bei einem mittleren Gedächtnis, bei nicht allerschlechtester Auffassungskraft hängen geblieben ist, ist ja nicht sehr merkwürdig, aber jedenfalls ist das Gesamtergebnis an Wissen und besonders an Fundierung des Wissens äusserst kläglich im Vergleich zu dem Aufwand an Zeit und Geld inmitten eines äusserlich sorglosen, ruhigen Lebens, besonders auch im Vergleich zu fast allen Leuten, die ich kenne. Es ist kläglich, aber für mich verständlich. Ich hatte, seitdem ich denken kann, solche tiefste Sorgen der geistigen Existenzbehauptung, dass mir alles andere gleichgültig war. Jüdische Gymnasiasten bei uns sind leicht merkwürdig, man findet da das Unwahrscheinlichste, aber meine kalte, kaum verhüllte, unzerstörbare, kindlich hilflose, bis ins Lächerliche gehende, tierisch selbstzufriedene Gleichgültigkeit eines für sich genug aber kalt phantastischen Kindes habe ich sonst nirgends wieder gefunden, allerdings war sie hier auch der einzige Schutz gegen die Nervenzerstörung durch Angst und Schuldbewusstsein. Mich beschäftigte nur die Sorge um mich, diese aber in verschiedenster Weise. Etwa als Sorge um meine Gesundheit; es fieng leicht an, hier und dort ergab sich eine kleine Befürchtung wegen der Verdauung, des Haarausfalls, einer Rückgratsverkrümmung u.s.w., das steigerte sich in unzählbaren Abstufungen, schliesslich endete es mit einer wirklichen Krankheit. Was war das alles? Nicht eigentlich körperliche Krankheit. Aber da ich keines Dinges sicher war, von jedem Augenblick eine neue Bestätigung meines Daseins brauchte, nichts in meinem eigentlichen, unzweifelhaften, alleinigen, nur durch mich eindeutig bestimmten Besitz war, in Wahrheit ein enterbter Sohn, wurde mir natürlich auch das Nächste, der eigene Körper unsicher; ich wuchs lang in die Höhe, wusste damit aber nichts anzufangen, die Last war zu schwer, der Rücken wurde krumm; ich wagte mich kaum zu bewegen oder gar zu turnen, ich blieb schwach; staunte alles, worüber ich noch verfügte als Wunder an, etwa meine gute Verdauung; das genügte um sie zu verlieren und damit war der Weg zu aller Hypochondrie frei, bis dann unter der übermenschlichen Anstrengung des Heiraten-Wollens (darüber spreche ich noch) das Blut aus der Lunge kam, woran ja die Wohnung im Schönbornpalais - die ich aber nur deshalb brauchte, weil ich sie für mein Schreiben zu brauchen glaubte, so dass auch das auf dieses Blatt gehört - genug Anteil gehabt haben kann. Also das alles stammte nicht von übergrosser Arbeit, wie Du es Dir immer vorstellst. Es gab Jahre, in denen ich bei voller Gesundheit mehr Zeit auf dem Kanapee verfaulenzt habe, als Du in Deinem ganzen Leben, alle Krankheiten eingerechnet. Wenn ich höchstbeschäftigt von Dir fortlief, war es meist, um mich in meinem Zimmer hinzulegen. Meine Gesamtarbeitsleistung sowohl im Bureau (wo allerdings Faulheit nicht sehr auffällt und überdies durch meine Ängstlichkeit in Grenzen gehalten war) als auch zuhause ist winzig, hättest Du darüber einen Überblick, würde es Dich entsetzen. Wahrscheinlich bin ich in meiner Anlage gar nicht faul, aber es gab für mich nichts zu tun. Dort, wo ich lebte, war ich verworfen, abgeurteilt, niedergekämpft und anderswohin mich zu flüchten strengte ich mich zwar äusserst an, aber das war keine Arbeit, denn es handelte sich um Unmögliches, das für meine Kräfte bis auf kleine Ausnahmen unerreichbar war.

In diesem Zustand bekam ich also die Freiheit der Berufswahl. War ich aber überhaupt noch fähig eine solche Freiheit eigentlich zu gebrauchen? Traute ich mir es denn noch zu, einen wirklichen Beruf erreichen zu können? Meine Selbstbewertung war von Dir viel abhängiger, als von irgendetwas sonst, etwa von einem äussern Erfolg. Der war die Stärkung eines Augenblicks, sonst nichts, aber auf der andern Seite zog Dein Gewicht immer viel stärker hinunter. Niemals würde ich durch die erste Volksschulklasse kommen, dachte ich, aber es gelang, ich bekam sogar eine Prämie; aber die Aufnahmsprüfung ins Gymnasium würde ich gewiss nicht bestehn, aber es gelang; aber nun falle ich in der ersten Gymnasialklasse bestimmt durch, nein, ich fiel nicht durch und es gelang immer weiter und weiter. Daraus ergab sich aber keine Zuversicht, im Gegenteil, immer war ich überzeugt - und in Deiner abweisenden Miene hatte ich förmlich den Beweis dafür - dass, je mehr mir gelingt, desto schlimmer es schliesslich wird ausgehn müssen. Oft sah ich im Geist die schreckliche Versammlung der Professoren (das Gymnasium ist nur das einheitlichste Beispiel,) überall um mich war es aber ähnlich) wie sie, wenn ich die Prima überstanden hatte, also in der Sekunda, wenn ich diese überstanden hatte, also in der Tertia u.s.w. zusammenkommen würden, um diesen einzigartigen himmelschreienden Fall zu untersuchen, wie es mir, dem Unfähigsten und jedenfalls Unwissendsten gelungen war, mich bis hinauf in dieser Klasse zu schleichen, die mich, da nun die allgemeine Aufmerksamkeit auf mich gelenkt war, natürlich sofort ausspeien würde, zum Jubel aller von diesem Albdruck befreiten Gerechten. Mit solchen Vorstellungen zu leben ist für ein Kind nicht leicht. Was kümmerte mich unter diesen Umständen der Unterricht? Wer war imstande aus mir einen Funken von Anteilnahme herauszuschlagen? Mich interessierte der Unterricht und nicht nur der Unterricht sondern alles ringsherum in diesem entscheidenden Alter etwa so, wie einen Bankdefraudanten, der noch in Stellung ist und vor der Entdeckung zittert, das kleine laufende Bankgeschäft interessiert, das er noch immer als Beamter zu erledigen hat. So klein, so fern war alles neben der Hauptsache. Es gieng dann weiter bis zur Matura durch die ich wirklich schon zum Teil nur durch Schwindel kam, und dann stockte es, jetzt war ich frei. Hatte ich schon trotz dem Zwang des Gymnasiums mich nur auf mich koncentriert, wie erst jetzt, da ich frei war. Also eigentliche Freiheit der Berufswahl gab es für mich nicht, ich wusste: alles wird mir gegenüber der Hauptsache genau so gleichgültig sein, wie alle

Lehrgegenstände im Gymnasium, es handelt sich also darum einen Beruf zu finden, der mir, ohne meine Eitelkeit allzusehr zu verletzen, diese Gleichgültigkeit am ehesten erlaubt. Also war Jus das Selbstverständliche. Kleine gegenteilige Versuche der Eitelkeit, der Hoffnung, wie 14tägiges Chemiestudium, halbjähriges Deutschstudium verstärkten nur jene Grundüberzeugung. Ich studierte also Jus. Das bedeutete dass ich mich in den paar Monaten vor den Prüfungen unter reichlicher Mitnahme der Nerven geistig förmlich von Holzmehl nährte, das mir überdies schon von tausenden Mäulern vorgekaut war. Aber in gewissem Sinn schmeckte mir das gerade, wie in gewissem Sinn früher das Gymnasium und später der Beamtenberuf, denn das alles entsprach vollkommen meiner Lage. Jedenfalls zeigte ich hier erstaunliche Voraussicht, schon als kleines Kind hatte ich hinsichtlich der Studien und des Berufes genug klare Vorahnungen. Von hier aus erwartete ich keine Rettung, hier hatte ich schon längst verzichtet.

Gar keine Voraussicht fast zeigte ich aber hinsichtlich der Bedeutung und Möglichkeit einer Ehe für mich; dieser bisher grösste Schrecken meines Lebens ist fast vollständig unerwartet über mich gekommen. Das Kind hatte sich so langsam entwickelt, diese Dinge lagen ihm äusserlich gar zu abseits, hie und da ergab sich die Notwendigkeit daran zu denken; dass sich hier aber eine dauernde, entscheidende und sogar die erbitterteste Prüfung vorbereite, war nicht zu erkennen. In Wirklichkeit aber wurden die Heiratsversuche der grossartigste und hoffnungsreichste Versuch Dir zu entgehn, entsprechend grossartig war dann allerdings auch das Misslingen.

Ich fürchte, weil mir in dieser Gegend alles misslingt, dass es mir auch nicht gelingen wird, Dir diese Heiratsversuche verständlich zu machen. Und doch hängt das Gelingen des ganzen Briefes davon ab, denn in diesen Versuchen war einerseits alles versammelt, was ich an positiven Kräften zur Verfügung hatte, andererseits sammelten sich hier auch geradezu mit Wut alle negativen Kräfte, die ich als Mitergebnis

Deiner Erziehung beschrieben habe, also die Schwäche, der Mangel an Selbstvertrauen, das Schuldbewusstsein und zogen förmlich einen Kordon zwischen mir und der Heirat. Die Erklärung wird mir auch deshalb schwer werden, weil ich hier alles in so vielen Tagen und Nächten durchdacht und durchgraben habe, dass selbst mich jetzt der Anblick schon verwirrt. Erleichtert wird mir die Erklärung nur durch Dein meiner Meinung nach vollständiges Missverstehn der Sache; ein so vollständiges Missverstehn ein wenig zu verbessern, scheint nicht übermässig schwer.

Zunächst stellst Du das Misslingen der Heiraten in die Reihe meiner sonstigen Misserfolge; dagegen hätte ich an sich nichts, vorausgesetzt dass Du meine bisherige Erklärung der Misserfolge annimmst. Es steht tatsächlich in dieser Reihe, nur die Bedeutung der Sache unterschätzt Du und unterschätzt sie derartig, dass wir, wenn wir mit einander davon reden, eigentlich von ganz verschiedenem sprechen. Ich wage zu sagen, dass Dir in Deinem ganzen Leben nichts geschehen ist, was für Dich eine solche Bedeutung gehabt hätte, wie für mich die Heiratsversuche. Damit meine ich nicht, dass Du an sich nichts so Bedeutendes erlebt hättest, im Gegenteil, Dein Leben war viel reicher und sorgenvoller und gedrängter als meines, aber eben deshalb ist Dir nichts derartiges geschehn. Es ist so wie wenn einer fünf niedrige Treppenstufen hinaufzusteigen hat und ein zweiter nur eine Treppenstufe, die aber so hoch ist wie jene fünf zusammen; der Erste wird nicht nur die fünf bewältigen, sondern noch hunderte und tausende weitere, er wird ein grosses und sehr anstrengendes Leben geführt haben, aber keine der Stufen, die er erstiegen hat, wird für ihn eine solche Bedeutung gehabt haben ~~haben~~, wie für den Zweiten jene eine, erste, hohe, für alle seine Kräfte unmöglich zu ersteigende Stufe, zu der er nicht hinauf und über die er natürlich auch nicht hinauskommt.

Heiraten, eine Familie gründen, alle Kinder, welche kommen wollen, hinnehmen, in dieser unsichern Welt erhalten und gar noch ein wenig führen ist meiner Überzeugung nach das Äusserste, das einem Menschen überhaupt gelingen kann. Dass es scheinbar so vielen leicht gelingt, ist kein Gegenbeweis, denn erstens gelingt es tatsächlich nicht vielen und zweitens „tun" es diese Nichtvielen meistens nicht, sondern es geschieht bloss mit ihnen; das ist zwar nicht jenes Äusserste, aber doch noch sehr gross und sehr ehrenvoll (besonders da sich „tun" und „geschehn" nicht rein von einander scheiden lassen). Und schliesslich handelt es sich auch gar nicht um dieses Äusserste, sondern nur um irgendeine ferne, aber anständige Annäherung; es ist doch nicht notwendig mitten in die Sonne hineinzufliegen, aber doch bis zu einem reinen Plätzchen auf der Erde hinzukriechen, wo manchmal die Sonne hinscheint, und man sich ein wenig wärmen kann.

Wie war ich nun auf dieses vorbereitet? Möglichst schlecht. Das geht schon aus dem bisherigen hervor. Soweit es aber dafür eine direkte Vorbereitung des Einzelnen und eine direkte Schaffung der allgemeinen Grundbedingungen gibt, hast Du äusserlich nicht viel eingegriffen. Es ist auch nicht anders möglich, hier entscheiden die allgemeinen geschlechtlichen Standes-, Volks- und Zeitsitten. Immerhin hast Du auch da eingegriffen, nicht viel, denn die Voraussetzung solchen Eingreifens kann nur starkes gegenseitiges Vertrauen sein und daran fehlte es uns beiden schon längst zur entscheidenden Zeit, und nicht sehr glücklich, weil ja unsere Bedürfnisse ganz verschieden waren; was mich packt, muss Dich noch kaum berühren und umgekehrt, was bei Dir Unschuld ist, kann bei mir Schuld sein und umgekehrt, was bei Dir folgenlos bleibt, kann mein Sargdeckel sein.

Ich erinnere mich, ich gieng einmal abend mit Dir und der Mutter spazieren, es war auf dem Josefsplatz in der Nähe der heutigen Länderbank und fing dumm grosstuerisch, überlegen, stolz, kühl (das war unwahr), kalt (das war echt) und stotternd wie ich eben meistens mit Dir sprach, von den interessanten Sachen zu reden an, machte Euch Vorwürfe, dass ich unbelehrt gelassen worden bin, dass sich erst die Mitschüler meiner hatten annehmen müssen, dass ich in der Nähe grosser Gefahren gewesen bin (hier log ich meiner Art nach unverschämt, um mich mutig zu zeigen, denn infolge meiner Ängstlichkeit hatte ich bis auf die gewöhnlichen Bettsünden der Stadtkinder keine genauere Vorstellung von den „grossen Gefahren") deutete aber zum Schluss an, dass ich jetzt schon glücklicher Weise alles wisse, keinen Rat mehr brauche und alles in Ordnung sei. Hauptsächlich hatte ich davon jedenfalls zu reden angefangen, weil es mir Lust machte, davon wenigstens zu reden, dann auch aus Neugierde und schliesslich auch, um mich irgendwie für irgendetwas an Euch zu rächen. Du nahmst es entsprechend Deinem Wesen sehr einfach, Du sagtest nur etwa, Du könntest mir einen Rat geben, wie ich ohne Gefahr diese Dinge werde betreiben können. Vielleicht hatte ich gerade eine solche Antwort hervorlocken wollen, sie entsprach ja der Lüsternheit des mit Fleisch und allen guten Dingen überfütterten, körperlich untätigen, mit sich ewig beschäftigten Kindes, aber doch war meine äusserliche Scham dadurch so verletzt oder ich glaubte, sie müsse so verletzt sein, dass ich gegen meinen Willen nicht mehr mit Dir darüber sprechen konnte und hochmütig frech das Gespräch abbrach.

Es ist nicht leicht Deine damalige Antwort zu beurteilen, einerseits hat sie doch etwas niederwerfend offenes, gewissermassen urzeitliches, andererseits ist sie allerdings, was die Lehre selbst betrifft, sehr neuzeitlich bedenkenlos. Ich weiss nicht, wie alt ich damals war, viel älter als 16 Jahre gewiss nicht. Für einen solchen Jungen war es aber doch eine sehr merkwürdige Antwort und der Abstand zwischen uns beiden zeigt sich auch darin, dass das eigentlich die erste direkte, Leben-umfassende Lehre war, die ich von Dir bekam. Ihr eigentlicher Sinn aber, der sich schon damals in mich einsenkte, mir aber erst viel später halb zu Bewusstsein kam, war folgender: Das, wozu Du mir rietest, war doch das Deiner Meinung und gar erst meiner damaligen Meinung nach schmutzigste, was es gab. Dass Du dafür sorgen wolltest, dass ich körperlich von dem Schmutz nichts nachhause bringe, war nebensächlich, dadurch schütztest Du ja nur Dich, Dein Haus. Die Hauptsache war vielmehr dass Du ausserhalb Deines Rates bliebst, ein Ehemann, ein reiner Mann, erhaben über diese Dinge; das verschärfte sich damals für mich wahrscheinlich noch dadurch, dass mir auch die Ehe schamlos vorkam und es mir daher unmöglich war, das, was ich allgemeines über die Ehe gehört hatte, auf meine Eltern anzuwenden. Dadurch wurdest Du noch reiner, kamst noch höher. Der Gedanke, dass Du etwa vor der Ehe auch Dir einen ähnlichen Rat hättest geben können, war mir völlig undenkbar. So war also fast kein Restchen irdischen Schmutzes an Dir. Und eben Du stiessest mich, so als wäre ich dazu bestimmt, mit paar offenen Worten in diesen Schmutz hinunter. Bestand die Welt also nur aus mir und Dir, eine Vorstellung, die mir sehr nahe lag, darum endete also mit Dir die Reinheit der Welt und mit mir begann kraft Deines Rates der Schmutz. An sich war es ja unverständlich, dass Du mich so verurteiltest, nur alte Schuld und tiefste Verachtung Deinerseits konnte mir das erklären. Und damit war ich also wieder in meinem innersten Wesen angefasst undzwar sehr hart.

Hier wird vielleicht auch unser beider Schuldlosigkeit am deutlichsten. A. gibt dem B. einen offenen, seiner Lebensauffassung entsprechenden, nicht sehr schönen, aber doch auch heute in der Stadt durchaus üblichen, Gesundheitsschädigungen vielleicht verhindernden Rat. Dieser Rat ist für B. moralisch nicht sehr stärkend, aber warum sollte er sich aus dem Schaden nicht im Laufe der Jahre herausarbeiten können, übrigens muss er ja dem Rat gar nicht folgen und jedenfalls liegt in dem Rat allein kein Anlass dafür, dass über B. etwa seine ganze Zukunftswelt zusammenbricht. Und doch geschieht etwas in dieser Art, aber eben nur deshalb weil A. Du bist und B. ich bin.

Diese beiderseitige Schuldlosigkeit kann ich auch deshalb besonders gut überblicken, weil sich ein ähnlicher Zusammenstoss zwischen uns unter ganz anderen Verhältnissen etwa 20 Jahre später wieder ereignet hat, als Tatsache grauenhaft, an und für sich allerdings viel unschädlicher, denn wo war da etwas an mir 36jährigem, dem noch geschadet werden konnte. Ich meine damit eine kleine Aussprache an einem der paar aufgeregten Tage nach Mitteilung meiner letzten Heiratsabsicht. Du sagtest zu mir etwa: „Sie hat wahrscheinlich irgendeine ausgesuchte Bluse angezogen, wie das die Prager Jüdinnen verstehn, und daraufhin hast Du Dich natürlich entschlossen sie zu heiraten. Undzwar möglichst rasch, in einer Woche, morgen, heute. Ich begreife Dich nicht, Du bist doch ein erwachsener Mensch, bist in der Stadt, und weisst Dir keinen andern Rat, als gleich eine Beliebige zu heiraten. Gibt es da keine anderen Möglichkeiten? Wenn Du Dich davor fürchtest, werde ich selbst mit Dir hingehn." Du sprachst ausführlicher und deutlicher, aber ich kann mich an die Einzelnheiten nicht mehr erinnern, vielleicht wurde mir auch ein wenig nebelhaft vor den Augen, fast interessierte mich mehr die Mutter, wie sie, zwar vollständig mit Dir einverstanden, immerhin etwas vom Tisch nahm und damit aus dem Zimmer gieng.

Tiefer gedemütigt hast Du mich mit Worten wohl kaum und deutlicher mir Deine Verachtung nie gezeigt. Als Du vor 20 Jahren ähnlich zu mir gesprochen hast, hätte man darin mit Deinen Augen sogar etwas Respekt für den frühreifen Stadtjungen sehen können, der Deiner Meinung nach schon so ohne Umwege ins Leben eingeführt werden konnte. Heute könnte diese Rücksicht die Verachtung nur noch steigern, denn der Junge, der damals einen Anlauf nahm, ist in ihm stecken geblieben und scheint Dir heute um keine Erfahrung reicher sondern nur um 20 Jahre jämmerlicher. Meine Entscheidung für ein Mädchen bedeutete Dir gar nichts. Du hattest meine Entscheidungskraft (unbewusst) immer niedergehalten und glaubtest jetzt (unbewusst) zu wissen, was sie wert war. Von meinen Rettungsversuchen in andern Richtungen wusstest Du nichts, daher konntest Du auch von den Gedankengängen, die mich zu diesem Heiratsversuch geführt hatten, nichts wissen, musstest sie zu erraten suchen und rietst entsprechend dem Gesamturteil, das Du über mich hattest, auf das Abscheulichste, Plumpste, Lächerlichste. Und zögertest keinen Augenblick, mir das auf ebensolche Weise zu sagen. Die Schande, die Du damit mir antatest, war Dir nichts im Vergleich zu der Schande, die ich Deiner Meinung nach Deinem Namen durch die Heirat machen würde.

Nun kannst Du ja hinsichtlich meiner Heiratsversuche manches mir antworten und hast es auch getan: Du könnest nicht viel Respekt vor meiner Entscheidung haben, wenn ich die Verlobung mit F. zweimal aufgelöst und zweimal wieder aufgenommen habe, wenn ich Dich und die Mutter nutzlos zu der Verlobung nach Berlin geschleppt habe u.s.w. Das alles ist wahr, aber wie kam es dazu?

Der Grundgedanke beider Heiratsversuche war ganz korrekt: einen Hausstand gründen, selbständig werden. Ein Gedanke, der Dir ja sympathisch ist, nur dass es dann in Wirklichkeit so ausfällt, wie das Kinderspiel, wo einer die Hand des andern hält und sogar presst und dabei ruft: „Also geh doch, geh doch, warum gehst Du nicht?" Was sich allerdings in unserem Fall dadurch kompliciert, dass Du das „geh doch!" seit jeher ehrlich gemeint hast, da Du ebenso seit jeher, ohne es zu wissen, nur kraft Deines Wesens mich gehalten oder richtiger niedergehalten hast.

Beide Mädchen waren zwar durch den Zufall, aber ausserordentlich gut gewählt. Wieder ein Zeichen Deines vollständigen Missverstehens, dass Du glauben kannst, ich der Ängstliche, Zögernde, Verdächtigende entschliesse mich mit einem Ruck für eine Heirat, etwa aus Entzücken über eine Bluse. Beide Ehen wären vielmehr Vernunftehen geworden, soweit damit gesagt ist, dass Tag und Nacht, das erste Mal Jahre, das zweite Mal Monate alle meine Denkkraft an den Plan gewendet worden ist.

Keines der Mädchen hat mich enttäuscht, nur ich sie beide. Mein Urteil über sie ist heute genau das gleiche, wie damals als ich sie heiraten wollte.

Es ist auch nicht so, dass ich beim zweiten Heiratsversuch die Erfahrungen des ersten missachtet hätte, also leichtsinnig gewesen wäre. Die Fälle waren eben ganz verschieden, gerade die früheren Erfahrungen konnten mir im zweiten Fall, der überhaupt viel aussichtsreicher war, Hoffnung geben. Von Einzelnheiten will ich hier nicht reden.

Warum also habe ich nicht geheiratet? Es gab einzelne Hindernisse wie überall, aber im Nehmen solcher Hindernisse besteht ja das Leben. Das wesentliche vom einzelnen Fall leider unabhängige Hindernis war aber, dass ich offenbar geistig unfähig bin zu heiraten. Das äussert sich darin, dass ich von dem Augenblick an, wo ich mich entschliesse zu heiraten nicht mehr schlafen kann, der Kopf glüht bei Tag und Nacht, es ist kein Leben mehr, ich schwanke verzweifelt herum. Es sind das nicht eigentlich Sorgen, die das verursachen, zwar laufen auch entsprechend meiner Schwerblütigkeit und Pedanterie unzählige Sorgen mit, aber sie sind nicht das entscheidende, sie vollenden zwar wie Würmer die Arbeit am Leichnam, aber entscheidend getroffen bin ich von anderem. Es ist der allgemeine Druck der Angst, der Schwäche, der Selbstmissachtung.

Ich will es näher zu erklären versuchen: Hier beim Heiratsversuch trifft in meinen Beziehungen zu Dir zweierlei scheinbar Entgegengesetztes so stark wie nirgends sonst zusammen. Die Heirat ist gewiss die Bürgschaft für die schärfste Selbstbefreiung und Unabhängigkeit. Ich hätte eine Familie, das Höchste, was man meiner Meinung nach erreichen kann, also auch das Höchste, was Du erreicht hast, ich wäre Dir ebenbürtig, alle alte und ewig neue Schande und Tyrannei wäre bloss noch Geschichte. Das wäre allerdings märchenhaft, aber darin liegt eben schon das Fragwürdige. Es ist zu viel, so viel kann nicht erreicht werden. Es ist so, wie wenn einer gefangen wäre und er hätte nicht nur die Absicht zu fliehen, was vielleicht erreichbar wäre, sondern auch noch undzwar gleichzeitig die Absicht, das Gefängnis in ein Lustschloss für sich umzubauen. Wenn er aber flieht, kann er nicht umbauen und wenn er umbaut kann er nicht fliehn. Wenn ich in dem besonderen Unglücksverhältnis, in welchem ich zu Dir stehe, selbstständig werden will, muss ich etwas tun, was möglichst gar keine Beziehung zu Dir hat; das Heiraten ist zwar das Grösste und gibt die ehrenvollste Selbständigkeit, aber es ist auch gleichzeitig in engster Beziehung zu Dir. Hier hinauskommen zu wollen, hat deshalb etwas von Wahnsinn und jeder Versuch wird fast damit gestraft.

Gerade diese enge Beziehung lockt mich ja teilweise auch zum Heiraten. Ich denke mir diese Ebenbürtigkeit, die dann zwischen uns entstehen würde und die Du verstehen könntest wie keine andere, eben deshalb so schön, weil ich dann ein freier, dankbarer, schuldloser, aufrechter Sohn sein Du ein unbedrückter, untyrannischer, mitfühlender, zufriedener Vater sein könntest. Aber zu dem Zweck müsste eben alles Geschehene ungeschehen gemacht, d.h. wir selbst ausgestrichen werden.

So wie wir aber sind, ist mir das Heiraten dadurch verschlossen, dass es gerade Dein eigenstes Gebiet ist. Manchmal stelle ich mir die Erdkarte ausgespannt und Dich quer über sie hin ausgestreckt vor. Und es ist mir dann, als kämen für mein Leben nur die Gegenden in Betracht, die Du entweder nicht bedeckst oder die nicht in Deiner Reichweite liegen. Und das sind entsprechend der Vorstellung, die ich von Deiner Grösse habe, nicht viele und nicht sehr trostreiche Gegenden und besonders die Ehe ist nicht darunter.

Schon dieser Vergleich beweist, dass ich keineswegs sagen will, Du hättest mich durch Dein Beispiel aus der Ehe, so etwa wie aus dem Geschäft verjagt. Im Gegenteil, trotz aller fernen Ähnlichkeit. Ich hatte in Euerer Ehe eine in vielem mustergiltige Ehe vor mir, mustergiltig in Treue, gegenseitiger Hilfe, Kinderzahl und selbst als dann die Kinder gross wurden und immer mehr den Frieden störten, blieb die Ehe als solche davon unberührt. Gerade an diesem Beispiel bildete sich vielleicht auch mein hoher Begriff von der Ehe; dass das Verlangen nach der Ehe ohnmächtig war, hatte eben andere Gründe. Sie lagen in Deinem Verhältnis zu den Kindern, von dem ja der ganze Brief handelt.

Es gibt eine Meinung, nach der die Angst vor der Ehe manchmal davon herrührt, dass man fürchtet, die Kinder würden einem später das heimzuzahlen, was man selbst an den eigenen Eltern gesündigt hat. Das hat, glaube ich, in meinem Fall keine sehr grosse Bedeutung, denn mein Schuldbewusstsein stammt ja eigentlich von Dir und ist auch zu sehr von seiner Einzigartigkeit durchdrungen, ja dieses Gefühl der Einzigartigkeit gehört zu seinem quälenden Wesen, eine Wiederholung ist unausdenkbar. Immerhin muss ich sagen, dass mir ein solcher stummer, dumpfer, trockener, verfallener Sohn unerträglich wäre, ich würde wohl, wenn keine andere Möglichkeit wäre, vor ihm fliehn, auswandern, wie Du es erst wegen meiner Heirat machen wolltest. Also mitbeeinflusst mag ich bei meiner Heiratsunfähigkeit auch davon sein.

Viel wichtiger aber ist dabei die Angst um mich. Das ist so zu verstehn: Ich habe schon angedeutet, dass ich im Schreiben und in dem, was damit zusammenhängt, kleine Selbstständigkeitsversuche, Fluchtversuche mit allerkleinstem Erfolg gemacht habe, sie werden kaum weiterführen, vieles bestätigt mir das. Trotzdem ist es meine Pflicht oder vielmehr es besteht mein Leben darin, über ihnen zu wachen, keine Gefahr, die ich abwehren kann, ja keine Möglichkeit einer solchen Gefahr an sie herankommen zu lassen. Die Ehe ist die Möglichkeit einer solchen Gefahr, allerdings auch die Möglichkeit der grössten Förderung, mir aber genügt, dass es die Möglichkeit einer Gefahr ist. Was würde ich dann anfangen, wenn es doch eine Gefahr wäre! Wie könnte ich in der Ehe weiterleben in dem vielleicht unbeweisbaren, aber jedenfalls unwiderleglichen Gefühl dieser Gefahr! Demgegenüber kann ich zwar schwanken, aber der schliessliche Ausgang ist gewiss, ich muss verzichten. Der Vergleich vom Sperling in der Hand und der Taube auf dem Dach passt hier nur sehr entfernt. In der Hand habe ich nichts, auf dem Dach ist alles und doch muss ich - so entscheiden es die Kampfverhältnisse und die Lebensnot - das Nichts wählen. Ähnlich habe ich ja auch bei der Berufswahl wählen müssen.

Das wichtigste Ehehindernis aber ist die schon unausrottbare Überzeugung, dass zur Familienerhaltung und gar zu ihrer Führung alles das notwendig gehört, was ich an Dir erkannt habe undzwar alles zusammen, Gutes und Schlechtes, so wie es organisch in Dir vereinigt ist, also Stärke und Verhöhnung des andern, Gesundheit und eine gewisse Masslosigkeit, Redebegabung und Unzugänglichkeit, Selbstvertrauen und Unzufriedenheit mit jedem andern, Weltüberlegenheit und Tyrannei, Menschenkenntnis und Misstrauen gegenüber den meisten, dann auch Vorzüge ohne jeden Nachteil wie Fleiss, Ausdauer, Geistesgegenwart, Unerschrockenheit. Von alledem hatte hatte ich vergleichsweise fast nichts oder nur sehr wenig und damit wollte ich zu heiraten wagen, während ich doch sah, dass selbst Du in der Ehe schwer zu kämpfen hattest und gegenüber den Kindern sogar versagtest? Diese Frage stellte ich mir natürlich nicht ausdrücklich und beantwortete sie nicht ausdrücklich, sonst hätte sich ja das gewöhnliche Denken der Sache bemächtigt und mir andere Männer gezeigt, welche anders sind als Du (um in der Nähe einen von Dir sehr verschiedenen zu nennen: Onkel Richard) und doch geheiratet haben und darunter wenigstens nicht zusammengebrochen sind, was schon sehr viel ist und mir reichlich genügt hätte. Aber diese Frage stellte ich eben nicht, sondern erlebte sie von Kindheit an. Ich prüfte mich ja nicht erst gegenüber der Ehe sondern gegenüber jeder Kleinigkeit; gegenüber jeder Kleinigkeit überzeugtest Du mich durch Dein Beispiel und durch Deine Erziehung, so wie ich es zu beschreiben versucht habe, von meiner Unfähigkeit und was bei jeder Kleinigkeit stimmte und Dir Recht gab, musste natürlich ungeheuerlich stimmen vor dem Grössten, also vor der Ehe. Bis zu den Heiratsversuchen bin ich aufgewachsen etwa wie ein Geschäftsmann, der zwar mit Sorgen und schlimmen Ahnungen, aber ohne genaue Buchführung in den Tag hineinlebt. Er hat ein paar kleine Gewinne, die er infolge ihrer Seltenheit in seiner Vorstellung immerfort hätschelt und übertreibt, und sonst nur tägliche Verluste. Alles wird eingetragen, aber niemals bilanziert. Jetzt kommt der Zwang zur Bilanz d.h. der Heiratsversuch. Und es ist bei den grossen Summen, mit denen hier zu rechnen ist, so, als ob niemals auch nur der kleinste Gewinn gewesen wäre, alles eine einzige grosse Schuld. Und jetzt heirate, ohne wahnsinnig zu werden!

So endet mein bisheriges Leben mit Dir und solche Aussichten trägt es in sich für die Zukunft.

Du könntest, wenn Du meine Begründung der Furcht, die ich vor Dir habe, überblickst, antworten: „Du behauptest, ich mache es mir leicht, wenn ich mein Verhältnis zu Dir einfach durch Dein Verschulden erkläre, ich aber glaube, dass Du trotz äusserlicher Anstrengung es Dir zumindest nicht schwerer, aber viel einträglicher machst. Zuerst lehnst auch Du jede Schuld und Verantwortung von Dir ab, darin ist also unser Verfahren das gleiche. Während ich aber dann so offen, wie ich es auch meine, die alleinige Schuld Dir zuschreibe, willst Du gleichzeitig „übergescheidt" und „überzärtlich" sein und auch mich von jeder Schuld freisprechen. Natürlich gelingt Dir das letztere nur scheinbar (mehr willst Du ja auch nicht) und es ergibt sich zwischen den Zeilen trotz aller „Redensarten" von Wesen und Natur und Gegensatz und Hilflosigkeit, dass eigentlich ich der Angreifer gewesen bin, während alles, was Du getrieben hast, nur Selbstwehr war. Jetzt hättest Du also schon durch Deine Unaufrichtigkeit genug erreicht, denn Du hast dreierlei bewiesen, erstens dass Du unschuldig bist, zweitens dass ich schuldig bin und drittens dass Du aus lauter Grossartigkeit bereit bist, nicht nur mir zu verzeihn, sondern, was mehr und weniger ist, auch noch zu beweisen und es selbst glauben zu wollen, dass ich, allerdings entgegen der Wahrheit, auch unschuldig bin. Das könnte Dir jetzt schon genügen, aber es genügt Dir noch nicht. Du hast es Dir nämlich in den Kopf gesetzt, ganz und gar von mir leben zu wollen. Ich gebe zu, dass wir miteinander kämpfen, aber es gibt zweierlei Kampf. Den ritterlichen Kampf, wo sich die Kräfte selbstständiger Gegner messen, jeder bleibt für sich, verliert für sich, siegt für sich. Und den Kampf des Ungeziefers, welches nicht nur sticht, sondern gleich auch zu seiner Lebenserhaltung das Blut saugt. Das ist ja der eigentliche Berufssoldat und das bist Du. Lebensuntüchtig bist Du; um es Dir aber darin bequem, sorglos und ohne Selbstvorwürfe einrichten zu können, beweist Du, dass ich alle Deine Lebenstüchtigkeit Dir genommen und in meine Taschen gesteckt habe. Was kümmert es Dich jetzt, wenn Du lebensuntüchtig bist, ich habe ja die Verantwortung, Du aber streckst Dich ruhig aus und lässt Dich, körperlich und geistig, von mir durchs Leben schleifen. Ein Beispiel: Als Du letzthin heiraten wolltest, wolltest Du, das gibst Du ja in diesem Brief zu, gleichzeitig nicht heiraten, wolltest aber, um Dich nicht anstrengen zu müssen, dass ich Dir zum Nichtheiraten verhelfe, indem ich wegen der „Schande", die die Verbindung meinem Namen machen würde, Dir diese Heirat verbiete. Das fiel mir nun aber gar nicht ein. Erstens wollte ich Dir hier, wie auch sonst nie „in Deinem Glück hinderlich sein" und zweitens will ich niemals einen derartigen Vorwurf von meinem Kind zu hören bekommen. Hat mir aber die Selbstüberwindung, mit der ich Dir die Heirat freistellte, etwas geholfen? Nicht das geringste. Meine Abneigung gegen die Heirat hätte sie nicht verhindert, im Gegenteil, es wäre an sich noch ein Anreiz mehr für Dich gewesen, das Mädchen zu heiraten, denn der „Fluchtversuch", wie Du Dich ausdrückst, wäre ja dadurch vollkommener geworden. Und meine Erlaubnis zur Heirat hat Deine Vorwürfe nicht verhindert, denn Du beweist ja, dass ich auf jeden Fall an Deinem Nichtheiraten schuld bin. Im Grunde aber hast Du hier und in allem anderen für mich nichts anderes bewiesen, als dass alle meine Vorwürfe berechtigt waren und dass unter ihnen noch ein besonders berechtigter Vorwurf gefehlt hat, nämlich der Vorwurf der Unaufrichtigkeit, der Liebedienerei, des Schmarotzertums. Wenn ich nicht sehr irre, schmarotzest Du an mir auch noch mit diesem Brief als solchem.

Darauf antworte ich, dass zunächst dieser ganze Einwurf, der sich zum Teil auch gegen Dich kehren lässt, nicht von Dir stammt, sondern eben von mir. So gross ist ja nicht einmal Dein Misstrauen gegen andere, wie mein Selbstmisstrauen, zu dem Du mich erzogen hast. Eine gewisse Berechtigung des Einwurfes, der ja auch noch an sich zur Charakterisierung unseres Verhältnisses Neues beiträgt, leugne ich nicht. So können natürlich die Dinge in Wirklichkeit nicht aneinanderpassen, wie die Beweise in meinem Brief, das Leben ist mehr als ein Geduldspiel; aber mit der Korrektur, die sich durch diesen Einwurf ergibt, eine Korrektur, die ich im einzelnen weder ausführen kann noch will, ist meiner Meinung nach doch etwas der Wahrheit so sehr Angenähertes erreicht, dass es uns beide ein wenig beruhigen und Leben und Sterben leichter machen kann.

Franz